KB069950

에로틱 세계사

에로틱 세계사

난젠 & 피카드 지음 | 남기철 옮김

오브제

서기 2019년,
『에로틱 세계사』가 출간되다

수메르인들은 분명 관음증 증세가 심했다. 그들은 남자가 아내의 음부를 오랫동안 바라보면 부자가 되거나 행운이 찾아온다고 믿었다. 에트루리아 사람들은 광란의 사도마조히즘 파티를 열었다. 기원전 600년으로, 『그레이의 그림자Shades of Grey』가 출간되기 2,600년 전이었다. 고대 중국의 의사들은 몸이 피곤한 여성들에게 애널 섹스를 추천했다. 인도의 『카마수트라』에는 연인의 등을 할퀴어 상처를 내는 여덟 가지 기술이 소개돼 있다. 중세의 수도사들은 딜도를 즐겨 사용했다. 르네상스 시대에는 하룻밤에 최소 네 번 성적 만족감을 느끼는 게 여성들의 권리였다.

1만 년이나 된 성의 역사를 조망하다보면 얼굴이 붉어지면서 우리가 지금 도대체 어떤 세상과 시대에 살고 있는지 스스로에게 묻게 된다. 우리가 생각하듯이 인간들이 정말로 계몽됐으며 섹스에 능숙한가? 아니면 과도한 섹스를 하거나, 반대로 섹스에 불만족하며 사는가? 섹스에 관한 모든 것을 낱낱이 알고 있는가? 아니면 늘 섹스를 하면서도 자신감을 갖고 섹스에 몰두하지 못하지는 않는가? 그런 의미에서 본다면, 이 책도 문제의 일부만을 다룬

데 지나지 않을 것이다. 이 책이 여성의 가슴과 남성의 페니스, 예쁜 다리, 섹스 동영상과 사진, 야한 에피소드, 자위에 도움이 되는 조언 등으로 구성된 끝없는 정신적 모자이크에 포르노 픽셀 몇 개를 추가한 것에 불과하기 때문이다. 문화사는 직선적인 프로세스가 아니어서 모든 게 점점 분명하게 보이지 않고 위대해지지도 않으며 좀 더 근사하게 발전하지도 않는다.

21세기 초의 서구 사회는 정말 모순적이다. 미풍양속을 단속하는 노인들은 전부 죽었다. 누구와 얼마나 자주 어떤 방법으로 잠을 자야 하고 잠을 자도 되며 잠을 잘 수 있는지 설교하는 교회도 없다. 틴더 애플리케이션에서 하룻밤을 즐길 파트너나 인생을 함께할 파트너를 순식간에 찾을 수 있다. 웹으로 오토 카탈로그를 보면서 채찍이나 수갑을 주문하면 다음 날 집에서 쉽게 수령할 수 있다. 누구나 원하기만 하면 베를린의 섹스 파티에서 딜도를 이용해 쾌락을 즐길 수 있다. 하지만 뭐든 가능하다고 해서 그것들이 다 바람직하다고는 볼 수 없다.

여론조사를 해보면 전 세계 어느 나라를 막론하고 응답자의 절반 이상이 성생활에 만족하지 못한다고 대답한다. 1960년대 후반에는 「졸업The Graduate」, 1970년대 후반에는 「그로잉 업Growing Up」이란 에로틱 영화가 크게 히트했다. 최근 상영된 영화로 섹스 장면을 노골적으로 보여준 「셰임Shame」이나 「님포매니악

Nymphomaniac」에는 섹스 집착증에 걸린 사람, 섹스 트라우마에 시달리는 사람, 섹스 감각을 잃어버린 사람들이 주인공으로 등장한다. 이들은 의사나 검사 등 전문직에 종사하며 고소득을 올리는 도시인들이다. 이 주인공들은 하나같이 현재의 섹스 생활에 만족할 줄 모른다.

이 책은 우리 인간이 늘 섹스를 과도하게 해왔음을 보여준다. 호모사피엔스Homo sapiens는 1만 년 전부터 섹스에 대해 광적으로 관심을 가져왔다. 호모사피엔스는 동굴 벽에 포르노그래피를 그렸고 파피루스에 음담패설을 썼으며 이상한 계율이나 금기 사항, 견해 등을 생각해냈다. 섹스는 어느 시대건 재생산을 목적으로 남녀가 성기를 결합하는 것 이상의 의미를 가지고 있었다. 사람들은 일상생활, 자신의 이미지, 그리고 도덕성과는 상관없이 섹스를 하고 싶었을 것이다. 이것이 메소포타미아와 고대 이집트, 베네치아, 그리고 1920년대의 베를린 사람들이 섹스를 하기 위해 변장한 이유이기도 하다. 가장무도회를 통해 지루하고 융통성 없는 일상의 '나'를 숨기는 게 가능했다. 1970년대에도, 통제를 벗어나 하룻밤 즐기고 싶은 사람들은 '나 자신을 잊었다'라는 평계를 댔다. 하지만 요즘엔 자신을 잊으려는 사람은 없다. 반대로, 자신을 이해하려고 하며 언제나 스스로를 통제하고 합리적이길 원한다. 걸음 수는 가능한 한 많게, 칼로리는 가능한 한 적게 기록

하려고 한다. 하지만 만족할 만한 섹스는 통제력을 잃지 않고서는 상상조차 할 수 없다. 요즘엔 욕정을 억누르는 자들이 교무실이나 풍기 단속반 혹은 사제관에 있지 않고, 우리의 머릿속에 있다. 섹스가 마사지나 위스키, 레스토랑의 유기농 메뉴 같은 기호품이 됐다. 하지만 만족을 보증해주지 않으며, 반환해야 한다는 조건도 없고 되돌리기도 없다. 길가메시는 섹스 여신 이난나에게 굴욕감을 줬으며 이난나는 보복 조치로 길가메시의 절친을 살해했다. 카사노바도 이따금 여성에게 퇴짜 맞은 적이 있었다. 잠자리의 승리자들에게는 패배의 순간도 있었음을 아는 자들, 그럼에도 포기하지 않는 사람들이었다. 사랑의 영웅들은 하나같이 삶과 섹스를 열망했다. 그들은 사랑하는 사람과의 짧은 만남을 위해 목숨을 걸기도 했다. 이런 용기가 있는 사람들로부터 배울 점이 많다.

이 책은 총 100개의 챕터로 구성됐으며, 당연한 얘기겠지만 완벽한 책은 아니다. 마땅히 언급해야 할 이야기들 가운데 일부는 분명 빠져 있을 것이다. 그런 점에서 본다면 이 책은 개론서라고 할 수 있다. 섹스 이야기는 끝이 있을 수 없다. 그리고 이 분야에선 누구나 다 작가가 될 수 있다. 그러므로 자신의 연애 경험을 통해 인류 문화사의 내용을 풍성하게 만들 수 있다. 독특하고 황당하면서 문란하고 또 멋진 자신만의 연애 사건을 통해서 말이다.

V

르네상스 시대
the Renaissance

VI

계몽주의 시대
the Enlightenment

X

모던 타임스

the Modern
Times

I

인류의 출현과 섹스의 시작

the Stone & Bronze Ages

인류문화사와 함께 시작된 섹스

: 아인 사크리 연인상

 남녀가 몸을 밀착해 서로 끌어안은 모습이 마치 하나가 된 듯 보인다. 한 사람이 파트너의 무릎 위에 앉아 두 다리로 파트너의 엉덩이를 감쌌다. 두 사람의 가슴도 거의 붙었다. 「아인 사크리Ain Sakhri 연인상」으로 알려진 이 조각상은 약 10센티미터 길이의 방해석方解石으로 만들어졌다. 먼 옛날 유대 왕국 팔레스티나Palestina의 사막 지역에 살던 어느 이름 없는 장인이 단단한 도구를 사용해서 다듬은 것이었다. 이 조각상을 보고 있노라면 '나는 언제 저런 섹스를 해봤더라' 하고 생각할 정도로 실감나게 만든 작품이다.

 「아인 사크리 연인상」은 남녀의 성교 모습을 표현한 가장 오래된 예술 작품으로 알려져 있다. 이 조각상의 제작 시기는 약 1만 년 전으로 이스라엘 나투피안Natufian 문화권의 예술가가 상당히 공을 들여 만든 작품이다. 크기는 그다지 크지 않은 다면체 석상으로, 위에서 내려다보면 사람의 형체가 아닌 여자의 젖가슴 모양으로 보인다. 아래에서 보면 여성의 음부가 보이며 뒤에서 보면 남성의 발기한 음경의 모양이 분명하게 보인다.

 에로틱한 분위기가 느껴지는 이 조각상은 인류의 문명이 시작된 시기 즉, 신석기 혁명 시대의 작품이다. 신석기시대는 지구상의 여러 지역에서 인류의 생활양식이 근본적으로 변화하기 시작한 시기였다. 인류는 동물을 사냥하는 데 그치지 않고 동물을 길들였으며, 야생 곡식을 채집했을 뿐만 아니라 그것을 밭에 심기 시작했다. 그리고 울타리를 세우고 저장고를 만들어 정착 생활을 시작했다. 이러한 과정은 수천 년간 지속됐다. 기원전 8000년경에 중동 지역 뿐 아니라 남부 유럽, 중부 유럽, 그리고 아시아와 아프리카의 여러 지역에서도 이런 과정이 진행됐다. 인류 문화사의 시작점이었다. 그리고 우리가 '섹스'라고 표현하는 아름다우면서 마음을 어지럽히고 혼란스럽게 하는 행위는 이때 시작됐다. 이것은 남성과 여성 간의 단순한 성교 이상을 의미하는 섹스였다.

큰 가슴과 둥근 둔부를 가진 나부裸婦를 표현한 석조상은 널리 존재했다. 「아인 사크리 연인상」보다 더 오래전에 만든 조각들도 적지 않았다. 그러나 그것들은 별다른 의미를 담고 있지 않은 조각에 불과했다. 사랑의 행위를 표현하는 것이 아닌 종족의 생존과 다산의 의미를 담거나 어머니와 같은 존재, 그리고 생명을 주는 여신을 묘사한 것이었다. 신석기 혁명 시대 이전의 고대 인류는 우연히, 그리고 본능에 의해 아이들을 낳았다. 따라서 그들은 성교를 통해 종족 번식이 이뤄진다는 사실을 알지 못했을 가능성이 컸다. 어쨌든 당시 권력자들은 여성의 임신에 관심이 많았다. 여성이 임신하면 수평선 위로 드솟는 태양이나 달을 보듯이 좋아했다. 그러다 정착 생활이 시작된 이후에는 세상을 돌아보고 이해할 시간적 여유가 생겼다. 그리하여 마당에서 가축을 기르면서 비로소 동물 한 쌍이 짝짓기를 하면 어떤 일이 일어나는지 알게 됐다.

인류에겐 신석기 혁명을 통해 '소유'라는 개념이 생겼다. 유사 이래 처음으로 개인이 가옥을 보유하고 가축을 키울 땅을 소유하게 됐다. 그리고 소유자가 죽으면 재산이 자식에게 돌아가는 게 당연시됐다. 그렇게 되려면 우선 적자嫡子가 누구인지 정확히 가려내야 했으며, 따라서 남편과 아내라는 분명한 관계가 형성되는 일부일처제가 선호됐다. 그리고 이러한 태도 변화가 예술 작품에도 표현됐다. 여성에게 아이를 갖게 해주는 여신들은 의심의 눈초리로 여성과 아이들(그리고 앞마당)을 감시하는 남신들에게 밀려났다.

그리하여 섹스가 전혀 새로운 의미를 갖게 됐다. 이제 섹스는 권력의 쟁취나 권력의 위협을 의미하게 됐으며, 개인의 사생활, 그리고 어떤 면에서는 죽음의 극복을 의미하게 됐다. 즉, 인간은 아이를 낳고 그 아이들이 다시 아이를 낳아 세대를 이어가면서 종족을 보존하게 된 것이었다. 하지만 섹스는 위험성도 내포하고 있었다. 사생아는 계보의 존속을 위협하기도 했고 부정한 행위의 증거물이자 불명예로 여겨지기도 했다. 따라서 이때부터 섹스는 철저한 감시의 대상이 됐다. 앞마당이나 토지에 울타리를 치듯이 잠자리에서도 금지 목록과 일정한 규칙들이 생겼다.

그런데 그런 제한성은 인간의 섹스 욕구를 무력화하지 못했다. 오히려 그것을 자극하게 됐다. 그리하여 우리 조상들은 점점 더 병적으로 섹스에 탐닉했다. 섹스 여신을 숭배하고, 섹스 테크닉을 교육하는 책을 만들었다. 피임약을 만들었고, 미인 선발 대회를 열었으며, 매음굴을 만들었다. 섹스를 찬양하는 사람이 생겼는가 하면 비난하는 사람도 생겼다. 섹스가 예술 작품 창작에 영감을 불어넣었으며, 전쟁을 불러오기도 했다. 그리하여 섹스는 지금까지도 인간에게 가장 흥미로운 주제가 됐다.

「아인 사크리 연인상」을 보고 있으면 1만 년 전에 이 조각상을 만든 예술가의 감정이 느껴지는 듯하다.

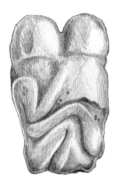

여성은 언제부터 성적 호기심의 대상이 됐나
: 쿠겔멘쉬의 전설

본능에 의해 충동적으로, 혹은 병적으로 탐욕스럽게 여성들을 '성적 관심의 대상'으로 여겼던 문화가 옛날에도 존재했을까? 약 10센티미터 길이의 진흙으로 만든 유물들이 그리스 북부의 도시 네아니코메데이아Nea Nikomedeia 인근에서 발굴됐다. 이 점토상들은 약 8,000년 전의 것으로 젖가슴은 자그마하고 골반은 매우 큰 다부진 외모의 여인이 당당하게 팔짱을 끼고 있는 모습이다. 이 점토상들의 디테일에 주목할 필요가 있다. 특히 일부 점토상들은 남성의 발기한 음경이 여성의 어깨에 올려져 있으며, 남성의 음경 포피와 여성의 음부가 뚜렷하게 보인다.

이렇게 만든 이유가 뭘까?

당시 네아니코메데이아 인근 지역에 살던 500여 명의 사람들이 어느 부족인지는 알려진 바가 없으며, 외모는 어땠고 어떤 언어를 사용했는지도 밝혀지지 않았다. 하지만 이들이 신성시한 게 무엇인지는 알 수 있다. 당시 이들의 주거지인 단순한 형태의 정방형 목재 가옥들은 가로세로 각각 12미터 크기의 사당처럼 생긴 건물 둘레에 무리 져 세워져 있었다. 음식물 저장고 용도로도 쓰인 것으로 추정되는 사당 같은 건물에서 칼, 도끼, 물레 등의 도구들을 비롯해 위에서 설명한 점토상들이 발굴됐다.*

이와 비슷하게 절반은 여인의 모습, 나머지 절반은 음경 형상으로 만든 기원전 6세기의 자웅동체 인물상들이 남동부 유럽 전역과 아나톨리아Anatolia 지방에서도 출토된 바 있다. 고고학자들에 따르면, 여인의 몸통과 남근 모양을 별도로 제작해 어떤 의식을 진행하면서 하나로 합친 것이었다.

어느 시대건 인류는 인간의 음부 모양을 자연스럽게 표현했다. 돌과 진흙으로 만든 발기한 음경 형상은 고대 로마 시대는 물론 석기 시대에도 있었다. 이것들은 모두 남성의 강인한 힘과 정력을 찬미하기 위해 만든 것이었다. 이것들이 자위 기구로도 이용됐다고 추정하는 고고학자들도 있다. 그래서 길쭉한 모양의 양각 조각상을 만들었을까? 이것들은 우상숭배와 자위 기구를 겸한 물건이었을까?

고대 신화에서는 남성과 여성의 탄생 과정을 설명한다. 그리고 인간들이 서로 친근감을 느끼면서도 하나가 되지 못하는 이유를 말한다. 예를 들어 네아니코메데이아의 점토상을 만든 사람들보다 수천 년 후 그리스에서 태어난 플라톤Platon은 쿠겔멘쉬 Kugelmensch** 전설을 만들었다. 쿠겔멘쉬는 팔과 다리가 각각 네

---

* 모두 진흙을 빚어 만든 못생긴 사람 형상들이다.

개이며 둥글둥글한 몸체에 여성과 남성의 특징이
하나로 합쳐진 인간이었다. 강인한 쿠겔멘쉬들은
신들을 위협하면서 그들을 몰락시키려고 했다. 그
러자 제우스Zeus가 쿠겔멘쉬들의 몸을 둘로
나눠놓아 이들의 반란 기도를 무마시켰
다. 플라톤에 따르면, 다시 하나가 되고
싶은 이들의 욕망이 바로 에로틱한 사
랑의 원천이었다.

　어쩌면 네아니코메데이아에 살던
사람들은 물과 흙으로 양성을 가진 쿠겔
멘쉬를 만들고자 했는지 모른다. 물론 조화성이 많이
부족한 모양이기는 했다. 거의 전체가 여성의 몸 모양이
며, 남자의 신체는 성기만 형상화했다. 그런데 머리 대신에 하필
남근 모양을 표현한 이유가 뭘까? 아마도 점토상을 만든 장인은
남자였을 것이다.

** 독일어 Kugel(공)과 Mensch(인간)의 합성명사로, 직역하면 '둥근 인간' 이란 뜻.

고대 이집트 의사는 왜 맨스케이핑에 몰두했을까

: 앙크마호르

고대 이집트의 의사 앙크마호르Ankhmahor는 의심이 많고 매우 꼼꼼한 성격의 남자였음에 틀림없다. 죽음도 그의 끝없는 통제 욕구를 막지 못했다. 앙크마호르는 자신이 죽은 이후의 매장 방법까지 구체적으로 지시해놓았다. 그는 사람들이 자신의 지시 사항을 잊지 않도록 하기 위해 자기 무덤이 될 곳의 벽에 지시 사항을 새겨놓았다. 기원전 23세기에 살던 그가 각별하게 여긴 사항은 몸을 청결하게 유지하는 일이었다. 그는 장례 사제에게 자신의 시신을 매장하기 전에 깨끗이 씻으라고 그림과 글자로 주의를 줬다. 그리고 항명하는 자들은 혹독한 대가를 치를 것이라는 글을 써서 위협했다.

항명하는 자들의 목을 새 모가지 비틀 듯이 비틀어버리겠다.

게다가 앙크마호르는 맨스케이핑manscaping*을 대단히 좋아했다. 그가 지시해 무덤 벽에 새긴 그림에는 맨스케이핑 과정이 자

* 남성의 몸에 난 털을 자르고 다듬는 일.

세히 그려져 있다. 이발사 두 사람이 한 남자의 음모를 다듬는 그림이다. 이발사 한 사람이 뒤에서 남자의 어깨를 잡고 있다. 그리고 다른 이발사는 쪼그리고 앉아 고환에 난 털을 면도날로 다듬고 있다. 그 옆에는 일평생 환자들의 질병과 상처를 치료해온 의사인 앙크마호르가 이발사에게 주의를 주는 내용이 기록돼 있다. "고환에 상처 나지 않게 잘 잡고 면도해!" 고대 이집트인들은 가슴이나 겨드랑이, 은밀한 부위의 털을 더러운 것으로 여기고 깔끔하게 면도했다. 특히 사제들은 정기적으로 몸 전체를 제모하는 데 신경을 많이 썼다. 특히 '그 부위'의 털을 깎는 데에는 종교적 이유도 있었다. 당시에는 성과 영성이 엄격하게 구분되지 않았

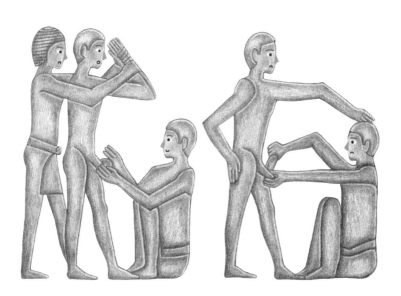

다. 이집트 신화의 오시리스Osiris나 이시스Isis는 남성인지 여성인지 구분되지 않았다. 그러나 전설에 따르면, 이들은 아이를 낳았고, 그래서 진정한 섹스의 신으로 여겨졌다. 그리고 이들을 모시는 신전에는 남성 사제들도 있었지만 매춘부들도 있었다.

고대 이집트인들은 몸에 난 털을 도덕적인 이유로 제거하기도 했지만, 가슴이나 아랫부분을 깨끗하게 제모한 몸이 아름답고 유혹적이라고 생각했기 때문에 털을 제거했을 가능성도 있다. 아마 이들의 제모 의식은 마음을 편안하게 하는 사치스러운 의식이었을 것이다. 동시대의 다른 무덤들이나 의사 앙크마호르의 무덤에서 발견된 그림 상의 지시 사항은 맨스케이핑의 세부 진행 절차를 보여준다. 우선 이발사가 사제의 은밀한 부분의 피부를 팽팽하게 당긴다. 이때 음경은 손으로 잘 잡아야 한다. 사제의 눈길은 아래로 향해 있다. 이발사들이 제대로 하고 있는지 눈으로 확인하기 위해서 그러는 것이다. 그림에 얼굴 표정까지는 나타나지 않았지만, 사제는 긴장을 풀고 편안한 자세로 면도를 받았을 것이다.

미동과 섹스하는 남자는 고난에서 벗어난다
: 수메르 섹스 예언서

여자는 벌거벗은 모습이 가장 아름답다. 차마 오랫동안 쳐다보기
가 불가능할 정도다.

고대 수메르Sumer제국 남자들은 이렇게 생각했다. 약 4,000년
전 메소포타미아Mesopotamia 사람들이 만든 흑판에는 이런 예언이
적혀 있다. "아내의 음부에서 눈을 떼지 않는 남편은 큰돈을 벌
것이다. 본인 소유가 아닌 물건이 수중에 들어올 것이다." 이런 내
용을 담은 100여 개의 섹스 관련 예언이 전해져온다. 수메르인들
은 기원전 3300년경에 문자를 발명해 농작물의 수확량과 제국 재
정에 필요한 여러 가지 항목 및 대부이자貸付利子 등을 점토판에
기록했으며, 기타 일상생활의 중요 사항들도 거기에 기록해뒀다.

미신을 믿는 사람들은 터무니없는 전조 현상이나 징후를 믿는
다. 예를 들어, 전문가를 불러 부엌 환풍기를 깨끗이 청소하고 나
면 난방 시설도 완벽하게 작동한다고 믿는 사람이 있다. 어떤 이
들은 네잎클로버를 발견하면 행운이 오며, 검은 고양이를 마주치
는 일이 없어야 한다고 여긴다.(특히 왼쪽에서 나타나는 검은 고양이
는 절대적으로 피해야 한다고 생각한다.) 수메르인들은 섹스가 인생

의 행복과 불행을 좌우하는 결정적인 힘이라고 여겼다. 파트너의 품에 안겨 일상의 근심을 잠시 떨치거나 순간의 쾌락을 즐기는 정도가 아니었다. 성생활이 인생 전체를 좌우한다고 생각했다. 여성의 음부를 보고 나면 만사가 잘 된다고 여겼다. 권위적이고 소유욕이 많은 남자는 자기 물건이 아닌 것을 소유하게 돼 재산을 늘릴 좋은 기회를 기대할 수 있다고 여겼다. 그러나 침실에는 불행을 가져올 여러 가지 위험 요소와 함정이 도사리고 있음을 경고했다.

남편이 아내로 하여금 페니스를 늘 붙들고 있게 하면 남편의 마음이 더러워진다. 그러면 신이 그의 소망을 들어주지 않는다.

수메르의 섹스 예언을 분석해보면 불길한 느낌을 주는 규범이 많았다. 그리고 그것을 통해 메소포타미아인들의 성생활이 어떠했는지 알 수 있다. 즉, 당시 남녀들은 어떤 방법으로 섹스를 했으며, 금기시됐던 것과 허용됐던 것이 무엇이었는지 알 수 있다. "미동美童*과 섹스를 하는 남자는 고난에서 벗어난다."라는 구절이 점토판에 기록된 것으로 보아 이 글을 쓴 사람은 동성애는 물

* 성인 남성이 섹스를 위해 노예로 부리던 소년.

론 매춘도 했을 것으로 추정된다. 이런 예언도 있다. "동성과 항문 성교를 즐기는 남자는 형제나 한 집에 사는 사람들 간의 서열 경쟁에서 첫 번째 자리를 차지할 것이다."

수메르에서 항문 성교는 수음보다는 괜찮은 것으로 여겨졌다. 그러나 이들이 그런 사고방식을 가진 이유에 대해서는 수메르의 점토판에 기록돼 있지 않다. 다만 점토판에서 밝혀진 것은, 이러한 예언을 한 사람들이 예언의 주요 주제였던 남성의 사정射精에 대해 각별한 흥미를 가졌다는 사실이었다. 예를 들어, 어느 이름 없는 예언자는 이렇게 생각했다.

침대에서 아내와 대화를 나누다 일어나서 자위를 하면 이 남자에겐 행운이 찾아온다. 가는 곳마다 사람들의 환대를 받으며 하고 싶은 일을 문제없이 이룬다.

고대 이집트의 피임 처방전
: 에버스 파피루스

이것을 밀의 씨앗과 함께 태운 연기를 자궁 방향으로 향하게 하

라. 그렇게 하면 자궁이 음경을 받아들이기를 거부한다. 그리고 자궁에 약을 넣으라. 그러면 정액이 분리된다. 기름과 셀러리, 그리고 단 맥주를 섞어 끓여 나흘 후에 마시라.

기원전 1850년경 이집트의 의사가 에버스 파피루스에 써 준 피임 처방전이다. 이 파피루스는 발견자인 독일인 이집트학자 게오르그 모리츠 에버스Georg Moritz Ebers의 이름을 따서 명명됐다. 처방 내용은 다소 복잡했다. 자궁을 향해 연기를 피운다는 건 너무 지나친 방법 같지만, 이 여성은 태운 밀이 담긴 쟁반을 엉덩이 아래쪽에 두고 안전하게 앉아 있었을 것으로 추정된다. 파피루스에는 이렇게 해야 하는 이유도 기록돼 있다. "이렇게 하면 여자는 1년에서 3년 동안 임신을 피할 수 있다."

이집트는 고대 의학의 중심지였다. 그리스의 의학자 히포크라테스Hippocrates가 이집트의 의학 교과서를 참고할 정도로 그곳에선 이미 의학의 전문화가 이뤄져 있었다. 내과 전문의들이 있었으며, 파라오를 돌보는 내과 의사에겐 '폐하 내장 지킴이'라는 직책이 주어졌다. 이집트인들은 뼈가 골절된 환자에게 부목을 사용했으며, 발가락이 부러진 사람에겐 의족을 사용하게 했다. 당시 의사들은 열세 장의 파피루스에 감기를 예방하는 주문呪文이나 신들이 아플 때 복용했다는 약품을 적어놓았다. 뿐만 아니라

2,000가지가 넘는 처방전 및 치료법을 상세하게 기록해뒀다. 거기엔 다양한 피임법도 적혀 있었다.

이집트인들은 임신이나 다자녀 가정의 빈곤 위험에 대해 고심했다. 그래서 다양한 피임법을 개발해냈으며, 임신 위험이 없는 섹스 방법에 관심을 가졌다. 구강성교에 관한 최초의 기록은 고대 이집트 신화에 나온다. 이집트 전설에 따르면, 오시리스는 그의 동생인 세트Seth에게 토막 살인당했다. 오시리스의 누이이자 아내인 이시스는 토막 난 남편의 시신을 거둬 다시 이어 붙였다. 그런데 성기를 찾을 수 없었다. 이시스는 흙으로 성기를 만들어 남편의 시신에 붙인 다음 오시리스가 살아날 때까지 그것을 빨았다.

이집트인들이 남긴 파피루스에는 피임약에 관한 정보도 적혀 있다. "식물의 점액을 발효시킨 후 악어의 똥을 넣어 섞어서 만든다." 그런데 이렇게 만든 피임약은 실제로 효과가 있었다. 식물의 점액과 악어의 똥을 섞어 좌약을 만들어 피임약으로 사용했는데, 이것이 질의 수소 이온 농도를 낮춤으로써 정자를 죽게 했다.

메소포타미아의 에로틱 카니발

: 트라베스티

난쟁이 사제들이 사람들 앞에 나타나자 사원 내부에 짙은 긴장감이 감돈다. 여러 가지 색상의 복장을 입은 몸집이 작은 이 남자들이 창을 들고 흔든다. 트라베스티travesti*를 시작한다는 신호다. 사원의 왼편에 서 있던 남자들이 머리핀과 빗을 머리에 꽂고 목걸이로 몸을 장식한다. 남자들 서너 명이 작은 악기를 집어 든다. 원래는 여자들이 쓰던 악기다. 다른 이들은 여자들이 쓰는 비누를 한 조각씩 든다. 그리고 여자들은 남자 옷을 입고 지팡이와 투석기, 돌로 만든 방망이를 든다. 트라베스티 행렬이 함성과 함께 사원을 출발해 시내로 간다.

당시만 해도 세계에서 가장 큰 도시였던 우루크Uruk의 사람들은 1년에 한 차례 이처럼 '남녀 역할 바꾸기' 축제를 열었다. 기원전 1500년경에 만든 어느 점토판에 우루크의 축제에 관한 자세한 내용이 담겨 있다. 남녀가 옷을 바꿔 입는 축제를 하면서 섹스와 전쟁의 여신이자 양성의 특징을 가진 이난나를 숭배하는 의

---

* 남자가 여자 옷을 입는 행위.

식을 거행한다. 우루크 신화에 의하면, 큰 잔에 맥주를 담아 지혜의 신 엔키Enki에게 마시게 하자 엔키가 여신 이난나를 가리키며 신 가운데 최고의 신이라고 불렀다. 점토판에는 "그들의 놀이는 전투다. 남자 영웅들을 살육하는 놀이다."라고 기록돼 있다. 사자를 애완동물로 삼아 노는 놀이도 있었다.

여신 이난나와의 잠자리를 거부하는 남자는 죽음을 각오해야 했다. 한편 이난나가 하라는 대로 하는 남자는 풍요로운 삶을 살 수 있었고, 이난나에게 다음과 같은 감사의 마음을 전해받았다.

나의 배꼽을 격렬하게 애무해주는 자여

내 부드러운 넓적다리를 애무해주는 자여

두무지Dumuzi 목동이 크림과 젖으로 내 무릎을 감싸 주네

그가 내 은밀한 부분을 부드럽게 만져주네

그가 내 무릎을 물에 적셔주네

그는 내 신성한 음부에 손을 올리네

유프라테스강과 티그리스강 사이에 놓인 이 지역은 고대 문명의 뿌리로, 사원의 사제들이 국정을 관장하며 주도권을 쥐었다. 그들은 이난나를 숭배하는 사원을 관리했다. 이곳에서 사랑의 여신 이난나의 이름으로 행한 것은 매춘의 축제였다. 이를 두고 도

덕적으로 옳지 않다고 비난하는 사람은 없었다. 섹스는 최고 여신에 대한 봉사였다. 연례행사로 열리는 카니발은 성대하게 벌리는 주연酒筵으로 마무리 하는 게 보통이었다. 참가자들 모두가 서로의 옷을 잡아 찢었고, 이에 이의를 제기하는 사람은 없었다.

유럽 선사시대 미니스커트 미스터리

: 아이트베드 걸

덴마크에서 발견된 한 여성의 시신은 신장이 약 160센티미터에 머리칼은 갈색으로 이마가 좁았으며 목이 조금 길었다. '아이트베드*의 소녀Egtved Girl'로 알려진 이 시신의 주인은 살아생전에 몸치장을 좋아했으며 사람들을 유혹하는 일을 즐겼던 것으로 추정된다. 그녀가 좋아한 옷은 무릎이 보이는 짧은 치마였다. 이 치마는 얇은 끈들을 이용해 만들었으며 허리띠로 허리를 졸라매게 만들었다. 그리고 길이가 상당히 짧았는데, 속이 훤히 들여다보일 정도였다. 그래서 여자가 빠른 걸음으로 뛸 경우 얇은 끈들이

* '묘지 인근 지역'이라는 의미.

출렁거려 여자의 허벅지가 드러나 보였을 것이다. 청동기 시대에 이런 치마가 필수품은 아니었다. 그녀는 이처럼 유혹적인 치마와 더불어 소매가 짧은 블라우스를 입었다. 이밖에 여인의 관 속에서 발견된 유품은 허리띠 죔쇠, 팔찌 두 개, 그리고 기품이 꽤나 있어 보이는 귀걸이 등이었다.

고고학자들이 이름을 붙인 '아이트베드의 소녀'는 지금의 덴마크 북부 지역 나무 관에서 발굴됐다. 지금으로부터 3,400여 년 전의 것으로 추정된다. 천연 나무 관 속의 어떤 특수한 환경조건이 시신뿐 아니라 부장품들을 온전히 보존해줬다. 그리하여 현대식 의복에 가까운 무척이나 특이한 옷도 썩지 않고 보존됐다. 옷에 서양톱풀yarrow의 꽃가루가 붙어 있는 것으로 보아 이 젊은 여성은 여름에 사망한 것으로 보인다. 당시 유틀란트Jutland 반도는 날씨가 무척 더웠다.

초기 청동기인들은 베틀로 짠 두껍고 따뜻한 옷감으로 기능성 의복을 만들어 입었다. '아이트베드의 소녀'가 입은 옷은 매우 독특했다. 허리춤에 걸쳤던 나선형 테 장식의 청동 원반, 그리고 짧은 치마는 이것을 입은 여성이 제례를 시행하는 여성 사제라는 상황증거로 간주된다. 또한 그런 범상하지 않은 옷차림은 종교적 지위도 지위거니와 그녀가 섹시한 매력을 지닌 여성이었음을 암시한다. 젊은 여자가 이 치마를 직접 고안해 만들었을 가능성도 없지 않다. 그녀는 완전 나체보다는 은밀한 부위를 감추는 게 더 유혹적임을 알았나 보다. 그래서 아슬아슬하게 몸매를 드러내는 옷을 입었나 보다. 여자의 옷 모양에 따라 사람들의 시선이 달라지니까.

어쨌든 그녀는 가난해서 옷을 제대로 입지 못한 여자는 아니었다. 그녀가 어떤 여자였는지는 확실히 밝혀지지 않았다. 관에서 나온 부장품으로 보아 부유하고 권력이 있는 남자의 아내였을 것으로 추정된다. 물론 무덤이 그녀의 비밀을 전부 밝혀주지는 못했으며, 따라서 '아이트베드의 소녀'는 유럽 선사시대의 미스터리 가운데 하나가 됐다. 아무튼 섹시한 느낌이 든다.

요즘 만든 옷이라고 해도 믿길 만큼 진기하고 예사롭지 않은 옷을 입었던 이 여성은 동시대 여성들에게 적지 않은 영향을 미쳤을 가능성도 있다. 머리카락과 손톱, 그리고 치아를 정밀 분석해본 결과 이 여인은 유틀란트 출신이 아니라 슈바르츠발트 Schwarzwald 출신임이 밝혀졌다. 이 소녀는 유틀란트 남자와 결혼

함으로써 강력한 세력을 형성했던 두 일족 간의 결속력을 다지는
데 기여했을 가능성도 있다. 뼈의 분자를 분석해본 결과, 이 소녀
가 고향에 가서 몇 개월 동안 머문 후 다시 아이트베드로 돌아온
것으로 추정된다. 그리고 수주 후 열여덟 살도 되지 않은 이른 나
이에 세상을 떠났다.

여장남자 파라오의 성 정체성
: 아크나톤

　고대 이집트의 파라오 아크나톤Akhnaton은
당시 이집트 사람들에게 신비한 존재로 여겨
졌다. 기원전 1350년경에 나일강 일대를
통치한 파라오 아크니톤, 그가 어느 다른
별에서 왔다는 소문이 백성들 사이에 파
다했다. 원래 하늘에 사는 신들 가운데 하
나였으나 지상으로 내려왔다는 소문도 있었
다. 아크나톤의 흉상을 보면 어딘지 독특한
용모를 가졌다는 느낌이 든다. 그의 커다

란 눈과 길쭉한 모양의 두개골은 오랜 세월 사람들의 시선을 사로잡았다. 작가 토마스 만Thomas Mann의 장편 역사 소설『요셉과 그 형제들Joseph und seine Brüder』에 아크나톤을 묘사하는 대목이 있다.

> 그의 얼굴에 고통으로 얼룩진 정신과 감각이 뒤섞여 있다. 사내아이같이 생긴 그 얼굴에는 교만함이 서려 있다.

아크나톤의 외모는 남성도 아니고 여성도 아닌 모습으로써 그를 바라보는 사람들을 혼란스럽게 만들었다. 그는 섬세한 얼굴 윤곽과 두툼한 입술, 그리고 반달 모양의 눈을 가졌다. 다른 파라오들의 외모가 근육이 잘 발달한 강력한 전사의 모습이라면, 아크나톤의 흉상이나 초상화는 가냘픈 몸매의 남자로 그려져 있다. 아크나톤은 외계인이 아니라 양성성兩性性의 시조이자 글램룩glam look의 창시자였다. 파라오 아크나톤과 전설적인 그의 아내 네페르티티 Nefertiti의 모습을 그린 그림들을 보면 혼동될 정도로 서로 비슷한 외모를 가지고 있다.

이처럼 아크나톤의 성 정체성이 애매하게 된 데에는 종교적인 배경과 더불어 정치권력의 배경도 있었다. 16년 동안 이집트를 통치한 아크나톤은 집권 초기 태양신 아톤Aton을 최고신이자 유일신으로 지정했다. 당시 이집트에는 여러 신들과 상상의 동물들이 있었고, 이들에겐 각자 주어진 과제가 있었으며 남성과 여성의 구분이 있었다. 아크나톤은 이들의 신전을 모두 폐쇄했으며, 사제들을 몰아내고 보물과 재산을 몰수했다. 최초의 일신교로 알려진 아톤 신의 숭배 의식에선 빛과 따뜻한 온기로 세상에 생명을 준 태양을 받들어 모셨다. 아톤은 남성도 아니고 여성도 아닌 태양으로 묘사되고, 그 빛은 인간 손의 형상으로 비춰졌다.

남성인지 여성인지 구별하기 어려운 파라오의 모습은 당시 이집트의 패션에도 영향을 미쳤다. 당시 이집트의 상류층 사람들은 파라오의 양성적 모습으로 외모를 꾸몄다. 남자나 여자나 모두 비슷한 모양의 옷을 입었으며, 남자들도 여자들처럼 화장을 하고 향수를 뿌리거나 장신구를 몸에 걸치고 다녔다. 멋지고 섬세하게 꾸민 헤어스타일은 남녀 간의 연애에서도 중요한 역할을 했다. 가발도 관능을 자극해 속옷과 비슷한 효과가 있는 것으로 여겨졌다.

고대 이집트의 고품격 최음제

: 맨드레이크 맥주

매의 머리 형상을 한 고대 이집트의 태양신 레Re는 화가 치밀었다. 이번에도 이집트 사람들이 레가 바라는 대로 행동하지 않았기 때문이었다. 레는 벌레 같은 사람들을 응징하기 위해 이집트에서 학살을 저질러 수천 명을 죽인 자신의 딸 하토르Hathor를 지상으로 내려보냈다. 레는 딸 하토르를 사랑했고, 둘 사이에서 음악의 신 이히Ihi가 태어났다. 그런 하토르가 피투성이가 돼 밤에 돌아오자 태양신 레는 죄책감과 함께 앞일의 걱정이 일었다. 하토르가 응징을 멈추지 않으면 자신을 숭배하는 사람들이 하나도 남지 않을 것임을 직감했기 때문이었다. 레는 시종들에게 일러 붉은빛 맥주를 만들어서 특별 첨가물인 '맨드레이크mandrake 뿌리'를 아낌없이 넣으라고 지시했다.

이 신화는 하늘의 황소에 관한 책에서 유래하며, 기원전 1279년에 사망한 세토스 파라오의 묘비에 적혀있다. 전능한 신들도 맨드레이크를 사용했다는 사실은 이 마법과도 같은 식물의 중요성을 알려준다. 맨드레이크는 지중해 연안이나 중부 유럽에서 자라는 식물이다. 꽃잎이 제비꽃과 비슷하게 생겼으며, 열매에선 작은 토마토처럼 맛있는 냄새가 난다. 가짓과에 속하는 맨드레이크는 스코폴라민scopolamine 또는 아트로핀atropine 같은 환각성 알칼로이드alkaloid를 함유하고 있다. 이 물질은 많은 양을 복용하면 심한 환각에 빠진다. 적은 양으로도 흥분 작용을 일으키고 자제력을 잃게 만들며 성적 흥분을 느끼게 한다. 맨드레이크는 수

천 년 동안 가장 많이 이용된 최음제였다. 구약성서에는 이 열매가 '사탕 바른 사과'라고 기록돼 있다. 고대 그리스의 의사들은 이 열매의 효능을 신뢰했으며, 이집트인들은 이 식물을 신성시했다. 기원전 1400년의 것으로 추정되는 멤피스Memphis의 어느 석회석에는 젊은 파라오 스멘크카레Smenkhkare의 모습이 새겨져 있다. 그가 아내 메리타톤Merytaton에게 최음제인 맨드레이크 열매 한 묶음을 넘겨받는 모습으로, 이는 성행위를 암시한다.

　피에 굶주린 하토르에게도 맨드레이크는 효과가 있었다. 신화에 의하면, 다음날도 살육을 계속하려 했던 하토르가 사막에서 붉은빛의 큰 호수를 발견했다. 하토르는 '피다!'라고 생각하고 호수의 물을 마음껏 마셨다. 그런데 알고 보니 하토르가 마신 건 맨드레이크를 첨가한 맥주로, 레의 하녀들이 호수에 부어놓은 것이었다. 하토르는 깊은 잠에 빠졌고 잠에서 깨었을 때는 폭력과 복수에 대한 생각이 일지 않았다. 이후 하토르는 아버지에게 돌아와 사랑과 욕망의 여신으로서 임무를 계속했다.

인류 최초의 포르노 서적

: 투린 파피루스

젊은 여자가 갈색 쿠션에 몸을 기대고 누워 있다. 여자는 무척이나 편안한 자세다. 그리고 애인인 듯 보이는 남자가 뒤에서 여자를 끌어안고 있다. 남자는 여자의 가발을 매만진다. 여자가 고개를 돌려 그윽한 눈으로 남자를 바라보며 만족스러운 듯 웃는다.

이탈리아 북부 토리노에 있는 투린 박물관에 보관돼 있어 '투린 파피루스Papyrus Turin'라고 명명된 파피루스에는 이런 그림 이외에도 엄청나게 큰 음경을 가진 키 작은 대머리 남자들의 그림이 그려져 있다. 남성들의 발기된 음경들이 의자에 앉아 있거나 서 있는 여성들의 몸을 관통하거나 귀두를 질에 삽입하는 모습이다. 그림 속에서 여성이 이렇게 속삭인다.

이리와 봐요. 내 뒤로 와요. 당신의 성기를 내 옆으로 가져오면 당신을 즐겁게 해줄게요.

투린 파피루스는 기원전 1150년경 테베Thebes 지역에서 어느 무명인이 그린 것으로 밝혀졌다. 이를 조사한 학자들에 의하면,

람세스 4세Ramesses Ⅳ가 지배하던 제국에는 섹스 도구는 물론이고 매음굴도 있었다. 투린 파피루스는 역사상 최초의 포르노 책이다. 하지만 이것이 외설이나 풍자 문학이었는지 또는 섹스 기술을 가르쳐주는 지침서였는지는 분명치 않다.

예를 들어, 투린 파피루스를 보면 소녀 둘이 끄는 고대 전차에 한 여자가 타고 있다. 여자는 몸을 앞으로 숙이고 있고 한 남자가 뒤에서 여자를 끌어안고 성교하는 장면이다. 남자는 오른팔에 시스트럼sistrum을 들고 있다. 시스트럼은 고대 이집트에서 상대방을

유혹할 때 쓰는 타악기의 일종으로, 쾌락의 여신 하토르를 상징하는 물건으로 여겨진다. 요즘의 포르노는 단순하고 노골적인 섹스 장면만을 보여주며 사람들을 유혹하지만, 투린 파피루스는 암호 해독하듯이 그 내용을 잘 해석해봐야 한다. 전차에 탄 여성 앞에 원숭이 한 마리가 앉아 있다. 이 원숭이는 엑스트라가 아니라 에로틱한 분위기를 더욱 돋우는 존재다. 이집트에서 원숭이는 여성의 섹스를 상징한다. 원숭이가 섹스를 의미하는 이유는 지금도 알려진 바가 없다. 하지만 비밀 없는 섹스가 있을까?

II

철기시대

the Iron Ages

유다의 근친상간 전설

: 오난의 질외 사정

  섹스에 관한 이야기 가운데 무척 재밌는 이야기가 하나 있다. 이는 기원전 900년경에 만든 모세Moses의 제1서에도 기록돼 있다. 이스라엘 민족의 시조 야곱Jacob의 아들 유다Juda가 둘째 아들 오난Onan을 불러 이렇게 명령했다. "죽은 네 형의 아내와 결혼을 하거라. 그렇게 하면 네 형에게도 후손이 생기는 것이다." 오난의 형은 타마르Tamar와 결혼 직후에 세상을 떠났다. 당시에는 '역연혼逆緣婚'이라 해 죽은 자의 형이나 아우가 그 미망인과 결혼하는 풍습이 있었다. 그리하여 둘째 아들에게 가문의 대를 이를 책임이 주어진 것이다.

  오난은 부친의 명령이 달갑지 않았다. 하지만 당시는 부모의 명령을 거역하기가 쉽지 않은 시절이었다. 그래서 오난은 타마르를 받아들이는 대신 한 가지 묘안을 생각해냈다. 오난은 형의 아내와 동침하면서 바닥에 사정을 했다. 그의 형에게 후손이 생기지 않도록 하기 위해서 그렇게 한 것이다. 그는 질외 사정을 해 정액을 바닥에 뿌렸다. 성서에서는 이러한 형태의 피임을 비판적으로 다뤘다. 타마르는 이에 대한 보복으로 오난의 얼굴에 침을 뱉었을 것이다. 하느님은 보다 강력한 벌을 내렸다. 하느님은 오난의 행위가 마음에 들지 않았다. 하느님은 그를 죽이라고 지시했다. 18세기 영국의 돌팔이 의사 존 마틴이란 자가 마스터베이션 masturbation 반대 입문서인 『오나니아Onania』에서 똑똑한 피임 전문가 오난을 수음하는 사람들의 수호성인으로 만든 이유는 명확치 않다.* 마틴이 성서를 자세히 읽어보지 않았을 가능성도 있다.

오난은 사형선고와 더불어 명예도 훼손당했다. 남편을 둘 잃고 자식도 얻지 못한 타마르는 좋은 생각을 떠올렸다. 타마르는 베일로 얼굴을 가리고 시아버지를 찾아갔다. 유다는 타마르를 보자 그녀가 매춘부라고 생각했다. 타마르가 얼굴을 가렸기 때문이다.

타마르는 시아버지의 오해를 풀어주지 않았으며 화대로 수컷 염소 한 마리를 받기로 합의를 하고 나서 그와 잠자리를 같이했다. 타마르는 곧 임신을 했고 쌍둥이를 낳았다. 이 쌍둥이의 후손 가운데 하나가 다윗David 왕이다.

* 「교활한 장사꾼의 마스터베이션 마케팅 : 오나니아」 편 참조.

아홉 배 강한 여성 쾌락을 포기한 남자의 수수께끼

: 테이레시아스

　유사 이래로 많은 사람들이 골똘히 생각했으며 신들도 고민을 했을 법한 의문들이 있다. 예를 들자면, '여성과 남성 중 어느 편이 더 이성과의 잠자리를 좋아할까?' 같은 의문이다. 2,700년 전에 그리스의 보이오티아Boeotia에 살았던 시인 헤시오도스Hesiodos에 따르면, 신들의 아버지 제우스는 여동생이자 아내인 헤라Hera와 함께 이런 수수께끼 같은 물음에 대한 답을 알고자 했다. 헤라는 제우스를 비롯해 여러 창조의 신들이 섹스를 즐긴다고 생각했다. 한편 제우스는 여성의 오르가슴orgasm이 남성의 그것보다 본질적으로 훨씬 강렬하다고 여겼다.* 올림포스Olympos산에서 벌인 제우스와 헤라의 대화는 부부 싸움으로 이어졌고, 둘은 논란이 많은 문제에 대해 답을 줄 인간 하나가 지상에 있음을 생각해냈다.

　헤시오도스에 따르면, 테이레시아스Teiresias는 양치기 에우에레스Eueres와 요정 카리클로Chariclo의 아들로 제우스의 사제로서 봉사했다. 테이레시아스는 어느 날 킬리니Kyllini산을 지나가다가 교

---

* 어쩌면 제우스는 자신의 과도한 성적 자의식 때문에 그런 생각을 했을 것이다. 제우스는 필요하다고 생각되면 황소나 백조로 변신해 인간을 유혹하기도 했다.

미하고 있는 뱀 한 쌍을 보곤 지팡이로 암컷을 때려죽였다. 테이레시아스는 그에 대한 죄로 여자로 변신하게 됐다. 테이레시아스는 헤라 신전에서 아이를 몇 낳았고 매춘부가 됐다. 7년 뒤 그는 똑같은 장소를 지나다가 교미하고 있는 두 마리의 뱀을 보고 이번에는 수컷을 발로 밟아 죽였다. 그러자 테이레시아스는 다시 남자로 돌아왔다.

테이레시아스는 여자들이 남자들보다 아홉 배나 더 섹스를 즐긴다고 말했다. 그러자 헤라가 노발대발했다. 테이레시아스가 여성들의 은밀한 비밀을 폭로했기 때문이다. 그래서 헤라는 테이레시아스를 장님으로 만들었다. 제우스도 테이레시아스의 눈을 치유해줄 수 없었고 그래서 그에 대한 보상으로 예언 능력과 더불어 보통 사람들보다 일곱 배나 오래 살도록 해줬다. 그리하여 테이레시아스는 그리스 신화나 희곡에서 예언자로 등장해 앞날의 일들을 경고한다. 예를 들어, 아버지를 죽인 살인자를 찾아 나선 오이디푸스Oedipus는 테이레시아스에게 자신은 사실 범죄자를 찾을 생각이 조금도 없다는 얘기를 듣는다. 오이디푸스는 그 후 본인이 아버지를 죽였으며 이성을 잃었다는 사실을 알게 된다.

테이레시아스는 불가해한 대답을 좋아했다. 어쩌면 테이레시아스 자신이 가장 수수께끼 같은 존재였을 것이다. 그가 수컷 뱀을 죽인 이유가 도대체 무엇일까? 그리고 남자보다 아홉 배나 섹스를 좋아하는 여성으로 계속 살지 않은 이유가 뭘까?

사포의 시와 '레즈비언'의 어원

: 레스보스 음악학교

　청명한 하늘과 푸른빛 바다가 있는 에게해의 어느 아름다운 섬, 따사로운 햇살이 가득한 아침에 그리스의 위대한 여성 시인 사포Sappho가 젊은 여학생들을 불러 모았다. 길게 늘어진 곱슬머리가 매력적인 사포는 눈부시게 아름다웠다. 기원전 591년, 사포는 레스보스Lesbos 섬에 음악학교를 세우고 여학생들에게 음악과 댄스, 노래, 그리고 시를 가르쳤다. 또한 자신이 지도하는 여학생들을 사랑의 여신 아프로디테Aphrodite와 가정의 수호자 헤라의 숭배 의식에 참여토록 했다.

　'이곳은 소녀들을 남성들의 완벽한 파트너로 교육시키는 학교였다'는 식의 불손한 상상을 하는 남자들이 있을 것이다. 그러나 사포는 지중해의 섬에서 자신만의 환상을 펼쳤다. 사포의 시에는 남자들이 거의 묘사돼 있지 않다. 사포는 남자들을 성가시고 점잔만 빼는 존재이자 평화를 방해하며 예쁜 여자들을 두고 다툼을 벌이는 존재 정도로만 묘사했다. 사포가 여학생들에게 댄스를 가르쳐준다며 접근해 관계를 맺었을 가능성도 있다. 사포의 시에 이런 구절이 있다.

> 욕망을 불러일으키는 너의 웃음이 사라질 때면
> 내 마음은 갈피를 잡을 수가 없네.
> 너의 눈길을 마주치기만 해도
> 내 목소리는 힘을 잃고 내 혀도 굳어져
> 아무 말을 하지 못하네.
> 내 피부 아래에서는 뜨겁게 피가 끓어오르네.
> 내 눈에는 아무것도 보이지 않으며
> 내 귀에는 진동이 느껴지고
> 요란한 소리가 들리지만 감각이 없네.

그리하여 '욕망을 불러일으키는 웃음'이 레스보스 섬에 울려 퍼졌기에 요즘도 여성 동성애자를 '레즈비언lesbian'이라고 이른다.

사포의 아름다운 시에 대해 사람들은 찬사를 보냈으나, 도덕적으로 문제가 있는 그녀의 라이프 스타일에 대해선 비난했다. 어느 비평가는 이렇게 비판했다. "사포는 섹스에 중독된 창녀로 자신의 음탕한 행위를 찬미했다." 수백 년 후 비잔틴Byzantine의 성

직자들이 사포의 시
대부분을 없애버려
에로틱한 내용의 송
시頌詩와 찬가讚歌, 그
리고 비가悲歌가 수
두룩하게 담겼던 아
홉 권의 시집 가운데 일
부만 전해져온다. 사포가
여자들을 좋아했다는 이유만으

로 혐오의 대상이 되지는 않았을 것이다. 원래 그리스인들은 동
성애를 문제 삼지 않았다. 당시엔 남자들도 아내 이외에 남자 친
구 하나쯤 있는 경우가 흔했다. 사포가 가끔씩 여자들과 관계하는
것을 방해한 사람은 없었을 것이다. 문제가 된 것은 당시 여성들
에겐 금기시됐던 욕정과 판타지를 사포가 자신의 시에서 노골적
으로 표현한 일이었다. 사포는 '사포의 시연詩聯'이라는 독특한 시
형식을 만들었다. 짧은 마지막 구절이 두드러지는 형식으로, 거기
엔 앞 구절에 비해 절반 정도의 음절이 나타난다. 이처럼 혁명적
인 형식은 혁신적인 메시지를 전달했다. 그것은 여성들도 욕망을
즐길 권리가 있다는 메시지였다.

에트루리아인들의 사도마조히즘 파티
: 채찍질의 무덤

어떤 죽음에 대한 애통한 마음을 치유하는 데 도움 되는 방법이 한 가지 있다. 망자의 아름답고 파란만장한 생애를 회상해보는 것이다.

이름을 알 수 없는 어느 에트루리아Etruria 귀족의 시신이 매장된 무덤은 3차원으로 보는 부고장訃告狀이다. 이탈리아 민족의 조상인 어느 무명 예술가가 고인의 인생을 미화하는 물건이나 활동을 묘사한 그림을 무덤 내부에 그렸다.

이 무명 예술가는 16제곱미터 크기의 묘실 벽에 검투사 두 사람이 싸우는 모습을 그렸다. 반대편 벽에는 춤추는 남자와 술잔을 높이 쳐들고 있는 주정뱅이를 그렸다. 그리고 묘실 입구 오른편에는 격렬한 사랑을 나누는 남녀들의 모습이 보인다. 벌거벗은 여인이 황홀한 표정으로 몸을 앞으로 굽힌 채 앞에 서 있는 남성의 페니스를 입으로 애무하고 있다. 여인의 뒤쪽에도 역시 벌거벗은 남자가 서 있다. 이 남자는 손에 채찍을 들고 있다. 여자의 앞에 선 남자의 입가에 만족스런 미소가 흐른다. 그는 왼손으로 여인의 엉덩이를 거칠게 움켜쥐고 오른손으로는 여자의 몸을 때리고 있다. 이 남자는 마치 벽화를 보는 사람들에게 눈을 깜빡이

• 삽화의 수위와 선명도를 고려해 '채찍의 무덤' 옆에 자리한 '표범의 무덤'을 재현함.

는 듯하다.

  '채찍질의 무덤Tomba della Fustigazione'으로 알려진 이 벽화는 기원전 590년에 그린 것으로 사도마조히즘Sadomasochism을 묘사한 최초의 그림이다. 이 묘실의 주인은 타인의 고통을 보며 즐거워하는 미개인은 아니었을 것이다. 에트루리아 사람들은 행복한 삶이 무엇인지 잘 알고 있었다.(이들이 중부 이탈리아, 즉 오늘날의 토스카나 지방에 정착했다는 사실을 보면 알 수 있다.) 이들은 하루에 두 차례 풍성한 식사를 즐겼으며 은으로 만든 술잔에 술을 담아 마셨고 꽃으로 장식한 잠자리에서 잠을 잤다. 이들의 묘실 벽화에는 망자의 허무한 인생이 묘사돼 있고 운동 경기, 방종한 남녀 관계, 섹스 장면 등이 그려져 있다.

　사도마조히즘 장면을 담은 프레스코fresco화*는 매우 야만적이고 상스럽게 보이기도 하지만, 한편으로는 진한 애정과 친밀감이 전해지기도 한다. 젖과 설탕을 와인에 넣어 마셨던 에트루리아 사람들은 사랑의 유희에도 가끔은 특별한 첨가물이 필요하다고 생각했다. 이들은 사도마조히즘 섹스에서 가장 중요한 규칙 가운데 하나인 '상대방에 대한 배려'에 대해서도 알고 있었던 것으로 보인다. 기원전 330년 그리스의 역사가 테오폼포스Theopompos는 에트루리아 여자들에 대해 매우 불쾌한 어조로 서술했다. 즉, 그들은 남자의 소유물이 아니었고 술을 엄청 잘 마셨으며 낯선 남자들에게도 허물없이 대했다고 썼다. 이들은 성에 대한 자의식이 희박해서 공공장소에서도 벌거벗고 운동을 했다고도 썼다. '채찍질의 무덤'은 대단히 밝은 색상으로 채색돼 있었다. 재스퍼 포드의 소설 『그레이의 그림자』처럼 암울하지 않았다.

---

* 새로 석회를 바른 벽에 그것이 마르기 전에 그린 그림.

여성이 오르가슴에 이를 때 남성은 느끼지 못해야 한다
: 평왕의 바른 섹스

　북동부 중국의 진나라를 다스렸던 평왕은 주치의에게 충격적인 진단을 받았다. 기원전 540년의 일로, 연대기 학자들에 따르면 철기를 사용한 한나라의 시대가 시작될 무렵이었다. 평왕은 몸이 몹시 쇠약해졌다. 의사의 진단에 의하면 평왕이 몸이 쇠약해진 이유는 영양 부족이나 불면증 때문이 아니었다. 과도한 성생활이 원인이었다. 평왕이 좋아한 건 여자뿐이었다. 평왕 옆에는 24시간 여자 네 명이 대기하고 있었다. "여자를 멀리해야 한다는 말인가?" 평왕이 의사에게 그렇게 물었다. 그러자 의사는 "여자들은 남자의 힘을 강화하기도 합니다. 양기를 불어넣어주지요. 따라서 밤에는 여자들과 함께 있어야 합니다. 하지만 과도한 성행위는 몸속에서 열을 발생하게 해 정신도 약화시킵니다. 폐하, 하지만 성생활을 너무 억제하실 필요는 없습니다. 여자들은 밝은 대낮에도 성생활을 즐깁니다. 병이 날까봐 여자들이 성행위를 꺼리기야 하겠습니까?"

　이 의사는 그 무렵 중국에서 발생한 도교 신봉자였다. 도교 신도들은 음과 양, 여성과 남성, 수동성과 적극성의 원리를 믿었다. 따라서 이들은 복잡한 성생활 교의를 만들었다. 생명 에너지인 기氣는 여성의 질 분비물음陰뿐만이 아니라 남성의 정액양陽에도 있다는 내용이었다. 음 에너지는 제한 없이 사용할 수 있지만 양 에너지는 한정된 자원이라는 이론이었다. 도교 신자들에게 섹스는 남자가 여자의 음을 흡수하는 행위였다. 물론 여자들에게도 섹스는 이로운 점이 있는바, 여성의 음이 성행위를 통해, 특히 오르가슴을 느끼는 순간에 활성화된다. 양과 음은 에너지로 충전된다. 물론 남자들은 사정할 때마다 양기를 조금씩 빼앗긴다.

도교 신자들이 생각한 바람직한 섹스는 여성이 가능한 한 많이 오르가슴 상태에 이르는 동시에 남성은 가끔 또는 전혀 오르가슴을 느끼지 못하는 것이었다. 이러한 논리로 본다면 남자의 자위 행위는 죄악이다. 음기를 취하지 못한 채 양기를 버리기 때문이다. 섹스 독트린의 승자인 여성들은 원하는 만큼 자위행위를 많이 해도 상관없다.*

따라서 도교 신자들은 남자들이 사정을 지연시키거나 억제하는 다양한 방법을 알아냈다. 귀두나 회음을 손가락으로 힘줘 누르면 사정이 억제된다. 도교 신자들은 스스로 연습해 흥분 상태를 의식적으로 조절하는 기술을 배웠다. 야간에 사정을 억제시키는 특수 약품도 개발됐다. 사슴의 뿔 가루와 삼나무 씨앗, 구기자,

---

* 애널 섹스나 입으로 여성의 성기를 애무하는 행위는 음기 생성을 촉진한다.

질경이, 애기풀, 오미자, 오리나무더부살이를 4그램 정도씩 물에 섞어 마시면 된다.

평왕이 정확히 어떤 치료를 받았는지에 대해선 전해지는 바가 없다. 하지만 그는 의사로부터 진단을 받은 후 성생활 습관을 개선했으며, 쇠약해진 몸을 추스르고 8년을 더 살았다. 그러나 평왕도 죽음을 피하지는 못했다. 도를 깨친 경지에 이르지는 못한 것이다. 깨달음의 경지에 이른 자는 완벽한 섹스를 통해 불멸해야 했다.

스파르타 유부남들의 원조 교제
: 아게실라오스는 열두 살

그리스의 도시국가 스파르타에서 사내아이에게 해줄 수 있는 최고의 선물은 깔끔한 납치였다. 아게실라오스Agesilaos는 이제 열두 살이 됐다. 아직 얼굴에 수염도 나지 않았으며 머리는 짧게 깎았다. 야전 사령관 리산드로스Lysandros 장군이 아직 나어린 이 미소년을 눈여겨 봐뒀다. 그러던 어느 날, 리산드로스가 야음을 이용해 아게실라오스의 집으로 몰래 잠입, 소년을 보따리에 싸서

둘러업고 나왔다. 아게실라오스의 가족들은 마지못해 납치범을 뒤쫓으며 마치 의례적으로 일어나는 일이라는 듯이 납치범에게 작은 소리로 욕을 퍼부을 뿐이었다. 만일 비천한 집안 출신의 남자가 아게실라오스에게 관심을 갖거나 납치를 했다면 그건 큰 문제였다. 그리고 그보다 더 큰 문제는 아무도 아게실라오스에게 관심을 갖지 않거나 납치하지 않는 일이었다. 그런데 스파르타를 대표하는 군인인 리산드로스 장군이 아이를 데려갔으니 부모가 싫어할 이유가 없었다. 게다가 아게실라오스도 스파르타의 양대 로열패밀리 중 하나인 에우리폰티드Eurypontid 가문의 후손이었으니 그야말로 최고의 결합이었다.

물론 아게실라오스와 리산드로스의 관계가 약간의 파장을 불러일으키긴 했다. 그러나 당시 그리스 사회에서 성인 남자에라스테스Erastes가 나어린 소년에로메노스Eromenos을 연인으로 취하는 일은 흔했다. 스파르타에서 이런 관계는 각별한 의미가 있었다. 전쟁 국가 스파르타는 사내아이들 교육을 매우 중요시했으며 엄한 규정에 의해 그들을 훈육했다. 남자아이들은 열두 살이 되면 청소년 교육 기관인 아고게Agoge에서 교육을 받았다. 그곳은 매우 혹독한 교육을 하는 기관으로, 사내아이들을 인간 병기로 만드는 게 목적이었다. 그리고 그 사내아이들은 경험 많은 군인이 선발하거나 납치했다. 그렇게 형성된 성인과 나어린 소년 간에는 성

관계가 흔히 이뤄졌고, 남
성의 정액이 전투 정
신과 강인함, 그리
고 용기를 준다는
믿음이 널리 퍼졌
다. 싸우는 방법을
가르치는 학교인 아고
게에서 소년이 울거나 엄
살을 부리면 소년의 멘토도 처
벌을 받았다. 그런 과정은 소년의 훈육이 끝나는 날까지, 즉 수염
이 자라고 음부에 털이 나며 결혼해 본인이 에로메노스를 납치하
는 날까지 지속됐다.

이렇게 연인이자 멘토 관계로 형성된 두 사람 간에는 긴밀한
유대가 지속됐다. 스파르타는 잔혹한 전쟁과 치열한 경쟁이 끊임
없이 계속되는 사회였으며, 남자라면 누구나 정치권력과 여자와
돈, 그리고 생존을 위해 앞뒤 가리지 않고 싸워야 했다. 그러다보
니 에라스테스와 에로메노스는 서로 의지할 수밖에 없었다. 아게
실라오스도 자신을 납치한 남자와의 관계를 통해 이득을 취했다.
그리고 기원전 399년, 스파르타 왕이 세상을 떠나고 후계 구도가
분명치 않은 상황이 벌어졌다. 왕좌를 차지하겠다고 나선 후보들

이 여러 사람 있었기 때문이었다. 수년 전에 아테네 군대를 격파해 권력의 정점에 있던 리산드로스 장군은 아게실라오스를 지지했다. 그리하여 한때 욕정의 대상이자 자신의 훈육생이었던 아게실라오스를 스파르타의 왕으로 만들었다.

마스터베이션 홍보 대사
: 디오게네스

디오게네스Diogenes는 어느 날 아테네 시장 한복판에서 자랑스럽게 자위행위를 했다. 그는 자위행위를 해서 본인이 쾌감을 느끼는 것은 물론, 아테네 시민들에게 볼만한 구경거리를 제공해주고 싶었다. 철학자이자 퍼포먼스의 개척자를 자처한 디오게네스는 자극적인 행동을 보여줌으로써 사람들이 가던 길을 멈추고 생각을 하게 만들었다. 예를 들어, 디오게네스는 밝은 대낮에 불을 밝히고 길을 걸었다. 그렇게 하면 사람들이 뭘 하냐고 물어볼 테고, 그러면 자신은 미리 준비해둔 대답을 했다. "저는 지금 사람을 찾고 있습니다." 또는 공공장소에서 여러 사람들에 지켜보는 가운데 콩 한 접시를 맛있게 먹었다. 이는 두 가지 이유에서 매우 괘씸한 행동이었다. 당시 나이 든 그리스인들은 실내에서만 음식을 먹었으며, 콩은 가난한 사람들이나 먹는 음식으로 간주됐다. 디오게네스는 아테네 시민들에게 큰소리로 외쳤다. "생각을 너무 많이 하지 마시고 그냥 맛있게 드셔요!"

디오게네스는 지칠 줄 모르는 끈기로 사회적 억압과 관습에 맞서 싸웠다. 그는 자기 집을 갖는 걸 포기*했으며, 수학에 대해 끊임없이 토론을 벌이는 사람들을 경멸했고, 결혼은 당연히 하지 않았다. 디오게네스는 이렇게 말했다. "여자들과 함께 살아야 하지만 결혼은 쓸데없는 짓이다." 디오게네스는 매춘부들을 찾지도 않았다. 매춘부들이란 남자들의 지갑에서 돈이나 뜯어내는 존재이고 남자들을 죽음과 타락으로 내모는 존재라고 생각했기 때문이다. 디오게네스는 결혼하지 않은 남자가 선택할 수 있는 유일한 방법은 마스터베이션이라고 생각했으며, 이를 말과 행동으로 전파했다. 즉, 성욕도 배고픔이나 갈증 등의 본능적 욕구와 마찬가지로 반드시 해소해야 하는 것이라고 생각한 디오게네스는 기원전 360년

---

* 키가 크고 뚱뚱한 몸집도 집을 갖지 못한 이유였다.

경에 공개적으로 마스터베이션 퍼포먼스를 하면서 이렇게 주장했다. "배를 문지르면 굶주림도 떨쳐버릴 수 있을 겁니다."

성서에 기록된 사랑과 섹스의 서정시
: 아가서

아담Adam과 이브Eva는 부도덕한 행위를 해 지상낙원에서 추방됐다. 그 이후 여성들은 하느님을 배신한 대가로 출산 시 심한 고통을 견뎌야 했다. 그런데도 섹스를 즐기는 여성들은 구약성서에서 "교활하고 미개하며 방탕한 창녀 같은 여자들"이라는 비난을 받았다. 아이를 많이 낳으면 미덕이라고 칭찬하면서도 재생산을 위한 섹스라고 핑계 대는 행위는 수치스러운 것으로 규정했다. 구약성서의 기원이 되는 히브리 성서 타나크Tanakh에는 쾌락에 관한 내용이 없다. 이집트와 아시리아, 그리스 등의 주변 지역 사람들은 방탕한 축제를 즐기면서 최음제를 사용하기도 했지만, 팔레스타인에선 섹스를 병으로 여겨 근절해야 한다고 생각했다.

타나크는 황량하기 이를 데 없는 언어들이 가득한 사막과 같은 바이블이었다. 타나크는 전능하면서 극도로 민감한 하느님의 불같은 분노를 다뤘지만, 반대로 오아시스 같은 내용도 다뤘다. 기원전 300년경에 최종 형태를 갖춘 '아가서雅歌書*'가 바로 그것이다. 인간의 역사에 관한 최초의 기록 중 하나인 아가서는 섹스와 사랑을 하나로 연결했다. 아가서는 대화 형식으로 편찬됐다. 연인 관계인 솔로몬solomon과 술람미Shulammite는 서로 사랑을 고백했고, 상대방이 곁에 없을 땐 이를 몹시 안타까워했으며, 다시 재회하면 감격했다. 솔로몬은 이렇게 말했다. "너의 두 가슴은 장미꽃 밑에서 풀을 뜯어먹는 쌍둥이 노루 같구나." 매우 직설적인 내용도 있다. "너의 품은 술이 마르지 않는 둥근 모양의 술잔과 같다." 술람미 역시 적극적인 태도로 원하는 바를 구체적으로 말했다. "그의 입술은 흐르는 몰약에 흠뻑 젖어 있는 장미꽃과 같다. 사람들 중에 있는 나의 사랑은 수풀 가운데 있는 사과나무 같구나. 나는 그늘에 앉아 기뻐했으며 그 열매는 내 입에 달았다."

이처럼 노골적인 내용들은 속세의 사랑 노래들에서 가져온 것이었다. 타나크의 텍스트를 엄격하게 검토했을 사람들이 다시 쓰거나 검열하지 않았던 이유는 이 텍스트를 유대 역사상 최고 권위의 전설적인 왕 솔로몬이 직접 쓴 것으로 간주했기 때문이었

* 구약성서의 시가서 중 하나로, 남녀 간의 사랑에 대한 내용이 주를 이룬다. 솔로몬이 쓴 것으로 전해진다.

다. 종교를 연구하는 학자들은 아가서에 언급된 사랑은 세속적인 사랑이 아니라 신과 신이 선택한 민족 사이의 유대감을 의미한다고 줄곧 강조해왔다. 이러한 해석은 설득력이 떨어진다. 수백 년 동안 수많은 종교인들이 마음속으로나마 동일한 질문을 제기해왔다. 아가서에서 도덕이나 영혼의 치유에 대해 말하지 않고 엉덩이와 가슴에 대해 언급한 이유가 무엇일까? 술람미가 열광한 장미를 닮은 입술이 사실은 하느님의 입술을 의미하는가? 하느님이 입맞춤을 잘한다는 뜻인가?

동성과의 불같은 금사빠
: 켈트족

켈트Celt족은 남자나 여자나 상관없이 몸에 난 털을 모조리 깎았다. 켈트족은 식사를 할 때 각자 편하게 방석에 앉지 않고 낮은 테이블에 모여 앉았다. 그리고 이들은 튜니카tunica*를 입지 않고 바지만 입은 채 돌아다녔다. 이들이 사는 유럽 북부 지역의 어두

* 고대 로마에서 남자가 토가(로마 시민의 겉옷) 밑에 착용했던 속옷.

침침한 숲속을 과감하게 돌아다니며 이들을 살펴본 로마인들이나 그리스인들은 이들 야만족들의 풍습에 관해 사람들이 깜짝 놀랄 만한 글을 남겼다. 기원전 100년경에 이 지역을 다녀온 그리스의 철학자 포세이도니오스Poseidonios는 켈트족을 심하게 비난하는 글을 썼다.

그들은 상당한 미모의 아내가 옆에 있는데도 아내와 가까이 하지 않는다. 그들은 동성과의 불같은 연애에 쉽게 휩싸인다. 그들은 모피를 바닥에 깔고 누워 동침 상대와 뒹군다.

켈트족 남성들 간의 동성애가 어느 정도 만연됐는지 입증해주는 자료는 없다. 병사들 간의 응집력을 강화하기 위한 풍습이라고 추측할 뿐이다. 예를 들어, 갈리아Gallia 지방의 켈트족은 전투 경험이 많은 병사에게 신병 두 명을 붙여줬다. 이들 신병들에겐 신임 병사가 전장에서 부상을 당할 경우 들것으로 실어 나르는 임무가 주어졌다. 아마 세 사람이 한 침대에서 잤을 것이다. 소년과의 동성애는 도시국가 스파르타처럼 전쟁이 일반화된 지역에서 특히 널리 행해졌던 것으로 보인다. 이들 병사들은 오랜 시간 동안 약탈 행각을 함께하는 가운데 육체를 가까이 함으로써 서로 맞서 싸우는 일을 피해야 했을 것이다.

포세이도니오스의 글을 예로 인용한 그리스의 역사가 디오도로스 시켈로스Diodorus Sikelos는 다음과 같이 서술하면서 야만족들에 대한 놀라움을 표시했다.

그런데 가장 황당무계한 일은 그들이 자신들의 행실을 깊이 생각지도 못하며 꽃 같은 육체를 다른 남자에게 흔쾌히 내준다는 사실이다. 그들은 그런 행위를 부끄럽게 여기지 않았으며 구애를 받지 못하거나 총애를 잃는 것을 오히려 불명예로 여겼다.

남자들끼리 서로 사랑하는 모습만을 보고 지중해 지역에서 온 사람들이 놀라워하지는 않았다. 노예와 소년, 그리고 여자들이 욕정의 대상으로 이용됐을 뿐 아니라 노련한 전사들도 그렇게 이용되는 모습에 경악했던 것이다. 켈트족은 타지에서 온 사람에게 본보기가 될 만한 모습을 갖추지 못했기에 야만스럽다는 소리를 들었다.

좌우 비대칭 패션, 트렌드가 되다

: 황제의 옷소매

중국 전한의 13대 황제 애제哀帝는 동현董賢이라는 미소년과 사랑에 빠졌다. 동현은 황제와 열정적인 사랑을 나누고 난 후에는 황제의 품에 안겨 잠이 들곤 했다. 하루는 애제가 동현과 함께 낮잠을 자다가 먼저 잠에서 깼다. 황제는 조정 일을 보러 나가야 했다. 그런데 동현이 황제의 긴 소매에 머리를 얹은 채 자고 있었다. 황제는 동현의 잠을 깨우지 않기 위해 옆에 있던 칼로 자신의 소매를 잘랐다. 황제는 옷소매가 잘린 옷을 그대로 입고 조정 회의에 참석했고 동현은 값비싼 베개인 황제의 옷소매를 머리 아래에 받치고 계속 잠을 잤다.

동현은 황제와의 사랑에 대한 대가로 엄청난 이익을 챙겼다. 애제는 엄청나게 많은 선물을 줘 동현을 배려했다. 돈은 물론이고 귀족 직위를 내렸으며, 황궁 인근에 호화로운 저택을 지어줬고, 애제 자신이 사후에 묻힐 묘지 바로 옆에 큰 묘지를 하사했다. 죽어서도 사랑하는 동현을 가까이에 두고자 했던 것이다. 동현의 가족들은 황제의 측근으로 임명됐으며, 동현 자신은 스물두 살의 나이에 총사령관 직위에 올랐다. 조정 대신들은 새로운 권력 구조에 적응해 살아야 했다. 그리고 다들 관복의 소매를 짧게 잘랐다. 좌우 비대칭 패션이 새로운 패션 트렌드가 됐으며, 큰 사랑의 표시로 인식됐다.

그런데 이 스토리의 결말은 해피 엔딩이 아니었다. 동현이 누렸던 특권으로 인해 이를 질투하는 사람들이 나타났다. 황제가 동현의 신분 상승을 방해하려는 관리들을 모두 강등시키고 구금하거나 심지어 사형에 처하기도 했지만, 강력한 정적들의 등장을 막지는 못했다. 애제는 동현의 자상한 연인이긴 했지만, 강력한 군주는 못됐다. 게다가 황제 자리를 이을 후사를 보지 못했기에 그의 권력은 무너지고 말았다. 애제 사후, 한때 큰 영광을 누렸던 한 왕조도 몰락했다. 동현은 애제의 의붓할머니가 이끄는 황실 지배층에 의해 공직에서 면직됐으며, 얼마 후 스스로 생을 마감했다.

중국 문화는 옛날부터 동성애에 대해 개방적인 태도를 보였다. 그런 문화는 유럽인들이 중국에 들어가면서 바뀌게 됐다. 유럽인들은 성능이 우수한 무기와 기독교, 양조 기술 등을 중국에 전했으며, 동성애 혐오증을 중국인들에게 심어줬다. 그런데 요즘도 중국에선 남성 간의 동성애를 '단수斷袖*'라고 부르는 사람들이 있다.

* 직역하면 '소매를 자르다'라는 뜻.

III

헬레니즘·로마 시대
the Hellenistic & Roman Ages

로마의 오르가슴 교과서

: 오비디우스

  남자들이 아침마다 오랜 시간 목욕을 하거나 꼼꼼하게 면도를 하고 피부를 청결히 하는 등 외모에 각별한 신경을 쓰는 일은 고대 로마 시대에도 간단한 일이 아니었다. 로마의 시인 오비디우스Ovidius는 『사랑의 기술Ars Amatoria』에서 이렇게 조언했다.

  헤어 아이론으로 머리카락을 곱슬곱슬하게 지지는 걸 좋아하지 말라. 거칠거칠한 경석으로 다리를 문질러 매끄럽게 만들려고 하지 말라. 남자들이란 단정하지 못해야 아름다운 법이다.

  그런데 당시 로마 사람들은 몸을 전혀 손질하지 않은 연인을 좋아하지 않았다. 오비디우스에 따르면, 당시 남자들은 매일매일 양치질을 했고 손톱을 다듬었으며 햇볕에 검게 탄 건강한 피부를 가졌고 주요 신체 부위의 털을 깎았다. 그들은 겨드랑이에서 냄새가 나면 안

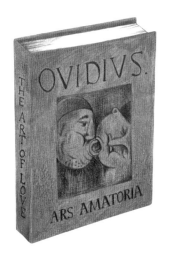

된다고 생각했다.

서기 2년에 발행된 『사랑의 기술』은 시집이자 섹스 안내서였다. 이 책은 예의 바르고 정중한 행동과 단아한 멋, 그리고 에로틱에 대한 내용을 담고 있으며, 품위 있고 우아하며 에로틱한 삶을 가능케 한 대도시 생활을 다루고 있다. 대도시 거주자들만이 자유를 만끽하면서 그들의 풍습을 세련되게 만들기 때문이었다. 로마에서만 낯모르는 사람들이 만나 서로를 유혹할 수 있기 때문이었다. 그리고 로마에만 어떤 행위든 다 허용되는 어두침침한 구석이 있기 때문이었다.

동시에 오비디우스는 친절한 태도를 가장 중요한 가치라고 봤다. 오비디우스는 자신의 저작을 통해, 설사 필요성을 못 느끼더라도 연인에게 친절을 베풀거나 도움을 주는 기회를 놓쳐서는 안 된다고 강조했다.

이는 언제든지 해야 하는 일로, 우연히 소녀의 무릎에 먼지가 있으면 손가락으로 먼지를 털어줘야 한다. 먼지가 없어 보이더라도 털어주면 좀 더 깨끗해진다.

오비디우스는 칭찬의 말이나 선물, 식사 초대, 그리고 가끔씩 살짝 터뜨리는 울음도 도움이 된다고 썼다.

눈물이 나지 않는 경우가 있다.(눈물이란 게 항상 정확한 타이밍에 나오지는 않기 때문이다.) 이런 날은 손에 물을 묻혀서 눈에 대라.

오비디우스는 여성 독자들을 위해서도 여러 가지 현명한 조언을 들려줬다. 그는 필요한 경우 남편에게 술이나 약물로 정신을 잃게 해 아는 여자의 집에서 자도록 하면 효과가 좋다고 했다. 연인을 묶어두기 위해서는 질투하는 척하면서 얼굴을 할퀴거나 남편에게 맨 어깨를 드러내 보여주는 게 도움이 된다고 강조했다.

남편과 사랑의 유희를 하는 와중에 가끔씩 거부하는 제스처를 취해야 한다. 남편을 방 안에 들어오지 못하게 하고 "저런, 야속한 문 같으니!"라고 외쳐라.

오비디우스는 여자들에게 본인들의 장점은 드러내 보이고 결점은 숨겨야 하며, 늘 똑같은 성교 체위만 고집하는 것은 바람직하지 않음을 명심하라고 강조했다. 예를 들어, 나이가 많은 여자들에게는 말을 거꾸로 타는 자세를 추천했다. 그 자세를 취하면 여자의 주름살을 본 남자가 기겁하고 도망치는 일을 방지할 수 있다는 것이다. 또한 허리의 모양이 아름다운 여자는 배를 깔고 누워야 한다고 했다.

　오비디우스는 마초 기질이 있는 남자가 아니었으며, 픽업 아티스트pickup artist*도 아니었다. 그는 남성과 여성을 적대적 관계가 아닌 욕정에 사로잡혀 사랑의 유희를 벌이는 은밀한 공범자라고 표현했다. 낭만적인 감정이 생길 때까지 활력을 잃은 채 미련하게 기다리지 말고 적극적으로 나서서 주도권을 잡아야 한다고 강조했다. 그리고 졸음이 쏟아져도 흥분한 척하고 신음을 내야 한다면서, 그렇게 하면 파트너를 흥분시키며 다시금 욕정이 커진다고 했다. 시인 오비디우스는 남녀가 함께 오르가슴을 느껴야 의미 있다고 역설했다.

　여성을 흥분시키는 체위를 찾아낸다면 여자의 몸에 손을 댄다는 부끄러움 따위는 아무런 문제가 되지 않는다. 그러면 불꽃처럼 격정적으로 반짝거리며 애원하는 여자의 눈을 보게 된다. 전력을 다해 여성보다 서둘러 일을 마침으로써 연인을 방치하는 일이 생겨선 안 된다. 최고의 흥분 상태를 향해 함께 가라!

　오비디우스는 사랑에 빠진 상태를 즐기고 흥분 상태에 몰두하

* 여성 유혹 전문가. 즉, 난봉꾼.

라고 조언했다. 사랑이란 성인을 위한 게임으로 사랑을 하면서 즐거움을 찾고 진지해 질 수 있다면서, 상대방을 능숙하게 다뤄야 하고 때론 자기 자신을 능숙하게 다뤄야 한다고 강조했다. 오비디우스는 몸단장이 삶 자체를 위해 가치 있다면서 "숨길 줄 아는 기술만으로도 아름다움을 살려준다."라고 썼다.

입으로 여성을 만족시킨 로마 황제 티베리우스

: 쿤닐링구스cunnilingus*

서기 14년부터 로마를 다스린 티베리우스 율리우스 카이사르 아우구스투스Tiberius Julius Caesar Augustus는 로마공화정 두 번째 황제였다. 티베리우스는 돈이 많이 드는 화려한 건축물을 짓지 못하도록 하는 등의 긴축재정을 시행한 황제로 알려져 있다. 그리고 대단한 호색가로도 유명했다. 역사학자 수에토니우스Suetonius에 따르면, 티베리우스 황제는 카프리Capri 섬의 별장에서 기이한 짓을 즐겼다. 황제는 어린아이들을 골라 '작은 물고기'라고 부르

---

* 남성이 입술이나 혀로 여성의 성기를 애무하는 행위.

며 이들로 하여금 수영장에 몸을 담그고 있는 자신의 가랑이 사이를 헤엄쳐 다니면서 페니스를 애무하도록 했다. 티베리우스는 자신의 침실에 음란한 그림들을 놓아뒀으며, 정원에는 에로틱한 모습의 님프Nymph 대리석상과 사티로스Satyros 대리석상을 세우도록 했다. 당시 최고 권력자에 대한 온갖 섹스 풍문은 스캔들로 여겨지지 않았다. 오히려 그와 정반대로, 로마 지배자의 뛰어난 섹스 능력은 사람들에게 보여줘야 하는 것으로, 제국 자체만큼이나 왕성하고 공격적이어야 했다. 다만 한 가지 문제가 되는 것이 있었는데, 그것은 황제의 지나치리 만큼 독특한 섹스 스타일이었다. 티베리우스 황제는 로마 귀족 여성들의 음부를 입으로 핥는 행위를 각별히 좋아했다.

로마제국의 유적지에서 발견된 프레스코 벽화를 보면 당시 서양 세계의 수도 로마에서는 온갖 형태의 섹스가 모두 허용됐음을 짐작할 수 있다. 이들 벽화를 보면 로마인들은 다양한 방법으로 섹스를 즐긴바, 공중목욕탕에서 만나 섹스를 했고 미성년자와의 성행위를 적법한 행위로 여겼으며 정치인들은 원로원에서 좋아하는 여성 파트너 유형에 대해 공공연히 이야기를 주고받곤 했다. 하지만 엄격한 규칙과 금기 사항이 있었다. 당시의 섹스 규범은 남성과 여성, 자유 시민과 노예, 황제와 신하 간의 엄격한 역할 구분을 토대로 했다. 그런 가운데 사랑의 유희를 즐기는 과정에서 누가 주도적인 역할을 하느냐가 주된 관심사가 됐다.

집안의 가장(도미누스dŏmĭnus)은 성행위에 적극적으로 임했으며, 그에겐 어떤 행위도 허용됐다. 아내는 물론 매춘부나 여성 노예들과의 성관계뿐 아니라 소년 및 남성 노예들과의 항문 섹스도 허용됐다. 구강성교의 가치에 대해서는 논쟁이 있었다. 펠라티오*를 남자답지 못한 짓으로 보는 견해도 있었는데, 이는 남성이 상대적으로 소극적인 모양새로 임하는 행위였기 때문이었다. 그러나 여성의 입을 적극적으로 활용하는 행위 자체를 바람직하지 못한 것으로 여기지는 않았다. 육체적 욕망의 대상으로 이용되는 게 노예의 운명이자 의무였으며, 자유민은 욕정의 대상이 될 수 없었다.

입으로 여성을 만족시켜주는 귀족들에 비해 로마 시민들이 비교적 추악하지 않은 모습으로 상상되는 이유가 바로 거기에 있었다. '여성의 음부를 입으로 핥는 남자'라는 말은 당시 로마에서 가장 경멸적인 욕이었다. 이러한 행위는 남녀 간의 위계질서를 거꾸로 만든다고 여겨졌으며, 로마인들은 타인의 체액이 입 안에 들어오는 것을 극도로 싫어했기 때문이었다. 입으로 여자를 만족스럽게 해주는 남자는 여성의 질에서 나오는 월경 혈을 마시고 싶어 하는 자라는 의혹을 받았다. 매춘부들조차 입으로 여성의

* 여성이 입술이나 혀로 남성의 성기를 애무하는 행위.

음부를 핥는 걸 즐긴다고 소문난 남자들의 키스를 거절했다. 이런 남성들은 혐오의 대상으로, 당대의 시인 마르시알Martial은 어느 난쟁이에 대해 이렇게 풍자했다.

난쟁이가 더러운 혀를
여자의 부풀어 오른 질에 깊이 담그자
여자의 배 안에서
어린아이들이 칭얼거리며 우는 듯한 소리가 들렸네.

마르시알은 욕지거리로 가득한 시의 끝부분에는 "더러운 질병이 난쟁이의 그 부분은 물론 그의 입과 혀를 마비시켰네."라고 썼다. 그러나 결말은 해피 엔딩으로, 질서가 회복된다. "여성의 음부여, 만세! 그대들은 이제 남자들로부터 해방됐도다."

자유민 남자는 사랑하는 여인의 무릎 사이로 머리를 들이미는 짓은 하지 않았다. 그런데 단 한 사람은 이런 금기 사항을 무시했다. 모든 법률을 초월한 존재, 티베리우스 황제였다. 황제의 섹스 취향은 당연히 로마 시민들에게 혐오감을 줬다. 로마의 원형경기장 객석에 가면 다음과 같은 풍자 노래를 들을 수 있었다.

늙은 양 수컷이

계집의 음부를 핥았다네.

과연 천민들 사이에 나돌았던 소문이 티베리우스 황제의 섹스 취향을 멈추게 했을까?

고상한 문화도시에서 발견된 그룹 섹스 모자이크
: 폼페이

이 낙서를 쓴 자는 사랑에 빠져 있고 읽는 자는 변태이며 듣는 자는 음탕한 자다. 지나가는 사람이 뒤를 돌아보며 읽어본다. 곰같이 덩치가 큰 놈들이 나를 잡아먹고 싶어 하는구나. 그리고 이 낙서를 읽는 나는 살찐 백조다.

이 글은 로마 폼페이Pompeii 유적지의 어느 벽에 써놓은 낙서로, 지금도 선명하게 남아 있다. 폼페이 주민들은 공공건물들의 벽을 오프라인 게시판으로 여겨 친구들에게 보내는 소식이나 노래, 그리고 익살이 넘치는 글을 새겨넣었다.

서기 79년 8월 24일, 베수비오Vesuvio 화산이 폭발했다. 엄청난 양의 화산재가 도심으로 쏟아져 들어와 순식간에 2,000여 명이 사망하고 1만 8,000여 명이 주거지를 잃었다. 그런데 돌벽과 가옥들은 대참사를 견뎌냈다. 그리고 차갑게 식은 화산재가 폼페이 주민들이 담벼락에 써넣은 낙서를 보호해줬다. 1800년대에 발굴된 폼페이는 고고학자들마저 깜짝 놀라게 했다. 폼페이에서 발견된 낙서들은 우리가 교과서에서 배운 고대 로마 시대의 고상한 문화 예술과는 전혀 어울리지 않아 보였다.

물론 적나라하게 표현하지 않은 낙서들도 있다. 어떤 이는 당시 출중한 외모를 자랑했던 누군가를 찬미하거나("멋진 남자, 케테구스 Cethegus여!") 연인에게 사랑을 고백하는 내용을 낙서로 남겼다.

노체라Nocera에서 온 프리미게니아Primigenia여, 나는 잠시나마 기꺼이 당신의 인장 반지가 되겠소. 그러면 당신에게 입맞춤을 할 수 있으니.

담벼락에 말을 거는 낙서들도 있었다.

벽이여, 그대는 정말 놀랍소. 사람들이 그대의 얼굴에 새겨놓은 황당한 내용의 낙서들이 있는데도 당신은 아직 무너지지 않았소.

폼페이는 거주의 자유가 있고 활기가 넘치는 도시였다. 그룹 섹스 장변을 묘사한 모자이크와 조각들은 지금도 잘 보존돼 있다. 폼페이 주민들은 쾌락을 즐기며 살고 싶었던 것 같다. 이들은 화산이 언제든 폭발할 수 있음을 알고 있었기 때문이었다. 그런 이유로 폼페이 거주자들은 자신들의 욕망을 솔직하게 표현했는지도 모른다.

레스티투타Restituta여, 옷을 벗고 털이 풍성한 당신의 음부를 내게 보여주오.

사랑에 빠진 어느 남자가 벽에 쓴 시이다. 좀 더 은밀하게 즐기는 어느 남자는 이렇게 새겼다.

나는 술집 여자와 하룻밤을 즐겼네. 그리고 지금 조심스런 마음으로 그녀와의 밤을 벽에 새기고 있음을 고백하네.

점잖고 예의 바르게 표현한 사람들도 없지 않았다.

아펠레스Apelles, 덱스트루스Dextrus, 그리고 카이사르Caesar는 방을 함께 쓰면서 호화로운 식사와 섹스를 즐겼네.

이 낙서들은 폼페이 시민들의 성적 자의식을 명확하게 보여준다. 어떤 이는 율리우스 카이사르의 명언 "왔노라, 보았노라, 이겼노라"를 변형해 허망한 인생을 글로 벽에 새겨넣었다.

왔노라, 섹스했노라, 그러고 나서 집으로 돌아갔노라.

발기부전 치료가 행해지던 로마의 은밀한 비뇨기과

: 프리아포스 신전

　가축이나 과일나무, 정원을 지켜주는 수호신 프리아포스Priapus. 그를 모시는 신전은 비뇨기 클리닉 같은 곳이기도 했다. 로마인들은 이곳에서 발기불능이 치료된다고 생각했다. 이곳에서는 그리스 다르다넬스Dardanelles 해협*에서 시작돼 후일 로마에 수입된 의식을 통해 발기불능을 치료했다. 프리아포스 신은 늘 커다랗게 발기된 남근으로 묘사됐다**. 따라서 고대 그리스에서 프리아포스 신은 매우 인기가 많은 신이었다.

　당시 로마의 원로원을 지낸 작가 페트로니우스Petronius는 그의 저서 『사티리콘 Satyricon』에서 프리아포스 신전에서 진행되는 발기불능 치료법을 자세히 서술했다. 욕정을 채우던 미소년과 미녀 키르케Circe에게 보기 좋게 걸어차인 영웅 엔클로피우스Enclopius가

---

* 지중해와 마르마라해를 연결하는 좁고 긴 해협.

** 그래서 요즘도 '음경 지속 발기증'을 '프리아피즘priapism'이라고 부른다.

프리아포스의 여사제를 찾았다. 그녀는 우선 상한 돼지머리를 내어와 그에게 대접했는데, 그건 시작에 불과했다.

여사제가 가죽으로 만든 남근을 가져왔다. 그녀는 기름과 곱게 빻은 후추, 그리고 분말 쐐기풀 씨앗을 가죽 남근에 바른 다음 내 항문에 천천히 밀어넣었다. 동시에 그 인정머리 없는 여사제는 그 기름을 내 허벅다리에 발랐다. 이어 겨자씨를 개사철쑥과 섞어서 내 페니스에 발랐다. 잠시 후 여사제가 쐐기풀로 만든 채찍을 들고 배를 후려쳤다.

여사제가 약속한 대로 엔클로피우스의 페니스가 '황소의 뿔'처럼 단단해 졌는지는 『사티리콘』에 언급돼 있지 않다. 하지만 고대 로마에서 발기불능 남성을 치료하기가 쉽지 않았음은 분명하다. 당시에도 잠자리에서 성적 능력을 발휘하지 못한 남자는 배우자와 불화를 겪었으며, 본인의 자의식도 약화됐다. 또한 그런 남자는 자신의 지위를 염려해야 했다. 개선식 행렬에서 전쟁 영웅들은 커다랗게 발기된 페니스를 내보였다. 그리고 가정에선 대문에 남근을 새겨놓아 나쁜 기운이 집안에 들어오는 것을 막고, 가장이 성적 능력이 있음을 상징적으로 보여줬다. 따라서 로마인들은 발기불능에 대한 큰 두려움을 안고 살았으며, 애인이 도망가거나 정력이 넘치는 연적이 나타나서 발기불능 상태가 됐다고 생각했다. 로마인들은 발기불능이 될 위험 요소가 곳곳에 도사리고 있다고 생각했다. 밤에 진흙탕에 빠지거나, 가능성은 비록 희박하지만 시체를 밟는 불상사가 발생하면 남성 능력을 상실할 수 있다고 믿었다.

페니스가 축 늘어질지 모른다는 로마인들의 두려움 덕에 세계 문학의 최고봉이 탄생했다. 오비디우스가 쓴 시집 『사랑도 가지가지Amores』만큼 잠자리에서 제구실을 못하는 남자의 비애를 눈물겹게 표현한 책도 드물다.

굴욕적인 죄를 지은 사람처럼 침대 위에 꼼짝 안 하고 누웠네. 그녀가 코끼리 다리같이 우람하고 새하얀 눈보다 더 하얀 팔로 내 목을 감쌌네. 그러고는 탐욕적인 혀를 필사적으로 내 입 안으로 밀어넣었네. 그녀는 나를 연인이라고 불렀네. 그런데 내 페니스는 애처롭게도 어제 뽑은 장미꽃처럼 죽은 듯이 축 늘어졌네. 그녀가 갑자기 침대에서 벌떡 일어났네. 그녀는 내 정액을 받지 않았네. 그녀는 부끄러움을 감추기 위해 몸을 씻는다고 둘러댔네.

이 남자에겐 프리아포스 신에게 올리는 기도만이 도움이 될 듯하다.

그녀는 세계 최초 엉덩이 콘테스트 우승자였다
: 트리알리스

고대 그리스에서는 매년 3월이나 4월에 디오니소스Dionysos 축제가 열렸다. 그리스인들은 축제 기간에 가두 행진을 했으며 연극을 즐겼다. 게다가 아름다운 여인들의 미모를 즐길 기회도 주어졌다. 서기 200년경에 그리스에 살던 시인 알키프론Alkiphrōn은 역사상 최초의 미인 콘테스트에 대한 기록을 남겼다.

그리스 사람들이 전부 다 축제에 참석했나 보다. 결혼한 지 얼마 안 된 아낙도 착한 남편이 잠든 틈을 이용해 밤늦게 나타났다. 사람들은 마음껏 술을 마시거나 음식을 먹었다. 밤이 되면서 축제는 절정에 이르렀다. 트리알리스Thryallis와 미리히네Myrrhine라는 이름의 여자 두 명이 크게 말다툼을 벌였다. 누가 더 아름답고 유혹적인 몸매를 보여줄 수 있냐를 두고 싸운 것이다. 먼저 미리히네가 허리띠를 풀었다. 미리히네의 실크 셔츠는 속이 훤히 들여다보여서 사람들은 그녀의 엉덩이가 흔들리는 모습도 볼 수 있었다. 그녀의 엉덩이는 꿀을 탄 응고된 우유처럼 흔들렸다. 그리고 미리히네가 자신의 엉덩이를 뒤돌아보면서 신음 소리를 냈다. 남자와 섹스를 할 때 내는 소리였다. 정말 놀라지 않을 수 없는 광경이었다. 그러자 경쟁자인 트리알리스도 옷을 훌딱 벗었다. 사람들이 똑같은 기준으로 몸매의 아름다움을 판단해야 했기 때문이었다.

알키프론은 점점 숨을 죽이며 이 광경을 메모했을 것이다.

트리알리스가 허리를 펴면서 이렇게 말했다.
"미리히네, 여기를 좀 봐. 내 탐스런 엉덩이를 보란 말이야. 너무 크지도 않고 부실하지도 않고 아주 적당하잖아. 게다가 나는 엉덩이 보조개까지 있어!"

고대 그리스에서 미인 선발 대회가 열린 건 당연하다. 그리스인들은 미모와 강건한 육체를 겸비한 여자가 성격도 좋은 사람이라고 여겼다. 올림픽경기에 출전한 선수들은 나체로 경기장에 등장했다. 신전에 세워둔 신들의 조각상도 전부 식스 팩six-pack을 자랑하는 모습이었다. 소크라테스 같은 철학자조차 뱃살을 빼려고 조깅을 했다. 플라톤은 올림픽 레슬링 종목에서 여러 차례 우승을 했다. 당시 그리스인들의 미적 기준으로 인해 여성은 물론이고 남성들도 마음고생을 많이 했다. 남자들에겐 작은 둔부와 넓은 어깨가 요구됐다. 당시 그리스 학문의 한 분야였던 '미모 교육학'은 임신부로 하여금 예쁜 아이를 낳도록 하는 영양식을 연구했다.

가장 예쁜 엉덩이를 가진 여자를 가리는 콘테스트는 어찌 됐을까? 두 번째로 나온 여자 트리알리스에 대해 알키프론은 이렇게 묘사했다.

트리알리스가 엉덩이를 흔들고 나서 엉덩이를 높이 올리며 빙글빙글 돌리니 구경 온 사람들 모두 큰 박수를 치며 그녀를 우승자로 선포했다. 사람들은 두 여자의 둔부는 물론 가슴도 비교했다.

카마수트라의 저자가 알려주는 지속 시간의 비밀
: 바츠야야나

에로틱과 현학적 태도는 상호 배타적이지 않다. 대표적 섹스 교과서로 알려진 인도의 『카마수트라Kāmasūtra』가 전하는 핵심 개념이다. 『카마수트라』를 쓴 말라나가 바츠야야나Mallanaga Vatsyayana는 샌님 같은 인물로, 목록이나 표를 만들고 뭐든지 분류하는 일의 달인이었다. 유감스럽게도 본인의 성생활에 대해서는 알려진 바가 전혀 없는 바츠야야나는 전설에 등장하는 창조의 신 프라자파티Prajapati가 남긴 1만 장에 이르는 섹스 기교에 관한 자료들을 서른여섯 개의 장으로 요약해냈다. 그리고 이를 다시 주제에 따라 하위분류했다. 예를 들어 말라나가 바츠야야나는 남녀의 성교 시 페니스 삽입 기술을 아홉 가지로 나눠놓았다. 그 가운데 '돌고래 삽입법', '저돌적인 수퇘지 삽입법', '참새 삽입법' 등이 있다.

물론 바츠야야나는 힌두교에서 가르치는 네 가지 인생 목적을 설명하는 데 주안점을 뒀다. 아르타Artha, 풍요로운 삶와 다르마Dharma, 정의, 목샤Moksha, 구원, 그리고 바츠야야나가 가장 좋아한 카마Kama, 감각적인 쾌락가 그것이다. 카마는 누구나 쉽게 추구할 수 있는 항목이다. 바츠야야나는 열여섯 살이 넘으면 섹스를 시작하라고 제안했으며, 자신이 쓴 책을 읽는 독자들에게도 "도시에 사는 교양 있는 젊은 사람들과 관계를 맺으라"고 조언했다.

인도는 카스트제도를 바탕으로 하는 엄격한 위계질서의 사회였다. 그러한 사회적 신분 구분은 섹스에도 적용됐다. 바츠야야나는 자신의 저서에서 섹스 파트너의 유형을 세세하게 설명하면서, 그것을 성기의 크기에 따라 구분해놓기도 했다. 남자를 수토끼, 황소 또는 수말, 그리고 여자를 가젤, 암말 또는 암 코끼리로 묘사했다. 그리고 페니스가 작은 수토끼와 질의 크기가 넓은 암 코끼리는 서로 어울리지 않는 것으로 봤다. 힘이 넘치는 황소와 귀여운 가젤은 궁합이 잘 맞는다고 설명했다. 바츠야야나에 따르면, 생리적인 조화가 잘 이뤄지는지를 신중히 고려해야 하며 성적인 기질*도 일치해야 한다. 그리고 오르가슴에 이르는 평균 소요 시간도 서로 맞아야 한다.** 물론 서로 일치하지 않는 부분은 섹스를 하면서 맞추면 된다. 수토끼와 암말이 섹스를 즐길 가능성이 없지는 않다는 것이 그의 주장이다. 『카마수트라』는 정확히 예순네 개의 섹스 체위를 소개했다. '여자가 바로 누워 다리를 넓게 벌리고 하는 자세'에서부터 '여자가 똑바로 누워 두 다리로 남자의 허리를 감싸는 자세', '여자가 다리 하나를 남자의 어깨 위에 올리는 자세', '여자가 두 다리를 남자의 어깨 위에 올리는 자세', '여자가 몸을 옆으로 해 다리 하나를 위로 들어 올리고 하는 자세', '여자가 바로 누워 두 발을 모아 남자의 가슴에 대는 자세', '남녀가 서로 옆으로 누워 마주 보면서 하는 자세' 등이 있다. 고대 인도는 가부장적인 사회였지만, 『카마수트라』는 여성들의 섹스 욕구를 고려해서 쓴 책이었다. 그리하여 남성은 물론 여성도 체험할 수 있는 총 729개의 다양한 섹스 기술을 소개했다.

---

* 성욕이 빈약한 사람도 있고 보통 수준의 사람도 있으며 불같이 열정적인 기질의 사람도 있다.

** 느린 사람이 있고 보통 정도인 사람, 아주 빨리 오르가슴에 도달하는 사람이 있다.

바츠야야나는 이를 그림으로 정확하게 묘사했다. 『카마수트라』는 토끼가 도약하면서 손톱으로 긁는 모양과 공작이 발로 긁는 모양 등 총 여덟 개의 할퀴는 모습을 소개했다. 또한 여덟 가지 종류의 신음과 교성이 있다고 소개했다. 바츠야야나는 마지막으로 남녀 누구나 습득해야 하는 예순네 개의 교양 영역과 숙달해야 하는 기술을 소개했다. 그리고 흥미롭게도 그런 목적을 이루려면 섹스 기교를 수련해야 하는바, 세 단계의 쿤달리니 요가 kundalini yoga를 익혀 몸을 자유자재로 움직일 수 있어야 한다고 강조했다. 또한 노래와 춤, 그림, 수상음악, 마술, 요리, 수수께끼 풀기, 잠자리 정리 정돈, 쌀과 꽃으로 다양한 모양 만들기 등의 소프트 스킬이 필요하다고 했다.

바츠야야나는 '특효약' 편에서 향유, 차, 그리고 최고의 정력을 발휘하는 데 필요한 특별 요리를 열거했다. 미모와 젊음, 덕성, 그리고 화려함을 갖추지 못한 자는 타가라tagara와 코스터스루트costusroot, 탈리사talisa 잎으로 만든 기름을 머리에 바르라고 설명했다. 그렇게 하면 예쁜 코를 가진 듯한 효과를 줘 매력적으로 보인다고 했다. 페니스가 작아 고민이 많은 수토끼에겐 곤충의 독침 털을 수주간 페니스에 문질러주면 도움이 된다. 『카마수트라』에 따르면 페니스를 크게 만드는 일은 남자들이 평생 동안 해야 하는 우선 과제이다. 한편 하이그로필라 스피노사 hygrophila spinosa 열매로 만든 기름은 암 코끼리의 질을 밤에만 좁혀주는 효과가 있다. 하얀 입술을 원하는 사람은 수지 용액을 수말의 고환 땀과 섞어서 입술에 바르면 된다. 남자의 섹스 지속 시간은 사탕수수 뿌리와 달콤한 우유, 그리고 용해 버터를 넣어 만든 과자를 먹으면 개선된다. 많은 여자를 유혹하고 싶은 욕망이 있는 남자는 향료를 바른 풀잎피리로 노래를 들려줘야 한다.

말라나가 바츠야야나는 극적인 오르가슴과 성교 횟수는 크게 중요시하지 않았다. 그 대신 바츠야야나는 자신의 조언을 잘 따르는 모범생들에게 행복한 결혼 생활과 여러 명의 자녀, 그리고 장수를 약속했다.

스트로피움, 사랑하는 내 여인의 풍만한 가슴을 받쳐주오
: 인류 최초의 비키니

두 명의 소녀가 운동장에서 공을 주고받는다. 젊은 여자가 아령을 두 손에 들고 운동을 한다. 그 뒤편에선 여러 명의 여자 운동선수들이 체조 연습을 하고 있다. 원반던지기나 멀리뛰기를 하는 모습도 보인다. 이들 모두 공통적으로 어깨끈 없는 브래지어와 짧은 바지를 입었으며, 서기 4세기 중반에 살았다.

고고학자들이 '비키니 걸'이라고 이름 붙인 이 모자이크화는 시칠리아Sicilia의 산악 지대에 있는 피아차 아르메리나Piazza Armerina 별장에 가면 볼 수 있다. 바닥에 그려진 모자이크화로, 진품이 아닌 최근에 만든 위작처럼 보인다. 모자이크화 속 여자들이 마치 최근에 제작된 크로스 피트 홍보용 비디오에 등장하는 사람들처럼 보이기 때문이다.

당시 로마의 여자들은 스트로피움stróphĭum이라고 하는 밴드 형태의 속옷을 많이 입었다. 이 속옷은 가슴을 잡아줘 가슴이 약간 작아 보이게 하는 효과가 있었다. 당시 로마에서 미인의 기준은 평평한 가슴과 큰 엉덩이였다. 이와 관련해 로마의 시인 마르시알이 쓴 시가 전해져온다. 시인은 한 손으로 연인의 가슴을 움켜

잡을 수 있도록 "스트로피움이여, 사랑하는 내 여인의 풍만한 가슴을 받쳐주오!"라고 썼다.

　그런데 모자이크화에 그려진 짧은 반바지는 왠지 수수께끼 같은 느낌이 든다. 당시 로마의 여인들은 일반적으로 긴 드레스를 입었으며 속옷은 입지 않았다. 물론 당시의 무덤 몇 군데에서 가죽 소재로 만든 여성용 슬립이 발견되긴 했다. 이 슬립은 측면에서 조절 가능한 밴드가 있었으며 장식이 화려했다. 고대 여인들이 입은 비키니의 기능에 대해서는 두 가지 의견이 있다.* 스포츠용 스트로피움과 슬립이 실제로 피트니스용 복장으로 이용됐다는 이론이 있는데, 그런 옷을 입으면 움직임이 자유롭고 편하기 때문이다. 그래서 바닥 모자이크화가 피트니스 홍보 용도로 이용돼 가정주부들로 하여금 규칙적으로 운동을 하도록 독려하고, 더 나아가 원반던지기 등을 할 때의 올바른 자세를 보여주는 역할을 했을 것이라는 주장이다. 다른 이론은 비키니 걸들이 남자들 눈요깃감의 연예인들로, 모자이크화에서 볼 수 있듯이 춤과 노래를 곁들인 공연이 실제로 행해졌다는 주장이다. 이 주장이 사실이라면 모자이크화에 그려진 스포츠 용품들은 소품에 불과하고 옷들은 본래의 목적에 맞지 않으며 오직 남자들을 자극하는 효과를 주는 것이 된다. 루이 레아르Louis Réard보다 1,600여 년 먼저 비키니를 만든 패션 디자이너가 남자인지 여자인지 알 수는 없지만, 여성의 육체를 몹시 좋아했을 것이다.

* '비키니'라는 명칭은 1946년 프랑스의 패션 디자이너 루이 레아르가 처음 사용했다.

섹스와 사랑을 일깨우는 그리스인들의 음담패설

: 필로게로스

우리가 그리스인들 덕에 즐기는 건 마라톤 대회뿐만이 아니다. 원주율π과 미스 월드 선발 대회도 그리스인들의 아이디어에서 나왔다. 음담패설도 마찬가지다. 『필로게로스Philogelos』라고 불리는 가장 오래된 위트 모음집이 서기 4세기에 세상에 나왔는데, 여기에는 265가지 유머가 담겨 있다. 몇 가지 예를 들어보자.

> 어느 수다스런 이발사가 손님에게 이렇게 물었다.
> "어떻게 깎을까요?"
> 그러자 손님이 대답했다.
> "조용히 깎아요!"

이 모음집에 담긴 위트들은 대부분 술꾼이나 구두쇠 이야기, 그리고 섹스 이야기를 다뤘다. 공붓벌레 아들이 아버지에게 물었다. "5리터 항아리엔 물이 어느 정도 들어가나요?" 당시 그리스인들은 골방 샌님인 아들 때문에 박장대소했을 것이다. 당시 '항아리'라는 낱말은 '남근'이라는 의미도 지니고 있었기 때문이다. 『필로게로스』에는 크고 작은 포도주 항아리에 대한 유머가 많이

들어 있다.

그런데 이런 유머들 대부분이 남성의 관점에서 지어졌다. 하지만 유머에 묘사된 여성이 수동적인 섹스의 대상으로만 그려지지는 않았다.

남편이 귀가해 아내에게 물었다.

"여보, 우리 이제 뭐 할까? 식사부터 할까, 아니면 사랑을 나눌까?"

그러자 아내가 이렇게 대꾸했다.

"당신 좋을 대로 하세요. 그런데 집에 빵이 떨어졌어요."

남성의 발기불능이나 배우자의 부정, 그리고 성욕이 그칠 줄 모르는 배우자의 장단점 등을 다룬 내용도 있다.『필로게로스』저자는 섹스와 사랑에 대한 위트를 듣고 웃을 수 있는 사람만이 섹스와 사랑에 대한 감정의 혼란을 극복하고 진정한 섹스와 사랑을 즐길 수 있다고 강조했다.

어느 남자가 친구에게 이렇게 고백했다.

"나 정말 실없는 짓을 했다. 네 마누라와 잤어."

그러자 친구가 이렇게 응대했다.

"나는 억지로 고통을 참고 있는데, 너는 왜 그러질 못하니?"

IV

중세

the Middle Ages

페루 모체족 포르노 도자기는 무슨 용도로 쓰였나
: 섹스 포트

왕이 안락의자에 편한 자세로 앉아 있다. 왕은 턱을 약간 들어 올리고 눈은 반쯤 감은 채 허공을 응시하고 있다. 머리에는 왕관을 썼으며 입가에는 미소가 흐른다. 사랑하는 사람과 함께 있어서인지 기분이 무척 좋아 보인다. 무릎을 꿇고 바닥에 앉은 여자의 부드러운 손은 남자의 허벅다리에 살며시 올려져 있다.

지금의 페루 지역에서 서기 400년부터 600년 사이에 살았던 고대 모체Moche 부족 남자들은 결혼식 날 이런 즐거움을 누렸다. 이들이 사용하던 독특한 유물에 그런 모습이 담겨 있다. 바로, 에로틱한 모양으로 빚은 도자기들이다. 고고학자들이 '섹스 항아리 sex pots'라고 이름 붙인 이들 도자기에는 남녀 간의 성교 장면은 물론이고 동물들이나 신화에 등장하는 인물들이 성교하는 모습도 담았다. 또한 자위 장면이나 구강성교 모습도 볼 수 있다. 트루히요

Trujillo 국립대학 고고학 박물관에는 하녀가 왕의 페니스를 입으로 애무하는 모습을 담은 도자기도 있다. 심지어 하녀의 머리가 움직이도록 만들기까지 했다. 미국 대통령을 지낸 빌 클린턴의 섹스 스캔들로 세상이 시끄러웠던 1998년에 발굴된 이 도자기는 '클린턴'이란 이름으로 명명됐다.

여자가 남자에게 뒤돌아 무릎을 꿇고 있는 모습으로 만든 도자기도 있다. 여자는 머리와 가슴을 땅에 대고 엉덩이를 들어 올렸다. 게다가 두 손으로 자신의 엉덩이를 양옆으로 잡아 늘려 은밀한 부위를 잘 볼 수 있게 했다. 클리토리스clitoris 부분까지 세밀하다.

페루 포르노 도자기의 기능에 대해서는 구체적으로 알려진 사실이 없다. 다산多産을 기원하는 의식에 쓰였는지, 혹은 청소년 성교육 용도로 쓰였는지 알 수 없다. 항문 성교 장면을 담은 도자기가 많은데, 이는 당시 모체 부족의 임신 조절 수단을 보여주는 것 아닐까? 여자가 해골과 성교하는 모습으로 만든 도자기도 있다. 이는 과도한 섹스를 경고하고자 만든 도자기가 아니었을까?

어쨌든 모체 문화는 분명 섹스를 부정적인 시각으로 바라보지는 않았다. 오히려 당시의 장인들은 유머 감각을 발휘해 도자기를 만들었다. 물 마시는 그릇을 예로 들자면, 여성의 음순이나 기형적으로 생긴 남성의 귀두 모양을 한 주둥이로 물을 마시게 만들었다. 그래서 설탕물에 옥수수를 발효시킨 알코올음료인 치차 chicha로 입술을 적시고 갈증을 해소하려면 오럴 섹스하는 자세를 취해야 한다.

이슬람교 창시자의 섹스 카운슬링
: 마호메트의 조언

그는 달빛 아래서 둘이 산책을 하며 나누는 대화를 좋아했다. 그리고 단순하기 그지없지만 사랑하는 여인에게 일부러 져주는 달리기 시합을 좋아했다. 요즘도 이슬람교를 여성 혐오 종교로 여기는 사람들이 적지 않지만, 예언자 마호메트Mahomet는 여자들이 꿈에서 그리는 남편감이었다.

서기 570년 메카에서 태어난 마호메트는 열 번, 아니면 열두 번 결혼했으며, 당시 아랍인들에겐 성생활에 관한 한 살아 있는 전설이었다. 마호메트는 스물다섯 살의 나이에 열네 살 연상의 카디자Khadija라는 여자와 결혼했다. 카디자는 장사로 큰돈을 번 여자였다. 7세기 아랍에선 그와 같은 결혼이 드물지 않았다. 카디자는 이미 두 번이나 결혼한 경력이 있는 여자로, 여러 남자와 동시에 결혼 생활을 하기도 했다.* 카디자는 결혼한 남자들과 함께 장사를 해 많은 돈을 벌었으며, 행복하게 살았다. 마호메트는 죽음이 그들을 갈라놓을 때까지 카디자와 25년간 함께 살았다. 카디자는 마호메트가 만든 신흥종교를 신봉한 첫 번째 여자였으며, 마호메트의 아내들 가운데 그의 아이를 낳은 유일한 여자였다.

마호메트는 마흔 살에 이르러 원대한 뜻을 품고 사막 한가운데서 이슬람교를 창시했다. 그는 예언자로서 아랍 사회에 질서를 부여하는 일을 자신이 해야 할 의무로 여겼으며, 남녀 관계도 새롭게 규정했다. 코란Koran에는 파트너 간의 관계에 대한 구절이 적지 않게 들어 있다.

여자는 남편 될 남자를 직접 찾아야 한다.
둘이 원하면 결혼은 성사된다.
남자가 성불구이거나 여자를 구타하면 이혼이 허용된다.

당시엔 섹스가 신앙의 한 요소이자 신이 내린 선물로 여겨졌다. 마호메트의 추종자들은 그에게 정신적인 조언을 구했을 뿐 아니라 일상의 사소한 문제나 은밀한 내용에 대해 묻기도 했다.

* 당시 아랍엔 일처다부 역시 흔했다.

마호메트는 이렇게 조언했다. "짐승처럼 아내에게 마구 달려들어 신 안 된다. 부부 사이에 메신서가 있어야 한다." 그러자 어떤 이 가 다시 물었다. "메신저가 도대체 누구입니까?" 마호메트는 이 렇게 대답했다. "키스와 달콤한 속삭임이다."

마호메트는 부부가 함께 느끼는 오르가슴이야 말로 부부간 오 래 지속될 사랑의 보증수표라고 여겼다. 또한 전희 과정에서 능 숙한 솜씨를 보이지 못하거나 잠자리에서 아내를 만족시키지 못 하는 남자는 심각한 문제가 있는 것이라고 했다. "남자는 자신의 욕정을 채웠더라도 아내가 만족하기 전에는 잠자리를 뜨면 안 된 다."

카디자가 죽자 마호메트는 자신의 인생에서 중요한 역할을 하 게 될 여자를 만났다. 아이샤 빈트 아비 바크르Ā'ishah bint Abī Bakr 는 마호메트 친구의 딸로, 마호메트가 그녀를 세 번째 아내로 맞 을 당시 그녀의 나이는 여섯 살이었다.* 마호메트와 아이샤는 잠 시도 떨어져 있지 않았다. 아이샤는 마호메트와 물컵을 공동으로 사용했으며, 남편이 전장에 나갈 때는 가마를 타고 따라 나섰다. 남편의 부재 시엔 대변인 역할을 했다. 아이샤는 재판관이자 교 사, 법률고문이 됐으며, 최초의 이슬람 법률 학교를 세웠다. 문헌

* 문헌에 따라 당시 아이샤의 나이가 약간씩 다르다. 어떤 문헌에는 열 살로 기록돼 있다.

에 따르면, 아이샤는 불길하고 우울한 유머를 잘했고 다혈질이었으며 낙타를 즐겨 타고 다녔다. 아이샤는 체중이 많이 늘어 힘들어 하기도 했다. 결혼한 지 여러 해가 지난 어느 날, 마호메트가 아이샤에게 달리기 시합을 하자고 하자 아이샤는 체중 증가를 호소하며 이렇게 말했다. "이런 몸으로 어찌 당신과 달리기 시합을 하겠습니까?" 그러고는 어쩔 수 없이 달리기를 했지만 결국 지고 말았다. 그러자 마호메트가 그녀에게 "지난번엔 당신이 이겼잖아!"라고 말하며 아내를 위로해줬다. 마호메트는 친화성과 재밌는 유머가 부부 관계는 물론 편안한 삶까지도 유지해준다는 사실을 아는 남자였다. 그는 이런 말을 남겼다.

연인에게 농담도 하고 달콤한 말로 속삭여줘야 한다.
연인들은 그런 걸 좋아하니까.

황제의 딸을 사랑한 참모 아인하르트

: 임마의 발자국

아인하르트Einhard는 샤를마뉴Charlemagne 황제가 독일 아헨 Aachen에 세운 궁정에서 중요한 역할을 맡은 인물이었다. 그는 학술 서적을 편찬했으며, 황실 2세들의 교육을 책임졌다. 또한 황제를 위해 다리와 성, 그리고 교회를 세운 공로를 인정받아 황제의 수석 참모 자리에 올랐다. 당시 아인하르트를 싫어한 사람은 없었다. 특히 황제의 예쁜 딸 임마Imma가 그를 각별히 좋아했다. 그리고 아인하르트도 그녀의 좋은 감정을 마다하지 않았다. 하지만 아인하르트는 별 볼 일 없는 귀족 집안 출신으로, 공주의 남자로서는 어울리지 않았다. 게다가 공주는 비잔틴제국의 후계자와 이미 결혼을 약속한 상태였다. 서로 사랑하는 두 남녀에겐 암울한 상황이었다. 하지만 이런 로맨스는 흔히 있는 법. 금지된 사랑은 남녀의 감정을 가로막지 못했으며, 오히려 그들이 불길에 휩싸일 때까지 부채질했다.

어느 봄날 밤, 아인하르트가 임마를 찾아왔다. 그리고 연대기 작가들이 언급했듯이, 임마에게 사랑을 속삭였다. 그런데 얼마 후 아인하르트가 공주의 방에서 슬그머니 빠져나오려는데 눈이 내려 마당이 온통 하얀 눈밭으로 변해버렸다. 그대로 떠난다면 그의 발

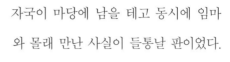

자국이 마당에 남을 테고 동시에 임마와 몰래 만난 사실이 들통날 판이었다. 그 순간, 사랑에 빠짐으로써 똑똑해진 젊고 예쁜 공주가 좋은 아이디어를 생각해냈다. 임마는 아인하르트를 등에 업고 궁정 마당을 지나 그의 숙소까지 데려다줬다. 그리하여 궁정 마당에는 임마의 발자국만 남았고 그들은 의심을 받지 않았다.

이처럼 감동적인 로미오와 줄리엣 이야기는 12세기에 라인강 중류 지역에 위치한 도시 로르쉬Lorsch의 수도사들이 편찬한 역사서 『로르셔 코텍스Lorscher Codex』에 나온다. 그리고 내용이 약간 다른 두서너 개의 버전이 19세기까지 전해져왔다. 전설이란 사실 여부가 명확하지 않은 법이다. 당시 프랑크 왕국Frankenreich에 아인하르트와 임마라는 이름을 가진 사람이 살기는 했지만 두 사람은 부부 관계였으며, 게다가 임마는 황제의 딸이 아닌 왕실의 먼 친척이었다. 원래 『로르셔 코텍스』에는 러브 스토리가 실려 있지 않았다. 그것은 정치적 구호가 실린 책이었다. 후대의 수도사들이 아인하르트와 임마의 러브 스토리를 수록해 탐욕스런 귀족들로부터 수도원을 보호해준 샤를마뉴의 위대함과 관대함을 찬양한 것이다.

임마가 사랑하는 아인하르트를 등에 업고 궁정을 가로지를 때 황제는 창밖으로 두 사람이 지나가는 모습을 지켜봤으며, 그날 밤 잠을 이루지 못했다. 그리고 황제가 아인하르트를 불러 추궁하자 아인하르트는 임마에 대한 사랑을 털어놓았다. 황제는 자신의 핵심 참모인 아인하르트를 처형하지 않았으며, 고민을 거듭한 끝에 두 사람의 만남을 허락했고, 임마가 비잔틴제국 후계자와 맺은 결혼 약속을 취소했다. 임마는 자신의 행복을 방해할 자가 없다는 사실을 알게 됐다. 전설에 의하면, 그때 임마의 얼굴은 빨개졌다.

천사의 설득으로 아들을 낳은 오리악의 영주
: 성 제라드

프랑스 오리악Aurillac 지방의 영주 제라드Géraud는 남자들이 꿈에서만 가질 수 있는 모든 걸 소유했다. 제라드는 오베르뉴Auvergne의 성에 살면서 수많은 백성을 거느렸으며, 포도밭과 사과 농장, 양 떼도 소유했다. 제라드는 정숙하고 아름다운 여인과 결혼도 했다. 그 여인은 오리악 출신의 아달트루드Adaltrude 백작 부인이었다. 그런데 문제가 생겼다. 귀족들은 대를 이을 적자를 생산해야 했다. 그러기 위해서는 제라드도 아달트루드와……, 오 하느님, 그로서는 상상하기도 싫었다.

중세 초기 육체적 사랑은 더러운 것이라는 이미지가 강했으며, 아이를 낳을 목적으로 하는 섹스도 추잡한 짓으로 여겨졌다. 이처럼 극단적으로 경직된 사고방식이 만연된 것은 중세 초기 유럽 지역 전체가 수도원의 압제 하에 있었기 때문이었다. 당시 수도사들은 교육이나 문화 분야를 독점했을 뿐 아니라 밭을 개간하고 도로와 도시를 만들었으며 농업 분야를 관리하는 일도 도맡았다. 성직자가 사회 중심 역할을 맡음으로써 검소하고 금욕적인 삶은 일반인들에게도 규준이 됐다. 그러나 유럽 대륙의 기독교화가 마무리됐음에도 이교도 문화의 영향은 여전했다. 이교도들의 일상생활에서 섹스는 중요한 요소였다. 따라서 이교도들이 즐기는 섹스와 황홀감, 그리고 엑스터시ecstasy는 위험한 것이며, 그것들은 낡은 시대의 야만적 마술 같은 것으로 여겨졌다.

영웅 전설이나 신화, 그리고 구전돼 오는 블록버스터에서는 신앙심 깊은 도덕군자들이 자주 등장한다. 올바른 길을 가는 데 있어 어떤 유혹에도 흔들리지 않는 인물들이다. 6세기경의 어느 야화에는 경건한 신앙심을 가진 한 성직자가 악마에게 수난당하는 얘기가 나온다. 우선 악마는 은둔 생활을 하는 가난한 성직자의 오두막을 여러 차례 파괴한다. 그러나 은둔자를 무력으로 제거하기 어렵다고 판단한 악마는 전략을 바꿔 은둔자의 욕정을 시험한다. 악마는 벌거벗은 젊은 여자 둘을 나타나게 해 성직자를 침실로 유혹한다. 그런데 은둔 생활을 하는 성직자가 젊은 여인들의 유혹도 뿌리치자 크게 분노한 악마는 용감하고 순결한 성직자에게 마구 폭행을 가한 뒤 사라진다. 미덕과 선한 힘이 승리를 거두는 순간이다.

그런데 오리악의 제라드는 은둔 거사가 아니었다. 그는 가문에 대한 의무를 가진 귀족이었다. 전설에 따르면, 어느 날 밤에 천사가 나타나 성 제라드에게 아달트루드를 임신시키라고 설득하면서, 아이를 낳으면 그 아이가 유명한 수도원을 세울 것이라고 예언했다. 그리고 이는 매우 시급한 일이라고 강조했다. 결국 제라드는 그게 자신의 운명임을 깨닫고 천사의 제안을 받아들였다. 오도 폰 클뤼니Odo von Cluny 베네딕트 수도원장 연대기를 보면, 서기 855년에 제라드 주니어가 태어났다는 사실을 알 수 있다. 천사는 거짓말을 하지 않았다. 즉, 아달트루드와 제라드 사이에서 태어난 아들은 오베르뉴에 큰 수도원을 만들었고, 자신의 이름을 따 그곳을 성 제라드 오리악 수도원이라고 명명했다. 그는 아버지의 꿈을 실현했으며, 비록 수도사는 아니었지만 일평생 동정을 지키며 살았다. 제라드 2세는 세상을 떠나기 6년 전 실명했다. 그는 지금도 젊은이들과 장애인들에게 성인으로 추앙받고 있다.

스칸디나비아 전사들의 자유분방한 섹스
: 바이킹족

　중세 초기의 바이킹족은 평판이 좋지 못했다. 때는 8세기 말 이후로, 이들 북부 유럽 사람들은 유럽 전역을 공포에 몰아넣고 있었다. 독일 라인강에 면한 도시 슈파이어Speyer를 비롯해 파리, 비잔틴 등에 쳐들어가 약탈과 도적질, 살인을 일삼았다. 그런데 바이킹족의 군사력이나 야만성보다 더욱 충격적인 것은 이들의 자유분방한 성생활이었다. 바그다드Baghdad의 칼리프Caliph*가 보낸 외교관 이븐 파들란Ibn Fadlan은 서기 922년에 볼가강에서 바이킹족 군대를 만났다. 이들이 그들의 우두머리가 사망해 매장한 직후였다. 그런데 바이킹 전사들의 얼굴에선 슬픈 표정을 읽을 수

* 정치적 권력과 종교적 권력을 동시에 갖는 이슬람교의 지배자.

없었다. 이들은 열흘 동안 광란의 추도식을 벌였다. 술과 기름진 음식을 먹으며 노래를 불렀고, 남녀가 아무 데서나 뒤엉켜 섹스를 했다. 이븐 파들란은 이렇게 기록했다.

다들 편안한 의자에 앉았다. 그리고 그들 옆에 예쁘고 나어린 노예 소녀들이 앉았다. 바이킹들은 다른 사람들이 쳐다보는 가운데 노예 소녀들과 섹스를 했다.

그로부터 150년이 지난 뒤 성직자이자 역사가인 아담 폰 브레멘Adam von Bremen도 이와 유사한 내용을 기록했다. "이들 북부인들은 여자에 관한 한 절제를 모른다. 누구나 본인의 능력에 따라 여자를 두세 명씩 거느리며, 부자나 우두머리들은 셀 수도 없이 많은 여자를 데리고 산다." 프랑크왕국 사람들은 이처럼 여러 명의 여자들과 사는 것을 일컬어 '바이킹 방식 혼인'이라고 명명했다.

약탈 행각을 하지 않는 기간에도 이들 스칸디나비아 전사들은 한 여자에 만족하지 못했다. 바이킹 시대의 전설에는 부족의 평화를 해치는 '금지된 사랑'에 관한 얘기가 빈번히 등장한다. 미혼 남자들이 집에 딸이 있는 다른 부족 사람들을 화나게 했다. 이들은 아내로 맞이할 의사가 전혀 없으면서도 자주 찾아와 딸을 만

나려 했기 때문이었다. 그리고 이들 북부인들은 대부분 결혼을 하고 나서도 노예 여성이나 하녀와 서슴없이 잠을 잤다. 당시 아이슬란드의 법률은 남자들이 육체적 쾌락을 위해 노예 여성들을 취하는 것을 공식적으로 허용했다. 바이킹족 여자들에게는 권리가 거의 없었다. 바이킹족 남자들은 여자들의 마음에 들기 위해 무진 애를 썼다. 그들은 매일같이 머리를 빗었으며 매주 토요일에 목욕을 했다. 영국의 수도사이자 연대기 작가인 존 오프 웰링포드John of Wallingford는 다음과 같이 불만을 토로했다. "북부인들이 몸을 청결하게 하는 모습을 보면 웃음을 나올 정도였다."

문헌 최초 '딜도'를 사용한 성직자

: 부르하르트 주교

문헌에 최초로 나타난 '딜도dildo'라는 단어가 어느 유명 성직자의 깃털 펜으로 쓰여졌다는 사실을 알면 가톨릭 신도들은 놀라움을 금치 못할 것이다. 서기 1000년, 독일 보름스Worms의 부르하르트Burchart 주교가 고해성사를 하는 방법에 관한 책을 썼다. 부르하르트 주교는 고해소에서의 어색한 침묵을 피하려면 신부가 죄지은 자에게 여러 가지 질문을 해야 한다고 썼다. 예를 들면 이런 내용이다.

많은 사람이 하는 그 짓을 당신도 했습니까? 남자의 그 부분과 비슷하게 생긴 도구를 이용해서 말입니다. 밴드를 이용해서 그 도구를 당신의 음부나 다른 부분에 고정했습니까? 동성과 부도덕한 성행위를 했습니까? 동성과 함께 도구를 이용해서 음탕한 행위를 했습니까?

중세 초기 교회의 임무는 섹스와의 전쟁이었다. 욕정은 인간으로 하여금 죄악을 저지르라고 부추긴다. 아담과 이브가 적당한 사례다. 성행위에 대해 비교적 편견 없는 견해를 가졌던 토마스 아퀴나스Thomas Aquinas 조차 성행위는 번식을 위해서만 의미가 있다고 해석했다. 오럴 섹스와 애널 섹스, 그리고 월경 중인 여성과의 성행위는 금지했으며, 이른바 도그 스타일이라고 하는 후배위 등 특정 성교 체위도 금지했다. 설교단의 신부들은 욕정에서 해방된 삶을 살기 위한 투쟁을 했으며, 고해소에서 역시 그런 투쟁을 지속했다. 문헌에 따르면, 당시 고해성사의 주요 내용은 살인이나 신성 모독 또는 십계명 위반에 관한 것이 아니었다. 단 한 가지였다.

보름스의 부르하르트 주교는 성욕의 죄악상을 자신이 쓴 고해 예식서에 적나라하게 서술했다. 부르하르트 주교는 이용하다가 발각되면 5년간 특정한 날에 식사를 하지 못하게 하는 벌을 내렸던 딜도뿐만 아니라, 여성들 간의 동성애 행위도 예의 주시했다.

다른 여자들이 타오르는 욕정을 견디지 못하고 자주하는 짓을 당신도 했습니까? 여자들은 마치 여성 간의 섹스가 당연한 것인 듯 상대의 몸과 하나가 됩니다. 서로 몸을 비빔으로써 욕정을 해소하고자 합니다. 당신도 그런 짓을 했다면 사순절 기간에 날을 잡아 회개해야 합니다. 당신은 짐승과도 같은 남자들의 몸 아래에 누워서 그들과 성행위를 했습니까? 그런 짓을 했다면 사순절에 감옥에 들어가서 참회해야 합니다. 7년 동안 참회해야 하며, 참회를 하지 않으면 용서받을 수 없습니다.

보름스의 부르하르트 주교가 여성의 성욕에 관해 어떻게 알았는지 밝혀진 사실은 없다. 음탕한 짓을 저지른 여성들이 지옥에 가는 게 두려운 나머지 주교에게 고해한 것인가? 아니면 주교의 상상력에서 나온 것인가? 그런데 섹스와 욕정을 반대하는 교회의 투쟁은 효과를 보지 못했다. 부르하르트 주교가 쓴 고해 예식서는 마치 섹스 안내서처럼 읽혔다. 고해신부들이 자신들을 위해 쓰여진 책을 보면서 다양한 내용의 질문을 던짐으로써 죄 없는 어린양들에게 오히려 더러운 생각을 품도록 했을지 모른다.

황제의 욕정을 채우기 위한 원시 비아그라
: 칸타리스

1077년, 교황과 권력 다툼을 벌이면서 '카노사Canossa의 굴욕'을 겪은 장본인 하인리히 4세Heinrich Ⅳ 독일 황제는 아내인 베르타 폰 사보이Bertha von Savoyen에게 짜증을 자주 부렸다. 연대기 학자 브루노 폰 마그데부르크Bruno von Magdeburg에 의하면, 하인리히 4세 황제는 베르타 폰 사보이와 눈도 마주치지 않으려 했다.

황제는 우아하고 아름다운 아내 게마린 베르타Gemahlin Bertha를 몹시 싫어해서 결혼식 이후 자기 발로 그녀를 찾아 간 적이 한 번도 없었다. 황제는 결혼식에도 마지못해 참석했다.

국왕들이나 황제들은 화려하고 아름다운 성에 살면서 비단으로 만든 이불을 덮고 잠을 잤지만, 한편으론 전통 규범과 정치, 궁중 예의범절 등에 시달리며 스트레스를 받는 경우가 많았다. 하인리히 4세 역시 어린 시절부터 감정과 욕망을 절제하도록 교육받으며 자랐다. 아버지가 1056년에 세상을 뜰 당시 여섯 살에 불과했던 하인리히는 아버지의 뒤를 이어 옥좌에 올라야 했다. 그리고 어린 황제를 어머니인 아그네스Agnes가 섭정했다. 그래서 여러 제후들과 귀족들은 권력의 정점에 앉아 있는 황제의 모친을 못마땅해했다. 하인리히가 열한 살이 되자 쾰른의 대주교가 교육을 명분으로 그를 데려갔다. 자신의 아내가 될 여자도 직접 고를 수 없었던 하인리히는 1066년 뷔르츠부르크Würzburg에서 베르타와 결혼했다. 그렇게 어린 시절을 보낸 젊은 황제가 자신의 인생을 결정해버린 타인들에게 저항하기 시작한 건 어찌 보면 당연한 일이었다.

하인리히 4세는 결혼 3년 만에 베르타에게 이혼을 요구했다.

그것도 아주 독특한 방법으로 말이다.

> 황제가 제후들 앞에서 공개적으로 선언한다. 황제와 황후의 관계는 좋지 못하다. 이혼을 합리화하기 위해 황후를 비난하는 건 아니다. 하지만 황제는 황후와의 결혼 생활을 지속할 수 없다. 황후에게 부탁하노니, 이혼을 나쁘게 받아들이지 말라. 헤어짐을 기꺼이 받아들여야 서로가 지금보다 더 행복한 결혼 생활을 다시 시작할 수 있다. 이에 대해 어느 누구도 반대할 수 없을 것이다. 황후가 순결을 잃었다 하여 재혼을 못할 사유는 되지 않는다.

11세기에도 이혼은 가능했다. 물론 헤어질 만한 합당한 사유가 있어야 했다. 예를 들어, 아내가 아이를 낳지 못해 대가 끊길 가능성이 있는 경우가 그러했다. 그런데 하인리히 4세는 아내가 섹시하지 못하다고 공개 발언을 하면서 다른 여자를 만날 수 있게 해달라고 교황에게 요청했다. 그러나 혼인 맹세를 무효화해야 하는 자리에 있던 교황은 이를 거절했다.

결국 하인리히 4세의 성생활은 스캔들로 이어졌다. 브루노 폰 마그데부르크의 글에는 황제에 대한 불쾌감이 배어 있었다. "황제는 동시에 두서너 명의 첩을 두고서도 좀체 만족할 줄 몰랐다." 정상을 벗어난 황제의 성생활에 대한 온갖 루머들이 모두 사실인지는 알 길이 없다. 황제에 대한 중상모략이 워낙 많았기 때문이다. 하지만 분명 그는 점잖은 남자는 아니었다. 그는 위험성이 높은 칸타리스cantharis라는 최음제를 사용하기도 했다. 원시 형태의 비아그라인 칸타리스는 딱정벌레의 일종인 긴목남가뢰로 만들었다. 긴목남가뢰는 천적으로부터 자신을 방어하기 위해 몸 안에서 유독 물질 칸타리딘cantharidin을 만들어 내는 벌레다. 긴목남가뢰를 말려서 가루로 만들어 먹으면 남성의 요도에 자극이 가해져 남근이 발기한다. 물론 칸타리스 복용 시 몇 가지 부작용이 있을 수 있다. 과대 복용 시 고통스러울 정도로 발기 상태가 오랜 시간 지속되거나 간이 손상될 우려가 있으며 신장이 제 기능을 발휘하지 못할 가능성이 있다.

황제가 남편으로서의 의무를 다하기 위해 칸타리스를 복용했는지의 여부는 명확하지 않다. 황제와 황후 베르타는 수년 동안은 그럭저럭 부부 관계를 유지하면서 다섯 명의 자식을 낳았으며, 카노사로 가는 고된 여정에도 동행했다.

이누이트들의 스와핑
: 샤먼의 불끄기 놀이

　끝없이 눈으로 뒤덮인 극지방에서 살아남기 위해서는 추위를 이겨내야 하지만, 고독을 견딜 줄도 알아야 한다. 서기 1100년경 알래스카Alaska의 이누이트Innuit들은 그린란드Greenland로 이주해 고유한 북극지방의 문화를 만들었다. 이들은 작고 고립된 마을 공동체들을 만들어 살았다. 각각 삼백 명이 채 안 되는 마을 공동체들이었다. 주변 수백 킬로미터에 보이는 것이라곤 눈과 얼음, 그리고 사냥용 곰과 고래, 바다표범뿐이었다.

　세상과 동떨어진 이러한 생활은 이누이트 부족의 존속을 위협했다. 작은 공동체 내에서 선택할 수 있는 섹스 파트너는 한정돼 있었기에 언젠가 어쩔 수 없이 부족민 모두가 혈연관계가 될 운명이었다. 이들도 근친상간의 위험성을 잘 알고 있었기에 흥미로운 생존 전략을 생각해냈다. 그것은 아내를 바꾸는 방법이었다. 다만 기간을 정해놓고 며칠 동안만 아내를 바꿨다.

　마을 사람들은 1년에 한 번 사냥 여행을 떠났다. 그들은 개썰매나 보트를 타고 인근 마을로 갔다. 보통 서너 주의 짧은 기간 동안 사냥을 했지만, 이 기간은 이누이트들에게 상당히 의미 있는 시간이었다. 바다표범 가죽이나 고래 뼈로 만든 생활 도구를 물물교환했기 때문이기도 했지만, 더 중요한 이유는 그 시간에 파트너를 교환했기 때문이었다. 파트너를 교환하는 일은 이들에게 일종의 의례로, 이누이트들의 우두머리 격인 마을 샤먼의 감독 하에 이뤄졌다. 마을 샤먼이 이른바 '램프 불끄기 놀이'라는 것을 주관하는데, 그 지휘에 따라 남자들은 각각 다른 남자의 아내가 있는 이글루로 들어갔다. 그러고 나서 남녀들이 북극곰 가죽 위에 누우면 샤먼이 집집마다 돌아다니며 고래기름 램프의 불을 껐다.

이들 이누이트들에겐 사유재산이라든가 계급의식 같은 개념이 없었으니, 진정 도량이 넓은 사람들이었다. '램프 불끄기 놀이'가 끝나고 아홉 달 후에 아이가 태어나면 그들은 아내를 빌려준 남편의 성을 따서 아이의 이름을 지었다.

베네딕트 수녀회 원장의 오르가슴
: 힐데가르트 폰 빙엔

내 나이 42세 7개월이 됐을 때 밝은 빛이 하늘에서부터 내 침상으로 쏟아져 내렸다. 나는 갑자기 시편과 복음서, 구약과 신약의 내용들을 이해할 수 있게 됐다.

이처럼 독일 베네딕트 수도회 소속 수녀회의 원장 힐데가르트 폰 빙엔Hildegard von Bingen은 하느님과 직접 대화를 하고 자신의 힘을 알게 됐다고 기록했다. 그런데 힐데가르트 수녀는 이러한 비전을 봤음에도 자신의 삶을 바꾸고 싶은 마음이 없었다.

그러다 하느님이 분노하시어 나를 병상에 눕게 하셨다. 나는 결국 병상에 누워 고통스런 나날을 보냈으며, 글을 쓰기 시작했다.

그 후 힐데가르트 수녀는 다방면의 저서를 여러 권 썼다. 그중에는 하느님과 악마, 그리고 인간의 잘못된 삼각관계를 분석한 책도 있다. 서기 1150년과 1160년 사이에는 자연사 교과서인 『원인과 결과』와 『자연학』을 집필했다. 이 책에는 식이 섬유가 인간의 내장에 미치는 영향에 대해 기록돼 있으며, 목에 통증이 있는 환자에겐 죽은 생쥐를 어깨뼈 사이에 올려놓으라고도 적혀 있다. 그런데 힐데가르트 수녀의 특이한 점은, 인간의 욕정을 혐오하는 입장에 서 있는 그녀가 여성의 욕정에 관한 글을 썼다는 점이다. 수녀는 다음과 같이 썼다.

여자 나이 열두 살이 되면 음란한 상상을 하며 욕정을 느낀다. 하지만 남자들의 욕정과 비교하면 빵 한 조각에 비유될 만큼 적다. 여자의 성욕은 일흔 살에 이르러서야 잦아들며, 따라서 일흔 살 이전에는 침대에서 즐거움을 누릴 수 있다. 여자가 남자와 하나가 되면 여자의 뇌 속에서 뜨거운 기운이 생기는바, 그것은 욕정이 들어 있는 기운이다. 이 뜨거운 기운은 남자와 하나가 되는 순간의 육체적 쾌락을 미리 알려준다. 이와 거의 동시에 여자의 신장腎臟이 오그라든다. 그리고 월경 기간 동안 열리는 모든 기관이 단단히 닫히는바, 이는 마치 힘이 센 남자가 어떤 물건을 손에 쥐고 있는 것과 유사하다.

힐데가르트 수녀는 여성의 오르가슴에 대해서도 자세히 서술했는데, 그녀가 어디에서 성적 흥분에 대한 지식을 자세히 알게 됐는지는 밝혀진 사실이 없다. 예수와 결혼했다고 할 수 있는 수녀가 순결하지 못한 삶을 살았던 걸까? 아니면 다른 여자들이 각자의 경험을 힐데가르트 수녀에게 귀띔해줬을까? 이처럼 미스터리한 측면이 있는 힐데가르트 수녀의 주변에는 늘 여자들이 많았다. 이들은 수녀의 말을 경청했으며, 또한 자신들의 우상인 수녀가 던지는 온갖 질문에 숨김없이 대답했을 것이다. 그런데 가톨릭교회는 힐데가르트 수녀의 섹스에 대한 배경지식에 대해 신경 쓰지 않았다. 그녀는 사후 833년만인 2012년 5월 10일, 교황 베네딕토 16세Benedictus XVI에 의해 정식으로 성인 반열에 올랐다.

수백의 자식들을 통해 불멸의 제국을 꿈꾼 정복자
: 칭기즈칸

칭기즈칸의 증조부는 운명에 의해 선택된 회색빛 늑대였다. 그리고 그의 아내는 흰 암사슴이었다.

13세기 중반에 쓰인 민족 서사시 「몽골 역사의 비밀」에 나오는 내용이다. 이 서사시에는 몽골 민족의 큰아들 칭기즈칸을 찬양하는 내용도 있다. 그리고 후일 늑대와 흰 암사슴의 후예가 세상을 바꿨다. 1162년에 태어난 것으로 알려진 테무친*은 1206년에서 1227년까지 몽골제국을 지배했다. 테무친은 군사전략을 혁명적으로 개선해 기동력이 배가된 기마대를 이용해 수적으로 우세한 적들을 제압했다. 칭기즈칸은 몽골의 부족사회를 엄격한 지휘권을 바탕으로 하는 군부 귀족 사회로 바꿔놓았으며, 문자를 도입했다. 칭기즈칸이 다스린 거대 제국의 영토는 한국과 중국은 물론 헝가리와 폴란드를 포함했으며, 태평양에서부터 도나우 강변까지 영향을 미쳤다. 그런데 칭기즈칸은 매우 색다른 방법으로 세계사에 족적을 남기기도 했다. 그것은 다름 아닌 유전자풀gene pool이었다.

「몽골 역사의 비밀」에 의하면, 칭기즈칸은 눈빛이 이글거리는 남자였다. 뿐만 아니라 정력이 넘치는 남자였다. 칭기즈칸 사후의 몽골제국을 탐방했던 페르시아Persia의 역사학자 주바이니Ata-Malek Juvayni는 몽골로 떠나기 직전에 칭기즈칸에게 자식들이 상당히 많다는 소문을 들었다. 그런데 그가 직접 몽골에 가서 본 실상은 그의 예상을 훌쩍 뛰어넘었다. 그는 이렇게 기록했다.

2만 명이 넘는 칭기즈칸의 자식들이 잘 먹고 잘살고 있다. 그보다 더 많다고는 주장하지 않겠다. 그런 주장을 한다면 아마 이 글

---

* 칭기즈칸의 본명. 타타르어로 '대장장이'라는 뜻.

을 읽을 미래의 독자들이 내가 과장된 글을 썼다고 생각할 것이다. 그리고 어떻게 한 남자의 엉덩이에서 짧은 시간에 그토록 많은 자식들이 나올 수 있냐고 반문할 것이다.

다섯 자리 숫자는 다소 과장된 것으로 보이지만, 칭기즈칸의 자식이 실제로 수백 명은 됐을 것으로 추측된다. 그리고 그 아이들이 어른이 돼 아이를 낳았을 것이다. 유전자 검사를 해본 결과, 지금 현재 살아 있는 약 1,600만 명의 남자들이 칭기즈칸의 직계 후손들이었다. 이들은 몽골와 중국, 러시아 등지에 흩어져 살고 있다.

강력한 권력을 휘두르던 칭기즈칸은 많은 여성을 강제로 취했을 것이다. 여성 노예나 죄수들이 칭기즈칸 앞에 끌려오는 경우도 있었을 것이고, 끊임없는 정복 전쟁으로 인해 포로가 된 여성들도 상당수 있었을 것이다. 그런데 칭기즈칸의 무분별한 정욕은 재난이 됐다. 칭기즈칸은 몽골의 탕구트Tangut족과 전쟁을 하던 1227년에 사망했다. 사망 원인은 명확히 밝혀지지 않았으나, 낙마로 인한 내출혈로 죽었다는 설이 있다. 그런데 칭기즈칸 사망 직후 그가 탕구트족 공주에게 살해당했다는 소문이 퍼졌다. 탕구트족 공주가 자신을 강간하려던 칭기즈칸의 페니스를 거세했다는 것이다. 미사여구가 가득하고 과장된 내용이 많으며 매우 은밀한 몽골의 역사에서 칭기즈칸의 죽음은 온갖 추측을 난무하게 한다. 그리고 그의 죽음에 관한 기록은 딱 한 문장뿐이다.

돼지해에 칭기즈칸이 하늘로 올라갔다.

지금도 존재하는 섹스 파트너 공동체
: 모수오족

마르코 폴로Marco Polo는 1265년 아버지, 그리고 삼촌과 함께 중앙아시아를 거쳐 중국까지 여행했다. 중국 남서쪽을 둘러보던 열일곱 살 베네치아Venezia인 마르코 폴로는 모수오족摩梭族을 만났다. 마르코는 이 부족이 매우 독특한 문화를 가졌다고 생각했다. 그는 『동방견문록』에 이렇게 적었다.

모수오족 남자들은 아내나 여동생 또는 딸들이 낯선 남자와 함께 집에 들어와도 나쁘게 생각하지 않는다. 그와 정반대다. 바람직한 일이라고 여긴다. 그렇게 하는 것이 자기들이 섬기는 신들을 숭배하는 방법이자 신들에게 바치는 선물이라고 생각하기 때문이다. 외간 남자들은 이런 바보 남편들의 아내와 며칠 동안 침대에서 뒹굴며 실컷 즐긴다.

모수오족은 옛날부터 루구호濾沽湖라는 호수 주변에 살았다. 그곳은 세계에서 몇 안 되는 모계사회다. 모수오족 여자들은 열세 살이 되면 성인식을 치르고 '바바후아고'라고 부르는 화방花房을 받는다. 이 방에는 문이 두 개다. 하나는 가족들과 공유하는 앞마당을 향해 있고, 다른 문은 거리 방향으로 나 있다. 이들 모수오족 여자들은 자기만의 화방으로 마음에 드는 남자들을 마음대로 불러들인다. 하룻밤에 여러 명의 남자들을 불러들여도 상관없다. 한 가지 규칙만 지키면 된다. 이들 밤손님들은 동트기 전에 무조건 사라져야 한다.

모수오족에겐 결혼이란 개념이 없다. 그래서 남편이나 아내라는 낱말이 없으며, 그 대신에 '아즈부'라고 부르는 섹스 파트너만 있다. 모수오족은 이러한 파트너 선택 원칙을 '함께 걷는다'라는 의미의 '세세'라는 말로 표현한다. 모수오족 여인은 임신을 해도 아이가 어느 아즈부의 자식인지 알 필요가 없다. 그리고 아이의 육아는 여자의 어머니와 자매들, 그리고 오빠들이 책임진다. 그러나 대개의 경우 아이의 친아빠가 누구인지는 안다.

중세의 가부장제에 익숙했던 여행자 마르크 폴로는 모수오족의 무분별한 성관계를 보면서 너무나 당황했으며, 그것이 미신 숭배와 관련이 있다고 생각했다. 그게 아니라면 불쌍한 모수오족의 남자들이 무슨 이유로 아내들의 자유로운 성생활을 허락하겠는가? 달리 설명할 방도가 없는 것이다. 모수오족은 누구나 본인들이 원하는 대로 마음껏 섹스를 즐긴다. 누구와 함께 잤는지 따지는 일도 없다. 섹스를 편하게 생각하며 섹스가 삶의 중요 요소라고 여기지도 않는다. 마음 편하게 섹스를 즐기는 것이다.

　모수오족의 삶은 마르코 폴로가 살던 암울하고 피비린내 나는 세상과는 너무나 달랐다. 모수오족은 낙원 같은 사회 공동체에서 살았다. 그들에게 경쟁, 질투, 분노, 탐욕, 폭력 따위의 개념은 존재하지 않았으며, 언어에도 그런 낱말이 없었다. 또한 절도, 살해, 전쟁 따위의 말도 존재하지 않았다. 마르코 폴로가 당혹감을 감추지 못했던 이러한 사회구조는 지금도 루구호 주변 지역에 존재한다.

V

르네상스 시대

the Renaissance

못 즐기고 후회하느니 즐기고 후회하는 게 낫다

: 데카메론의 지성

마세토Masetto는 젊고 잘생겼으며 힘도 세지만, 안타깝게도 실업자였다. 마세토는 수녀원의 정원사 자리에 지원하면서 벙어리 행세를 했다. 장애가 있으면 여성들에게 위험하지 않아 보이며, 의지할 데 없는 사람처럼 보이기 때문이었다. 그런 작전이 성공해 마세토는 마침내 일자리를 얻었다. 그리고 기다렸다는 듯이 여덟 명의 수녀들이 말 못하는 척하는 마세토를 침대로 끌어들여 즐기기 시작했다. 말을 못하니 고자질할 일이 없다고 생각한 것이었다. 수녀원장마저 마세토를 침실로 끌어들여 며칠이 지난 후에야 방에서 나가도록 허락했다. 어느 날, 기력을 상실한 마세토는 기적이 일어나 청력을 회복하고 말을 다시 하게 됐다고 주장하면서 이렇게 외쳤다.

"성모 마리아님, 수탉 한마리가 암탉 열 마리를 만족시킨다고 들었습니다. 그런데 여자는 남자가 열 명 있어도 만족하지 못한다고 들었습니다. 그리고 저는 지금 혼자서 여자 아홉 명을 만족시켜야 합니다."

그 말을 들은 수녀들은 깜짝 놀랐고, 마세토를 수녀원 관리인으로 승진시켰다. 마세토는 남은 생애를 빈둥거리며 보냈고, 그러는 동안 그는 수녀들에게 언제나 얌전한 연인이었다.

보카치오Boccaccio가 1351년에서 1353년 사이에 쓴 『데카메론 Decameron』에 나오는 이야기다. 페스트pest를 피해 피렌체의 언덕에 모여든 숙녀 일곱 명과 신사 세 명이 열흘간 각각 하루에 하나씩 총 100편의 이야기를 주고받는다. 그 가운데 하나가 행복한 사나이 마세토에 관한 얘기로, 뜨거운 분위기 속에서 섹스 장면이 적나라하게 묘사된다. 간음과 자유분방한 섹스를 묘사하며, 특히 에로틱한 장면과 끊임없이 욕정을 채우려는 여성들의 이야기가 펼쳐진다. 『데카메론』을 읽다보면 일상생활에 유용한 몇 가지 정보를 얻는다. 바람을 피우는 도중에 느닷없이 남편이 나타나면 정부를 옷장에 숨겨서는 안 된다. 어느 가정에나 있는 큼지막한 빈 나무통에 숨겨야 위기를 모면할 수 있다. 오래된 나무통의 내부를 확인하기 위해 나무통 상인을 불렀다며 남편을 속이는 것이다. 그러면 정부는 나무통에서 밖으로 기어 나와 나무통 안쪽에 때가 많이 끼었다고 능청을 떤다. 그러면 나무통 안으로 들어가 나무통을 청소하는 건 남편의 몫이다. 아내가 남편에게 나무통을 깨끗하게 청소하라고 시키면 다시 한 번 정부와 사랑을 나눌 시간이 확보된다.

남편이 나무통에 들어간 사이 정부가 뒤에서 여자를 끌어안고 섹스를 한다. 드넓은 초원에서 발정한 수말이 암말을 덮치는 자세로 즐기는 것이다. 두 남녀는 남편이 나무통 안쪽에 낀 불순물을 닦는 동안에 섹스를 마무리한다.

보카치오는 『데카메론』에서 1348년 피렌체를 휩쓴 흑사병에 대해서도 자세히 다뤘다. 10만 명이 넘는 피렌체 시민들 가운데 절반 이상이 사망했으며, 그 가운데 보카치오의 아버지도 희생됐다. 『데카메론』의 이야기들은 인생을 즐겨야 함을 암시한다. 보카치오는 이런 말을 남겼다.

못 즐기고 후회하느니, 즐기고 후회하는 게 낫다.

아즈텍 여인들의 끊임없는 욕정
: 뒤통수가 곱슬머리인 남자

뒤통수가 곱슬머리인 남자가 할 말이 있다고? 정말로 말할 거야? 당신 곱슬머리나 다듬지 그래!

젊은 아즈텍Aztec 여자들이 나이 들어 성욕을 잃은 남자들에게
그렇게 쏘아붙였다. 당시 곱슬머리를 한다는 건 남자들에게 수치
였다. 전쟁에 나가 포로를 잡아오지 못한 남자들이 곱슬머리를
했기 때문이다. 아즈텍 여자들의 남자 따돌리기에 대한 이야기를
수도사 프라이 베르나르디노 데 사아군Fray Bernardino de Sahagún이
『누에바 에스파냐Nueva España의 문물 일반사』를 통해 세상에 알
렸다. 이 책은 아즈텍 문화를 다룬 기본서로, 1569년에 탈고했으
나 정식 출판되지는 못했다. 아즈텍인들은 14세기와 16세기 사이
중부 아메리카에 살았다. 아즈텍의 여인들은 강인하고 용감한 남
자를 좋아했으며, 감수성이 풍부하고 나약한 남자들에게는 관심
조차 없었다.

냄새나는 곱슬머리야, 너도 나 같은 여자 아니니? 네 똥은 불에
타지도 않을 거야.

아즈텍인들은 사제들이 날카로운 돌칼로 포로들을 죽이는 게
당연하다고 생각했다. 인신 공양을 해야 신을 달랠 수 있다고 믿
었기 때문이었다. 한편 이들은 이웃 문화권*과는 달리 에로틱 예
술을 남기지는 않았다.

146

전쟁이나 광적인 종교 축제를 좋아했던 아즈텍인들은 섹스도 자유분방하게 즐겼다. 연애결혼이 드물지 않았으며, 첫 번째 아이가 생기기 전에는 남녀가 임시로 동거를 하다가 헤어지는 게 허용됐다. 태어난 아이들을 사회로 받아들이는 축제가 4년에 한 번 열렸는데, 축제에선 부족민 전체가 참여해 음주를 즐겼다. 프라이 베르나르디노 데 사아군은 이렇게 기록했다.

부족민들이 전부 축제에 참여해 술을 마셨다. 다들 술에 취해 얼굴색이 붉어졌으며 와자지껄 떠들어 댔고 남녀가 짝을 지어 뒹굴었다.

아즈텍인들은 여자들을 존중했다. 아이가 세상 빛을 보는 순간 산파들이 큰소리로 아이의 탄생을 알렸다. 당시 아즈텍인들은 산모들이 출산 시에 피의 전쟁을 치렀다고 여겼다.(그리고 아이를 생포했다고 생각했다.) 아즈텍 여자들은 남편들의 느닷없는 섹스 요구에는 당당하게 저항하면서도, 나이가 들어서도 성적 욕구가 식을 줄 몰랐다. 관련해서 다음과 같은 이야기가 전해져 내려온다.

* 「페루 모체족 포르노 도자기는 무슨 용도로 쓰였나 : 섹스 포트」 편 참조.

아즈텍의 어느 왕이 젊은 사제들과 성관계를 하는 노파 두 사람을 목격했다. 왕은 두 노파에게 이렇게 물었다.

"할머니들, 내 말 좀 들어보쇼. 여전히 육체적인 쾌락을 즐기는군요. 그 나이에 아직도 몸이 뜨거운가요?"

그러자 노파들이 이렇게 대꾸했다.

"당신네 남자들은 쾌락을 모를 뿐 아니라 정력이 금방 쇠합니다. 그래서 육체적인 욕구가 없는 겁니다. 내 말을 잘 들으세요. 우리 여자들은 성욕이 넘칩니다! 우리 여자들에겐 먹잇감이 떨어지기를 기다리는 깊은 동굴과 심연이 있지요. 남자들은 정력을 잃으면 어떤 방법으로 여자들을 만족시켜주나요?"

콘라드 카이저가 발명한 정조대는 존재하지 않았다
: 벨리포르티스

독일 바이에른Bayern 출신의 전쟁 무기 기술자 콘라드 카이저 Konrad Kyeser는 군대를 따라 이탈리아로 출병했으며, 1394년부터 헝가리의 왕 지기스문트Sigismund가 오스만제국과 벌인 전쟁에도 참전했다. 카이저는 1405년 무기 저장고와 전장에서의 체험

에 대해 삽화를 곁들인 자필 원고를 썼다. 책 제목은 『벨리포르티스 Bellifortis』로, 전쟁을 주제로 한 그림책이라 할 수 있다. 이 책에는 무기나 고문 도구 삽화 이외에도 카이저가 직접 그린 강철로 만든 바지 그림도 들어 있다. 단단한 강철로 만든 바지로, 앞부분을 잠글 수 있도록 만들었으며 여성용이었다.

강철 바지는 중세의 최신 유행 상품이었다. 종교인들이 앞장서서 여자들이 육체를 통제하지 못할 경우에 벌어지는 일은 뻔하다며 '정조대'를 널리 홍보했다. 정조대 발명은 기사들에게 호평을 받았다. 전쟁터에서 회교도들과 목숨을 건 전투를 벌인 기사들은 고향에 있는 아내들이 건달이나 마구간 일꾼과 부정한 짓을 저지르지는 않을까 염려가 많았다. 전쟁터에 나가기 전에 아내에게 정조대를 차게 하는 건 매우 효과적인 방법이었다. 여자의 엉덩이를 감싸고 양다리 사이에 착용하는 강철 정조대로 인해 여자들은 어떤 방식의 성교도 불가능했다. 기사들은 전쟁터에 나가서도 정조대 열쇠를 늘 가슴에 품고 다녔다. 요즘도 박물관에 가면 녹슨 정조대를 흔히 볼 수 있다.

그런데 사실 중세에는 정조대가 존재하지 않았다는 게 문제다. 이는 당시에 만들어져 특히 19세기에 여러 사람들에게 전파된 전설과 관련이 있다. 최소 몇 달에서 몇 년 동안 지속되는 긴 전쟁 기간 내내 정조대를 어찌 착용하느냐고 의문을 제기하는 사람은 없었을까? 양쪽 허벅다리 사이의 연약한 피부에는 금세 상처가 나거나 염증이 생길 것이다. 게다가 이들 불쌍한 여인들이 정조대를 착용한 채 대소변을 보는 게 가능한지 의문이 생길 수밖에 없다.

사료에 등장하는 정조대들은 모조품으로 판명됐다. 중세의 자료들을 곧이곧대로 믿은 게 중대 오류였다. 신학자 베른하르트 폰 클레르보Bernhard von Clairvaux는 정조대를 메타포metaphor라고 설명했다. 그는 콘라드 카이저가 쓴 전쟁 서적도 좀 더 자세히 연구해봐야 한다고 주장했다. 의심을 거둘 수 없는 아내에 대한 남자들의 걱정과 질투심을 작가가 재밌게 표현했을 뿐이라는 것이다. 콘라드 카이저는 판타지와 유머를 좋아하는 작가로, 표면적으로만 진지해보이는 자신의 저서에서 알렉산드로스 대왕Alexandros the Great이 마법사라고 서술했다. 또한 몸을 감추는 마법의 외투와 방귀 대포를 소개하기도 했다.

남자는 책상에서 귀족, 침대에서 원숭이

: 르네상스의 섹슈얼리티

마르틴 루터Martin Luther는 음식도 아무거나 잘 먹고 술을 즐겼으며 육체적인 사랑을 좋아했다. 자신의 적대 세력인 가톨릭교도들과는 달리 좋아하는 것에 비밀이 없었다. 마르틴 루터는 부부가 정기적으로 동침하는 대략적인 규칙을 만들어내기도 했다. "일주일에 두 번 아내에 대한 의무로 섹스를 하면 남편은 물론 아내에게도 이롭다. 일 년에 104번 동침해야 한다." 동시대인들과 비교하면, 1517년에 95개조의 반박문을 비텐베르크Wittenberg 교회 문에 못 박은 종교 개혁자 마르틴 루터는 진취적이지는 못했다. 당시 유행하던 슬로건은 남자들에게 요구하는 게 많았다. 처녀들에게 다정한 남자, 현명한 남자, 신사로서 의무감이 있는 남자, 여성의 권리를 인정해주는 남자 등이 그것이었다. 주로 남자들이 밤마다 주의해야 할 점들이었다.

르네상스 시대의 유럽 사람들은 고대 유산에 대해 관심이 많았다. 당시 유럽인들은 도리아식doric style 고대 신전 기둥머리나 철학적 사고 경험에 관심을 가졌을 뿐 아니라, 섹스와 에로틱에도 큰 관심을 가졌다.* 동시에 신랑 신부의 지위나 재산만을 중요시하는 중세의 결혼 제도가 흔들렸다. 연애결혼은 여전히 흔하지 않았지만 가능성이 있는 것으로 여겨졌다. 그와 더불어 파트너에게 매력적으로 보이는 요소가 무엇인지에 대해 탐구하기 시작했다.

당시에는 민요와 통속문학이 인기 장르였다. 그것들을 통해 인간의 희망 사항을 서술했으며, 아름다움에 관한 새로운 기준을 규정했다. 이 기준에 따르면, 여자란 젊고 풍만하며 피부가 붉어야 매력적이었다. 남자들의 피부색이나 비만은 크게 부각되지 않았으나, 남자들도 새로운 섹슈얼리티에 대한 압력을 모면할 수 없었다. 사랑의 굶주림을 채우지 못하는 여성들은 비극적인 운명을 사는 것으로 간주됐다. 사랑의 유희에 금방 신물이 나 결혼의 의무를 등한시하는 나이 많은 남자와 젊은 여자의 결혼을 소재로 한 익살극이 공연돼 화제가 되기도 했다. 이탈리아의 작가 안토니오 코르나자노Antonio Cornazzano가 쓴 노벨레Novelle「건초가 부족하면 보릿짚을 사용해도 괜찮다」를 보면 신부의 엄마가 딸에게 어울리는 신랑감을 찾아다니는 장면이 나온다. 엄마가 선택한 남자는 비록 가난하긴 하지만 "하룻밤에 열 번 이상 사랑을 나누는" 늠름한 청년이다. 짧고 허무한 순간을 즐기는 잠자리의 능력을 사회적 신분이나 황금 덩어리보다 중요시했다는 뜻이다.

---

* 고대 그리스와 로마의 문헌이나 조각상들을 자세히 들여다보면 그게 당연한 일임을 알 수 있다.

아우크스부르크Augsburg의 삼류 여성 작가 클라라 헤츠러린Clara Hätzlerin도 이와 유사한 글을 썼다. 그녀는 이상적인 남자를 이렇게 묘사했다.

남자는 책상에서 귀족, 벌판에서는 곰, 거리에서는 공작, 교회에서는 어린양, 그리고 침대에서 원숭이여야 한다!

아프리카 섹스 지침서에 기록된 이상적 페니스
: 네프자우이

하느님께 맹세할 수 있다. 이 책에 들어 있는 내용들을 알아야 할 필요가 있다. 부끄러움을 모르는 무식한 인간이나 학문을 싫어하는 사람만 이 책을 읽지 않을 것이며, 만약 그들이 이 책을 읽게 되면 읽은 보람을 느낄 것이다.

세이크 네프자우이Sheik Nefzaui는 자신이 쓴 에로틱 지침서 『정신을 맑게 해주는 향기로운 정원』 서문에서 이처럼 당당하게 자기를 홍보했다. 그런데 그의 주장은 틀리지 않다. 1519년 튀니지에서 발간된 것으로 추측되는 이 책은 재밌는 내용을 많이 담았다. 자기주장이나 조언 이외에도 시와 일화가 실렸다.

우선 세이크 네프자우이는 멋진 남자와 아름다운 여자의 특징이 무엇인지에 대해 많은 생각을 했던 것으로 보인다. "남자들 눈에 매력적인 여자로 보이려면 몸매가 완벽하게 아름다워야 하며, 볼륨이 있어야 할 뿐 아니라 육감적이어야 하고 여성스러워야 한다." 세이크 네프자우이는 특히 이중 턱과 가는 허리, 그리고 커다란 엉덩이를 여자의 주요 매력으로 봤다. 그 밖에 검은 눈동자와 새까만 머리칼, 넓은 이마, 그리고 예쁜 발도 중요시했다. 네프자우이는 이런 장점을 가진 여자야 말로 남자들을 매혹시키며 뒷모습만 봐도 황홀감에 잠긴다고 썼다.

세이크 네프자우이는 남자의 눈동자 색깔과 이마 모양에는 별 관심을 두지 않았지만, 남근의 크기에 대해서는 상세히 다뤘다. 그는 남자의 페니스가 굵고 길어야 한다면서, 여성의 질 끝부분까지 닿아야 하고 질 내부를 완전히 채워야 한다고 썼다. 또한 페니스의 이상적인 길이는 남자의 손가락 여섯 개 넓이 또는 손바닥의 1.5배 크기*에서 손가락 열두 개 넓이 또는 손바닥의 세 배 너비**

* 약 12cm.
** 약 24cm.

154

사이라고 썼다. 네프자우이는 "남편의 페니스 길이가 너무 짧거나 가늘거나 축 늘어져 있으면 여성이 어찌 잠자리에서 즐거움을 찾겠는가?"라고 의문을 나타냈다. 네프자우이는 페니스의 길이가 손가락 여섯 개 폭보다 짧은 남자들에게 달걀을 많이 먹을 것과 역청을 입힌 가죽끈으로 페니스를 동여매는 방법을 추천했다. 그는 "이와 같은 방법에 대한 효능은 이미 확인됐으며, 나도 직접 해봤다."라고 밝혔다. 네프자우이는 섹스를 무척 좋아한 것으로 보인다. 그는 "하느님을 찬양하라. 하느님이 남자들에게 큰 기쁨을 주기 위해 여성의 성기를 만드셨다. 또한 여성들에게도 쾌락을 주도록 남자의 성기도 만드셨다."라고 강조했다. 따라서 인간들이 하느님의 선물을 잘 이용하는 게 중요하다고 생각했다. 그는 남자들이 사랑의 유희를 즐기기에 앞서 주의할 점이 있다고 썼다. 즉, 고환에 힘이 있어야 하며 식사를 충분히 해야 한다면서, 그렇지 않으면 힘을 쓰지 못한다고 역설했다. 네프자우이는 본격적인 섹스에 앞서 충분한 전희를 즐겨야 한다며 "재밌는 얘기와 키스, 포옹은 물론 여성의 몸 각 부위를 빨거나 깨물어서 여성이 흥분 상태에 이르도록 하는 게 중요하다."고 설명했다. 네프자우이는 여성의 성욕이 절정에 달하는 순간에 페니스를 여성의 몸안으로 집어넣어야 하며, 성관계를 마치고 난 후에도 여자를 꼭 안아주라고 강조했다.

대중탕은 성적 판타지와 몽상의 공간

: 리버 유벤투티스

시참사회市參事會 의원의 아들 헤르만 폰 바인스베르크Hermann von Weinsberg는 고등학교 졸업 시험을 보던 19세에 동정을 잃음으로써 자신이 남자임을 증명했다. 헤르만은 후일 2,500쪽에 달하는 방대한 분량의 자서전『리버 유벤투티스Liber Iuventutis』에서 친구들에게 이끌려 사창가에 갔을 때 와인을 많이 마시면서 즐겼다고 회고했다. 헤르만 폰 바인스베르크가 망설임 없이 그런 경험을 고백했다는 사실과 라인 강변의 가톨릭 도시에서 매춘부를 쉽게 구했다는 사실은, 16세기의 사회 지도층 사람들도 섹스에 솔직했음을 증명한다.

인간이란 많은 에너지와 상상력을 소비하면서 자신의 욕망을 즐긴다. 점잖고 공식적인 세상의 뒤편에는 늘 화류계가 존재해왔다. 어두침침하면서 붉은빛이 가득한 세상이었다. 요즘 세상에도 '사우나 클럽'이란 게 있듯이 16세기에도 대중탕이 존재했다. 그곳에선 치아를 빼거나 피를 뽑는 행위도 했으며, 여자들이 남자들에게 서비스를 제공하기도 했다. 당시의 대중탕은 성적 판타지와 끈적끈적한 몽상을 즐기는 공간이었다. 예술가들은 이와 같은 자극적인 장면을 포착해 동판화와 벽화로 생생하게 표현했다. 건강,

술, 여자, 그리고 도박은 혈관의 피를 끓어오르게 했다. 매춘의 제도화는 사회의 진보를 의미했다. 그 이전에는 매춘부들이 이 마을 저 마을로 옮겨 다니면서 매춘을 했다. 매춘부들을 사회가 인정함으로써 이들이 한곳에 정착하게 됐다. 16세기에 한자동맹 도시Hansestadt인 뤼벡Lübeck에서 작성한 세금 납부자 명단을 보면, 창녀들도 상인이나 수공업자와 마찬가지로 세금을 내는 게 당연한 의무였다는 사실을 알 수 있다. 독일 바이에른의 뇌르틀링겐Nördlingen에서 매춘부들은 자신들이 당한 착취나 폭력에 대해 시참사회에 불만을 호소했으며, 이로 인해 대중탕 주인들은 감옥에 가거나 벌금을 납부해야 했다.

헤르만 폰 바인스베르크는 자서전에서 만취 상태로 네다섯 번 더 사창가에 갔으나 그 후에는 방탕한 생활을 접었다고 고백했다. 헤르만은 시참사회 의원과 맥주 감독관을 역임했다. 당시 맥주 감독관은 맥주를 양조할 때 보리와 홉, 물만을 사용해야 한다고 1516년에 정한 법령의 준수를 감시하는 임무를 수행했다. 헤르만은 당시 유행하던 임질이나 매독을 모면한 것에 대해 하느님께 감사했으며, 남은 인생을 성실하게 살았다.

페니스를 강조한 16세기 유럽 남성 패션
: 코드피스

　르네상스 시기 독일의 화가 한스 홀바인Hans Holbein der Jüngere
이 1537년경에 그린 헨리 8세Henry Ⅷ의 초상은 매우 독특한 작
품이다. 홀바인의 화려한 색채나 세밀한 붓 터치만 독특한 게 아
니다. 이 그림을 보면, 튜더 왕조Tudor Dynasty의 왕 헨리 8세는 머
리에 모피 모자를 쓰고 있으며 손에는 칼은 쥐고 있다. 그런데 그
의 커다란 페니스 부분이 도드라져 보인
다. 궁정 화가였던 한스 홀바인은 역사상
가장 독특한 허풍쟁이 장식을 한, 역
사에 이름을 남긴 허풍쟁이 중 한
사람의 모습을 그렸다. 즉, 홀바인은
당시 유럽 남자들이 바지 앞 샅 부
분에 차던 장식용 천을 착용한 헨리
8세의 모습을 그렸다.

　16세기 초, 유럽에서 남성들의 패
션에 큰 변화가 있었다. 무릎을 덮는 스커
트는 유행에서 멀어지고 그 대신에 레
깅스leggings와 엉덩이 아랫부분까지

158

내려오는 더블릿doublet이 유행하기 시작했다. 말총이나 밀집을 채워 넣은 삼각형 모양의 옷감으로 바짓가랑이 부분을 만들었다. 당시 남자들은 이 주머니에 오렌지를 넣어뒀다가 여자들에게 주는 친절을 베풀기도 했다. 이는 '남성의 아랫도리에서 나오는 열매'라는 의미였다.

당시 패션계에 코드피스codpiece* 경쟁이 야기됐는데, 이로 인해 다양한 색상과 크기의 코드피스들이 선보이게 됐다. 기사들이 입는 갑옷도 '그 부분 보호'를 고려해야 한다는 주장이 제기됐다. 적군의 창으로부터 기사들의 그 부분을 보호하기 위한 조치였다. 그리고 코드피스의 큰 특징은 각 남자들의 페니스 모양과 크기에 따라 맞춤형으로 만들었다는 점이다. 코드피스가 매독 환자들을 위한 의료기로 사용됐다는 주장은 근거가 없는 것으로 추정된다. 일각에선 매독에 걸린 생식기에 수은을 바른 다음 붕대로 감아 코드피스로 고정했다는 주장이 있었다. 액세서리로 쓰인 코드피스는 페니스가 지속적으로 발기해 있는 것처럼 보이게 함으로써 남자의 정력에 대한 의혹을 풀게 해주는 데 도움이 됐다. 술을 엄청나게 마셨으며 말라리아와 종두에 걸렸던 헨리 8세도 발기불능으로 인해 고생을 많이 했다. 그리고 헨리 8세의 여섯 명의 아

---

* 남성 바지 앞의 고간股間 주머니.

내들 가운데 두 번째 아내인 앤 불린Anne Boleyn은 남편의 도덕성 결여와 정력 부족에 불만이 많았다.

헨리 8세는 영국 국민들의 눈에도 남자로서의 자질이 없는 사람이었다. 아들을 생산하지 못했기 때문이었다. 그는 첫째 왕비 캐서린 아라곤Catherine of Aragon과의 사이에는 딸 하나만 뒀는데, 아들이 없다는 이유로 1533년에 이혼했다. 헨리 8세는 로마교황청이 이혼을 승인하지 않자 가톨릭교회를 떠나 영국국교회를 만든 뒤 캐서린의 시녀였던 앤 불린과 결혼했다. 그런데 앤 불린도 딸만 하나 낳았으며, 그로 인해 그녀는 형장의 이슬로 사라지고 말았다. 그리고 헨리 8세는 다시 앤 불린의 시녀였던 제인 시모어Jane Seymour와 결혼했다. 헨리 8세가 세 번째 왕비와 아들을 낳기 위해 애쓰던 1537년에 화가 한스 홀바인이 그린 그림이 바로 '다리가 세 개'인 모습의 국왕 초상화였다. 같은 해에 제인 시모어가 마침내 아들을 낳았는데, 얼마 못 가서 그녀는 사망하고 말았다.

코드피스는 16세기 후반까지 사용됐다. 코드피스가 사라진 이유는 남자들이 전쟁에 나가 이를 착용하고 말을 달릴 때 심한 통증을 느꼈기 때문이었다.

여성의 악취를 주장한 네덜란드 의사

: 레비너스 렘니우스

> 남자의 몸에서는 원래부터 달콤한 냄새가 난다. 이에 반해 여자
> 의 몸에서는 퀴퀴하고 고약한 곰팡내가 진동한다.

 네덜란드의 의사 레비너스 렘니우스Levinus Lemnius가 1574년에
쓴 의학 베스트셀러 『경이로운 신비와 자연의 비밀』에 나오는 내
용이다. 당시 이 책을 읽은 사람들은 여자의 몸에서 고약한 냄새
가 난다는 내용에 대해 전혀 이상하게 생각하지 않았다. 당시 사
람들은 남자란 원래 힘이 세고 성질이 불같다고 믿었다. 남자가
힘과 청결 면에서 여성에 비해 단연 우위라는 생각이었다. 반면
여자들은 나약한 존재로, 본래 차갑고 더러우며 축축하다고 여겨
졌다. 집을 지킨다는 이유로 중세의 여성들은 달팽이에 비유되곤
했다.

 렘니우스는 여성들의 과다한 분비물이나 생리 출혈이 여성에
대한 거부감을 갖게 만드는 주요 요소라고 봤다. 여성들이 가진
거의 모든 요소들이 자연과의 접촉을 방해한다는 게 렘니우스의
생각이었다. 여성의 몸에 닿으면 꽃과 열매는 시들고 코끼리 다
리는 시커멓게 더러워지며, 칼이 무디어질 뿐만 아니라 꿀벌이

도망가고 말이 죽은 새끼를 낳는다는 것이었다. 레비너스 렘니우스는 생리일이 아니어도 피가 비칠 전조만 있으면 나쁜 영향을 미친다면서, 여성의 존재만으로도 육두구의 열매에 수분이 빠지고 까맣게 변색되며, 산호초의 색깔이 사라져버린다고 주장했다.

지옥의 섹스에 대한 과부의 폭로
: 발푸르가

직업이 산파인 발푸르가 하우스맨닌Walpurga Hausmännin은 31세에 과부가 된 이후 어느 하인과 밤의 밀회를 약속했다. 그런데 후일 발푸르가의 자백에 따르면, 실제로 나타나 건 정부情夫 악마였다. 정부 악마는 지옥의 위계질서상 지위가 낮았지만 정부로서의 자질이 매우 뛰어났다. 이 악마가 하인의 형상을 하고 나타난 것이다. 첫날밤에 발푸르가는 악마를 사로잡았다. 그러자 다음 날 밤에도 이 섹스 악마가 또다시 나타났다. 발푸르가는 그에게 저항할 수 없었다. 둘은 함께 잠을 잤으며, 비료를 치는 쇠스랑을 타고 지옥의 군주 루시퍼Lucifer에게 갔다. 루시퍼는 발푸르가에게 세례를 받게 해 마녀로 만들었다. 마녀 발푸르가는 루시퍼에게

향유를 받았으며, 이를 이용해
과실들은 물론 가축과 인간들
을 독살했다. 발푸르가는 40명에
이르는 어린아이들은 물론 어른들
까지 죽였다.

　1587년, 발푸르가는 독일 바
이에른의 딜링겐Dillingen에서
마법을 부린 혐의로 체포돼 재
판을 받았다. 잔인한 고문에 의한 그녀의 거짓 자백은 세상 사
람들에게 공포를 불러일으켰다. 마녀인 그녀가 지옥의 무절제한
섹스에 대해 최초의 폭로를 했기 때문이었다. 고문 기술자와 교
회의 심문 전문가는 그들이 듣기 원하는 내용을 그녀가 자백할
때까지 그녀에게 혹독한 육체적 고통과 정신적 고통을 가했다.

　중세의 남자들이 두려워한 것은 사악한 마법이 아닌 여성들
의 자립심과 욕망이었다. 그래서 갖은 수단을 다 동원해 자립
심 강하고 욕망 있는 여자들에게 압력을 가하고 악마 취급을 했
다. 1486년, 도미니크 수도회의 수도사 하인리히 크라메르Heinrich
Kramer는 『마녀의 망치Malleus Maleficarum』라는 책을 썼다. 이 책은
마녀에 대한 박해를 신학적으로, 그리고 학문적으로 정당화하는
내용을 담고 있었으며, 서부 유럽은 물론 중부 유럽 지역까지 빠

르게 전파됐다. 종교재판관은 지나칠 정도로 여자들을 증오했으며, 여자들이 불쌍한 남자들을 악의 구렁텅이에 빠지게 만들었다고 비난했다. 크라메르 수도사는 여자들이 남자들보다 욕정이 강하다고 주장했다. 그리고 이브가 아담의 갈비뼈로 만들어졌다는 이유로 여자를 불완전한 동물이라고 판단하는 건 잘못이라고 주장했다.

크라메르 수도사는 여자가 악마와 결탁하면 마법을 갖게 되며, 그 마법을 이용해 남자들의 생식력을 약화시키고 사회의 지속성과 재생산을 위험에 빠뜨린다고 강조했다. 크라메르 수도사는 마녀들을 강력한 힘이 있는 존재로 봤다.

우선, 마녀들이 인간의 마음을 기이한 사랑으로 바꿔버린다.

둘째, 마녀들이 생식력을 억제시킨다.

셋째, 생식과 관련된 신체 부위를 떨어져 나가게 만든다.

넷째, 기이한 방법으로 인간을 짐승으로 변신하게 한다.

다섯째, 여성의 생산력도 파괴한다.

여섯째, 조산아를 낳게 만든다.

일곱째, 어린아이들을 악마에게 재물로 바친다.

그 외에도 여러 사람들과 동물들, 과수원의 과실에 많은 해를 끼친다.

바꿔 말하면, 세상일이 잘 안되는 건 남자들의 잘못이 아니라는 뜻이다. 과실나무에 과일이 열리지 않거나 남자들이 잠자리에서 힘을 쓰지 못하는 것도 남자들 탓이 아니라는 주장이다.

유럽에서 마녀사냥으로 희생된 여성은 6만여 명에 이른다. 『마녀의 망치』가 출간된 지 100년이 지난 1587년 9월 20일, 발푸르가 하우스맨닌은 도나우 강가의 도시 딜링겐에서 화형에 처해진다. 그녀의 시신은 한줌의 재가 돼 도나우강에 뿌려졌다.

VI

계몽주의 시대
the Enlightenment

어린 아내 푸르망의 누드화를 그린 미술계의 셰익스피어
: 루벤스

플랑드르Flandre의 화가 페테르 파울 루벤스Peter Paul Rubens. 당대에 루벤스만큼 바쁘게 산 사람도 드물다. 루벤스는 스페인 합스부르크 왕가Habsburgo de España의 외교사절 자격으로 유럽 전역을 누비고 다녔다. 내로라하는 유럽의 권력자들이 루벤스의 말을 고작 30분 듣기 위해 굴욕감을 참아 가며 알현을 청했다. 당시 루벤스는 저명한 외교관일 뿐 아니라 천재적인 화가였으며, 인정머리 없는 상인이었다. 그는 자신의 아틀리에atelier를 글로벌한 매출액을 자랑하는 중견 기업으로 바꿔놓았다. 루벤스는 제자들과 함께 평균 나흘에 한 번 꼴로 유화를 완성했다. 하지만 박리다매로 그림 장사를 하지는 않았다.

루벤스는 미술계의 셰익스피어라고 불릴 만하다. 루벤스는 이탈리아 거장들의 색채를 널리 전파했으며, 전례 없는 역동성을 캔버스에 실현했다. 또한 사실적이고 새로운 화풍을 만들어냈다. 루벤스가 죽은 지 몇 세기 후의 예술가들도 그의 화풍을 인상주의의 대표적 예시로 삼았다. 페테르 파울 루벤스는 자존심이 무척 강했으며 외모도 상당히 수려했다. 그런 사람이 사랑에 빠지면 뭔가 특별한 것이 만들어질 거라는 건 자명한 일이었다.

루벤스의 첫 번째 부인 이자벨라Isabella가 사망할 당시 그의 나이 49세였다. 루벤스는 무려 4년 동안 아내의 죽음을 슬퍼했다. 그 후 헬레네 푸르망Hélène Fourment이라는 여자가 루벤스의 인생에 들어왔다. 소녀 시절부터 루벤스 그림의 모델로 섰던 여자였다. 루벤스는 친구에게 보낸 편지에 "결혼을 결심했다네. 독신으로 살고 싶은 생각은 없네. 솔직히 말하면, 자유라는 소중한 나의 보물을 노파의 애무와 교환하긴 어려울 걸세."라고 썼다. 루벤스가 1630년 헬레네 푸르망과 결혼할 당시 그녀의 나이 16세였다. 금발의 머리칼에 붉은빛 피부를 가진 푸르망은 당시 '안트베르펜Antwerpen의 비너스'라는 별명으로 잘 알려져 있었다. 그 신혼부부는 루벤스의 집에서 신혼 생활을 시작했으며, 신혼집 출입문에 이런 문구를 자랑스럽게 걸어뒀다.

당신의 마음을 흔들 것은 없다.
분노와 탐욕도 당신을 흔들지 못한다.

훌륭한 문구이기는 하나 루벤스는 그것을 오래도록 지키지는 못했다. 루벤스의 집은 부부 사랑의 보금자리였다. 그러나 루벤스의 지인들은 틈만 나면 헬레네의 마음과 육체에 대한 사랑을 떠벌리는 루벤스가 못마땅했다. 루벤스는 붓을 손에 쥐고 있는 자신의 모습을 봐도 헬레네가 얼굴을 붉히지 않았다고 했다. 루벤스는 헬레네의 초상화를 열아홉 개 그렸다. 어린 신부, 아이 엄마, 모피를 입은 팜파탈femme fatale, 사랑의 여신의 모습으로 그녀를 화폭에 담았으며, 여타 다른 그림들에도 그녀의 얼굴을 그려넣었다. 사람들은 루벤스가 어린 아내를 몹시 자랑했다고 입을 모았다. 그리고 바로 그 기간에 루벤스의 걸작들이 탄생했다. 그 사실에 대해 안트베르펜 사람이면 누구나 입방아를 찧었다. 루벤스의 그림 속에서 매력적인 포즈를 취하고 있는 벌거벗은 여인은 루벤스와의 사이에 아이를 넷이나 낳은 헬레네였음을 다들 알았으니까.

예술가들은 아주 오래전부터 초상화뿐 아니라 조각상도 만들었다. 그리고 그런 직업을 통해 시대의 미적 이상형을 규정했고 이를 발전시켜 나갔다. 초기 구석기 시대의 유물인 「빌렌도르프의 비너스Venus of Willendorf」는 살찐 다리와 풍만하면서 축 늘어진 가슴, 불쑥 튀어나온 복부, 그리고 커다란 엉덩이를 가진 여인의 모습을 형상화하고 있다. 기원전 2세기에 만든 「페르가몬 대제단Pergamon Altar」 부조는 가는 허리를 가진 그리스의 여신 아르테미스Artemis가 거인들과 싸우고 있는 모습을 극적으로 묘사했다. 서기 117년부터 138년까지 로마를 다스렸던 하드리아누스Hadrianus 황제는 제국 전역에 자신의 총애를 받았던 안티노우스Antinoüs의 조각상을 세우라는 명령을 내렸다. 그리고 우울해보이는 시선과 오뚝한 코, 날씬한 몸매를 가진 그의 외모가 미의 표준이 되도록 했다. 중세의 여성들은 거의 자웅동주의 모습으로 표현됐으며, 얇은 실루엣을 입고 어깨가 앞으로 늘어진 모습이었다.

루벤스는 새로운 모습의 이상적 육체를 마음속에 품고 있었다. 이미 르네상스 시대의 이탈리아 화가들이 볼륨 있는 몸매의 여인들을 그림으로 묘사했으며, 루벤스는 그러한 트렌드를 더욱 강화해 풍만한 허벅다리와 부드러운 엉덩이, 피하지방으로 인해 주름진 팔을 그렸다. 그리고 여성의 섹시한 이중 턱을 묘사하는 데 중점을 뒀다.

　루벤스의 아내 그림 역시 그 시대의 문화적 산물이다. 루벤스의 그림을 보면 그가 아내의 가슴을 유난히 작게 그렸음을 알 수 있다. 지나치게 평평하지도 않고 너무 부드럽지도 않게, 적당히 돌출돼 보이게 그렸다. 아내인 헬레네를 향한 루벤스의 사랑이 가득 담긴 시선은 후세대 화가들의 초상화뿐 아니라 예술사에도 지속적인 영향을 미쳤다.* 아마 루벤스의 그런 시선이야 말로 거장으로서 살아생전에 완성한 가장 위대한 예술 작품일 것이다.

상상의 간통으로 교수형을 당하다
: 래섬과 브라이턴

　1644년 3월 21일, 미국 보스턴Boston 시에 정의와 미풍양속이 다시 자리를 잡았다. 그리하여 시민들은 다시금 마음 편하게 잠자리에 들 수 있게 됐다. 보스턴 시민 수백 명이 메리 래섬Mary Latham과 제임스 브라이턴James Britton이 교수형에 처해지는 장면

---

* 날씬한 몸매에 혈안이 된 요즘도 루벤스의 여성 그림은 인정을 받는다.

을 보기 위해 모여들었다. 두 사람은 혁명을 기도하지 않았으며 살인죄를 저지르지도 않았다. 이들의 위법 사항은 그보다 몇 갑절 무거웠다. 둘은 상상 속에서 동침을 했다.

미국인들이 가진 꿈은 고상한 것이었다. 유럽 대륙에서 건너온 미국인들은 신세계에 더 나은 세상을 만들고자 했다. 이들은 전횡을 일삼는 무리들의 횡포와 불공평, 그리고 범죄가 없는 세상을 꿈꿨다. 북미 대륙의 동쪽 해안에 도달한 청교도 신자들은 부패한 교회가 이미 오래전부터 악마의 유혹에 넘어갔다고 확신했다. 또한 이들은 유럽의 재판소가 간통죄를 지은 이들에게 적은 금액의 벌금형과 구금을 선고하는 것에 분노를 금치 못했다. 17세기 초, 미 신대륙 전역을 대상으로 국민들의 도덕성을 되찾기 위한 준엄한 법령이 공포됐다. 임신한 아내와 잠자리를 하는 남편은 추방 명령을 받았다. 하지만 가장 중대한 위법은 간통으로, 간통한 자는 사형선고를 받았다.

사실 메리 래섬과 제임스 브라이턴 사이에 무슨 일이 있었는지는 명확하지 않았다. 래섬은 플리머스Plymouth라는 소도시의 명망 있는 집안 출신으로 나이 많은 남자와 결혼한 몸이었다. 하지만 그녀는 결혼 생활에서 행복을 찾을 수 없었다. 젊은 아내 래섬은 기분 전환을 위해 술집에 자주 들렀으며, 어느 날 저녁 그곳에서 제임스 브라이턴이란 남자를 알게 됐다. 브라이턴은 그날 젊은 친구들과 어울려 술집에 왔다. 래섬과 브라이턴은 함께 술을 마셨고 농담도 하면서 대화를 나눴다. 두 사람은 술을 함께 마시며 친해졌으나, 너무 친해진 게 화근이었다. 둘은 잠자리를 함께하지는 않았다. 조사를 맡은 사람들도 아무런 증거를 찾아내지 못했다. 어쩌면 래섬이 사실을 부인을 했거나 브라이턴이 만취 상태였을 수도 있다. 어쨌든 그날 밤의 일은 해프닝으로 끝났으며, 그 후로 시간이 흘렀다.

몇 달 후 어느 날, 제임스 브라이턴이 몸져누웠다. 브라이턴은 몇 달 전 밤에 플리머스에서 나쁜 짓을 해 하느님의 벌로 열병이 났다고 생각했다. 브라이턴은 스스로 보스턴 재판소에 출두했다. 메리도 그날 밤에 체포돼 보스턴으로 압송됐다. 그리고 1644년 3월 7일, 판사는 두 남녀에게 사형을 선고했다. 간통 시도도 위법으로 간주된 것이다. 당시의 기록을 보면, 래섬은 처형되기 직전 모여 있는 사람들 앞에서 자신의 행동을 뉘우치며 공개적으로 사죄했다. 그리고 젊은 여자들을 향해 자신의 운명을 본보기로 삼으라는 유언을 남겼다. 당시 메리 래섬의 나이 18세였다.

독일 항문 성교의 역사

: 애닐링구스

내 항문을 핥아라.

이 말은 30년 전쟁 기간 동안 독일에서 쓰이던 처벌에서 유래한다. 당시 죄인들은 교도관의 항문을 혀와 입으로 핥아야 했다. 이는 죄수들의 굴욕감을 한층 높이는 방법으로 공개적으로 행해졌다. 1668년 한스 야코프 크리스토펠 폰 그리멜스하우젠Hans Jakob Christoffel von Grimmelshausen이 쓴 민중 소설『짐플리치시무스의 모험Der Abenteuerliche Simplicissimus』14장에 보면 이런 내용이 나온다. 소설 속 주인공인 멜키오르 슈테른펠 폰 푹스하임Melchior Sternfels von Fuchshaim이 병사들 몇 명과 함께 길을 가다가 코와 귀가 없는 불쌍한 남자 하나를 만났다. 농부들이 이 남자를 불구로 만들고 나서 자기들의 항문을 핥게 만든 것이었다. 농부들의 잔인성에 몸서리를 친 병사들은 그 악인들을 쫓아 똑같은 방법으로 벌을 내리기로 결심했다. 결국 농부들은 각기 병사 열 명의 항문을 입으로 핥으며 이렇게 말해야 했다. "이것으로써 청산하겠습니다. 이것으로써 게으름뱅이가 우리의 항문을 핥을 때 병사들이 느꼈던 치욕을 깨끗이 없애겠습니다."

독일 전쟁사에 등장하는 항문 성교는 독일의 고급문화와 일상 생활에 지속적인 영향을 미쳤다. 독일의 문호 괴테Goethe는 그리멜스하우젠이 "내 항문을 핥아라."라는 말을 사용한지 약 100년 후에 "그는 내 엉덩이를 핥을 수 있다고 말했다."라는 표현을 쓴 바 있다. 어느 병사가 대장에게 체포되지 않기 위해 어쩔 수 없이 그렇게 한 내용이다. 모차르트Mozart는 「내 엉덩이를 핥아줘 Leck mich im Arsch」라는 제목의 캐논을 작곡했다. 독일에서 시작된 항문에 대한 유별난 집착은 전 세계로 전파됐다. 우선, 'Kiss my ass!'라는 욕이 있다. 그리고 항문 성교 행위가 있다. 오늘날, 이른바 애닐링구스Anilingus라고 불리는 것은 성적 흥분을 위해 혀와 입으로 파트너의 항문과 회음을 자극해주는 행위로, 「섹스 앤 더 시티Sex and the City」 등의 텔레비전 드라마에도 나온 적이 있다. 니키 미나즈Nicki Minaj가 부른 랩송에는 이런 구절이 있다. "컵케이크를 먹듯이 내 항문을 핥아 먹게 해라." 그런데 이런 의문이 든다. '이런 노래를 들었다면 멜키오르 슈테른펠 폰 푹스하임이 뭐라고 했을까?'

길거리 매춘보다 사창가를 권장한 성 문제 상담 잡지

: 디 아테니언 머큐리

영국인 출판업자 존 던톤John Dunton은 1691년 엄청난 규모의 틈새시장을 간파했다. 섹스 문제에 대해 점잔을 빼는 교회가 세상을 지배한 게 수백 년에 이르렀다.* 교회는 그동안 사랑이나 섹스, 그리고 애정이라는 테마에서 발생하는 온갖 물음에 대해 시종일관 '안 돼!'라고 대답했다. 그러나 이젠 그런 분야에 대해 다양한 정보를 수집하고 방향성을 정할 필요가 생겼다. 춤을 추고 싶은 욕구를 자주 느끼면 정상적인 사람이 아닌가? 사랑이란 도대체 무엇인가? 여성들이 학교에 가도 되는가? 사창가를 만들어서 매춘부들이 길거리로 나오지 못하게 해야 하는가? 결혼 전에 다른 남자와 잠자리 한 사실을 남편에게 고백하는 게 올바른 것인가?

이러한 불확실성을 없애고 싶었던 존 던톤은 질의응답 형식으로 구성한 격주간지《디 아테니언 머큐리The Athenian Mercury》를 런던에서 창간했다. 독자들이 익명으로 질의 사항을 잡지사에 보내면 '아테니언 소사이어티Athenian Society'라는 전문가 그룹에서

---

* 「문헌 최초 '딜도'를 사용한 성직자 : 부르하르트 주교」 편 참조.

답변을 주는 방식이었다. 그런데 사실상 대부분의 조언은 던튼 자신과 그의 처남 두 사람의 머릿속에서 나왔다. 이들은 보통 인도적인 입장에서 답변을 했다. 춤을 추고 싶은 욕망은 타고난 것으로 건강에도 상당히 좋다고 했으며, 사랑이란 것은 우정이 승화된 형식으로 이해해야 한다는 답변을 올리기도 했다. 그리고 여성을 학교에 보내는 것도 상당히 바람직한 생각이라고 했다. 《디 아테니언 머큐리》는 길거리의 불법 매춘보다는 사창가를 만드는 게 훨씬 바람직하다고 주장했으며, 아무 의미도 없고 불필요한 고백을 해서 인생을 망치는 일이 있어선 안 된다고 강조했다.

17세기 후반에 이르면서 중세의 세계관이 무너졌다. 중세 사람들은 누구나 운명적으로 자신에게 주어진 자리를 고수했다. 그러나 계몽주의 시대에 들어서면서 사람들은 교회와 왕실의 권력에 의문을 갖기 시작했다. 데카르트Descartes는 합리주의의 토대를 마련했으며 스피노자Spinoza는 종교를 대상화하고 교회를 비판했다. 대도시가 만들어지면서 엄청나게 불어난 인구수만으로도 도시인들을 통제하거나 마음대로 조정하는 일은 불가능하게 됐다. 중세에 인구가 4만 명에 불과했던 런던은 1660년에 이르러 40만 명을 넘어섰으며, 1800년에는 백만 명에 육박했다. 1600년만 해도 영국에는 잡지가 하나도 없었으나, 1752년에는 스무 가지 이상의 잡지가 그곳에서 발간됐다. 그 가운데 대다수가 일간 잡지였다.

소도시에도 인쇄기가 보급돼 글을 읽을 줄 모르는 사람들도 커피숍이나 술집에서 소문으로 떠도는 사건에 관한 뉴스와 정치·과학에 관한 소식을 접하게 됐다. 그리하여 사람들은 세상일을 주제로 대화를 나누거나 모르는 내용들은 서로 묻곤 했다.

이러한 미디어 혁명은 섹스 혁명을 야기했다. 《디 아테니언 머큐리》 제2권에서 존 던톤은 지나치게 음탕하고 위험천만한 질문은 삼갈 것을 독자들에게 요청했다. 섹스를 주제로 한 질문 사항을 담은 수백 통의 편지가 잡지사에 접수됐으며, 특히 여성들이 보낸 편지가 많았다. 독자들 가운데 상당수가 여성들임을 알아낸 던톤은 1693년에 여성 잡지 《더 레이디스 머큐리The Ladies' Mercury》를 창간했다. 던톤에 따르면 사랑과 결혼, 습관, 패션, 유머에 관한 흥미진진한 질문에 대해 잡지사가 답변을 줬으며, 그런 답변을 듣고 싶어 안달이 난 사람들은 대체로 젊은 처녀와 기혼 여성, 미망인들이었다.

발행인 존 던톤은 자신이 창간한 잡지들로 부자가 됐음은 물론 변화와 새로운 문물에 대한 욕구가 높아진 새로운 시대의 선구자가 됐다. 초기 《디 아테니언 머큐리》에서 어느 독자는 지구상에 인간이 발견하지 못한 지역이 아직도 많이 있냐는 질문을 했다. 던톤은 주로 미사여구가 담긴 답변을 해주곤 했지만 이 질문에는 단 한 단어로 답을 줬다. "Yes."

교활한 장사꾼의 마스터베이션 마케팅

: 오나니아

영국의 돌팔이 의사 존 마틴John Marten은 매우 길고 독특한 제목의 책을 썼다. 책의 제목은『오나니아onania 또는 자위행위라고 부르는 무거운 죄악 : 엄청나게 무서운 결과를 가져오는 자위행위, 남녀를 불문하고 이런 역겨운 습관 때문에 정신과 육체가 병든다』. 이 소형 책자는 1712년에 출간됐다.* 마스터베이션이 남성이나 여성 모두의 건강에 매우 해롭다는 사실을 과학적으로 증명하기 위해 쓴 최초의 책이었다.

16세기에서 17세기에는 마스터베이션에 대해 찬반양론이 대립했다. 가톨릭교회는 당연히 마스터베이션 습관에 대해 경고했다. 섹스는 번식 목적으로만 합당하다고 여겼기 때문이었다. 한편, 프랑스의 보모들은 어린 소년들의 페니스를 간지럽혀 아이들을 재우곤 했으며, 일부 의학 논문에선 남아도는 정액을 배출하고 여성들의 체액 정체 증상을 예방하는 방안으로 마스터베이션을 추천하기도 했다. 존 마틴은 그런 터무니없이 잘못된 상식을 바로잡아 정리하고 싶었다. 그리고 오나니onanie의 개념도 정립하고자

---

* 독일어 번역본은 1736년에 출간.

했다. 물론 성서에 등장하는 인물 오난과 자위행위는 아무 관련이 없다.*

팩트에는 큰 관심이 없던 존 마틴은 주로 상세하게 설명된 사례를 검토했다. 그리하여 수녀 두 사람의 일화가 소개됐는데, 클리토리스 부분이 너무 두툼해 성전환 오해를 받은 이야기였다. 마틴은 여성의 신체 변화의 원인으로 클리토리스의 잘못된 사용을 지적했다. 그는 이렇게 설명했다. "클리토리스를 너무 자주 자극하면 눈에 띄게 튀어나오며, 남성의 페니스와 비슷한 크기로 커진다."

어쨌거나 마틴은 재능 있는 소프트 포르노 작가였을 뿐 아니라 교활한 장사꾼이기도 했다. 그는 자신이 틈틈이 만들어서 내다 팔던 엄청나게 비싼 팅크제tincture와 가루약에 대한 광고를 자기 책에 실었다. 두통이나 급성 실명 또는 일반 천식에 쓰인다는 가짜 약을 마스터베이션으로 인해 생긴 통증에 효과가 있다고 광고하기도 했다. 도덕적 관심사와 의학적 관심사, 그리고 경제적 관심사가 결합된 게 이 책이 성공한 비결이었다. 『오나니아 또는……』은 초대형 베스트셀러에 등극했으며 여러 나라에서 번역 출간됐다. 또한 존 마틴과는 달리 학문적 업적이 뚜렷한 위대한

* 「유다의 근친상간 전설 : 오난의 질외 사정」 편 참조.

인물들에게 영감을 주기도 했다. 철학자 임마누엘 칸트Immanuel Kant는 마스터베이션이 자연의 섭리에 어긋나는 행위라고 규정하고, 자살보다 더 나쁘다고 단정지었다. 계몽주의 시대의 저명한 의사 시몽 오귀스트 앙드레 데이비드 티솟Simon Auguste André David Tissot은 『오나니아 또는……』의 업데이트 판을 집필했다. 그는 이 책에서 정액의 유실이 빈혈보다 더 건강에 해롭다고 언급했다.

따라서 18세기와 19세기에 기괴한 장비와 도구를 만들어 이러한 위험을 예방한 건 당연했다. 어린아이들이나 청소년들에게 두툼한 벙어리장갑을 끼도록 해 밤에 생식기를 만지기 못하게 했으며, 젊은 여자들에겐 다리를 벌리지 못하도록 허벅다리에 족쇄를 채웠다. 또한 남자가 잠을 자다가 성기가 발기하면 알람이 울리거나 전기 충격을 발생시키는 장치가 개발되기도 했다.

이상한 제목의 책 『오나니아 또는……』은 200년이 넘는 기간 동안 인간의 사고와 행동, 그리고 수음 행위에 큰 영향을 미쳤다.

여성 복장으로 사형당한 원조 트랜스젠더

: 카타리나 혹은 로젠쉬텐겔

11월의 어느 휴일, 할버슈타트Halberstadt 피쉬마르크트Fischmarkt 5번지에서 망나니가 칼을 휘둘렀다. 곧바로 머리가 땅바닥에 떨어져 뒹굴었다. 이로써 한 사람의 인생이 종말을 맞이했다. 그것은 남자가 되고 싶었던 어느 여인의 머리였다. 1721년, 유럽에서 마지막으로 여성이 참수되는 순간이었다. 죄명은 남자로 위장해 다른 여성과 행한 부도덕한 성행위였다. 하지만 인간이 본인의 성을 마음대로 고를 권리가 있는지를 두고 다툼이 벌어졌다.

카타리나 마르가레타 링크Catharina Margaretha Linck는 이미 어린 시절부터 다른 소녀들에게 관심을 보였으며, 자신의 성 정체성에 혼란을 느끼며 살았다. 마르가레타 링크는 일찌감치 여성이라는 굴레에서 벗어날 궁리를 했다. 여성으로서의 행동 양식이나 사랑의 방식, 행동의 제약에서 벗어나고 싶었다. 마르가레타 링크는 15세에 독일 할레Halle 인근에 위치한 고향 글라우차Glaucha를 떠났다. 그리고 폭행이나 강간을 피하기 위해 남장을 했다. 눈에 띄게 오뚝한 코에 키가 크고 몸매가 날씬했던 카타리나는 단발머리를 했다. 카타리나는 헝겊으로 가슴을 팽팽하게 감쌌으며 셔츠와 외투로 가슴을 감췄다.*

트랜스젠더 선구자인 그녀의 속임수는 보기 좋게 성공했고, 곧바로 이름도 아나스타시오 라가란티누스 로젠쉬텐겔Anastasius Lagarantinus Rosenstengel이라는 남자 이름으로 바꿨다. 카타리나는 깊이 생각한 끝에 가명을 선택했다. 아나스타시오는 '부활한 자'라는 의미였으며, 로젠쉬텐겔은 여성의 상징인 '장미꽃 가지'란 뜻으로 이는 여성의 음경과 의미가 통했다. 카타리나의 남장은 그녀가 남자들의 고유 직업을 가짐으로써 완성됐다. 카타리나는 18세에 하노버 선제후 군대에 입대해 에스파냐 왕위 계승 전쟁에 참전하기도 했다. 그녀는 전장에서 군인들을 따라다니는 품행이 경박한 아가씨들과 쉽게 접촉을 하게 됐다. 세월이 흐르면서 카타리나는 여러 차례 여자로 정체가 드러났음에도 다시 군대에 징집됐다. 이는 그녀가 네 차례에 걸쳐 개명을 했기에 가능했다. 카타리나는 아나스타시오라는 이름 대신에 카스파르Caspar, 페터Peter, 그리고 마지막으로 코넬리우스Cornelius로 이름을 바꿨다. 그리고 그녀는 남장에도 각별히 신경을 썼다. 카타리나는 남자처럼 소변을 보기 위해 황소 뿔의 끝에 작은 구멍을 내 사용했다. 카타리나는 어느 매춘부와 섹스를 할 기회가 생기자 가죽으로 만든 인조 페니스를 엉덩이에 묶었다. 두 개의 가죽 고환이 달린 인

* 나중에는 양철로 보호 장치를 만들어 가슴 부분을 가렸다.

조 페니스는 상대방 여성에게 상당한 성적 자극을 줬을 것이다. 카타리나의 섹스 파트너 가운데 그녀의 속임수를 알아차린 여자는 없었다. 섹스를 하면서 모조 페니스를 손으로 만져본 여자들도 알아채지 못했다.

카타리나는 오랜 시간이 지나서야 진짜 사랑을 알게 됐다. 그녀는 서른 살이 돼 어린 여자와 사랑에 빠졌다. 당연히 진짜 남자들만 할 수 있는 사랑이었고, 상대는 할버슈타트 출신의 열아홉 살 난 카타리나 마르가레타 뮐한Catharina Margaretha Mühlhahn이었다. 두 사람 사이의 장애물은 장모뿐이었다. 그리하여 부부간의

다툼이 잦았으며, 어느 날 결국 몸싸움을 벌이다가 가죽 페니스의 정체가 탄로 났다.

결국 카타리나는 체포됐으며 법정에 섰다. 재판관은 오랜 시간을 두고 카타리나가 부적절한 행위를 한 것인지 고민을 거듭했지만 결론을 내리지 못했다. 증거가 부족했기 때문이었다. 그리하여 결국 몸수색을 하라는 명령이 떨어졌다. 당시

상황을 목격한 사람의 기록에 의하면, 제일 먼저 카타리나의 가슴에서 양철 보호 장치를 제거했다. 그리하여 그녀의 가슴이 드러났으나 여성임을 증명하는 확실한 증거는 아니었다. 다음으로 바지를 내리게 하니 황소 뿔과 함께 가죽 페니스가 모습을 나타냈다. 카타리나는 사형선고를 받았으며, 교수형이 집행될 때는 여성 옷을 입어야 했다.

시종을 사랑한 동성애자 대왕의 정치철학

: 프리드리히 2세

1730년 11월 9일은 아마 프리드리히 2세Friedrich Ⅱ의 생애 최악의 날이었을 것이다. 후대 사람들이 대왕이라는 호칭을 붙여준 그는 절친 한스 헤르만 폰 카테Hans Hermann von Katte가 죽는 모습을 속절없이 지켜봐야 했다. 프리드리히 빌헬름 1세Friedrich Wilhelm I는 열여덟 살 난 아들에게 처형 장면을 직접 보라고 명령했다. 망나니가 칼을 휘두르자 헤르만 폰 카테의 목이 달아났고 프리드리히 2세는 의식을 잃고 쓰러졌다.

프리드리히 2세는 헤르만 폰 카테와 함께 피리를 불거나 시를 낭송하며 보내는 시간을 제일 좋아했다. 추측컨대 잠자리도 함께 했을 것이다. 프리드리히 빌헬름 1세 국왕은 둘의 이런 관계를 몹시 불쾌해했다. 국왕은 아들이 프러시아*의 강건한 군주가 되기를 바랐으므로, 아들이 '나약한 남색가effeminierter Sodomit'가 되는 걸 원하지 않았다. 프리드리히 2세와 헤르만 폰 카테가 가소롭게도 도망을 치려 하자 프리드리히 빌헬름 1세 국왕은 아들의 연인을 탈영병이라고 규정하고 처형하라는 명령을 내린다. 그러한 잔인한 징계는 아무런 효과가 없었으며, 기타 다른 징계 처분을 내려도 마찬가지였다. 그러자 프리드리히 빌헬름 1세 국왕은 아들 프리드리히 2세를 여러 사람들이 보는 가운데 직접 몽둥이로 때렸으며, 이에 아들은 자살을 기도하기도 했다.

프리드리히 2세는 베를린Berlin 인근의 도시 퀴스트린Küstrin 요새에 구금돼 있는 동안에도 다른 피리 부는 남자와 연애를 했다. 그의 이름은 미하엘 가브리엘 프리데스도르프Michael Gabriel Fredersdorf로 오보에 연주자이자 프러시아 군대의 머스킷 총병이었으며, 출신은 비천했으나 잘생기고 순진한 남자였다. 프리드리히 2세의 또 다른 절친이었던 볼테르Voltaire는 왕자의 동성연애를

---

* '프로이센Preussen'의 영어식 표현. 독일 동북부 발트해 근처에 있던 지방. 1701년 프로이센 왕국이 세워졌으나 제이차세계대전 이후 소련과 폴란드에 점령됐으며, 현재는 그 이름도 사라졌다.

공개적으로 언급한 첫 번째 사람으로, 프리데스도르프가 갖은 방법으로 왕자를 즐겁게 해줬다고 비난했다. 볼테르는 프리드리히 2세를 루크Luc라고 불렀다.*

　당시 프러시아 군대 내에서 동성연애는 보기 드문 일이 아니었다. 당시 귀족의 자식들은 엄격하게 통제된 군대에서 장교 경력을 쌓아야 했으며, 군대 내에는 여성이 없었으므로 젊은 병사들은 밤마다 차가운 침상에서 서로 끌어안고 잠을 자야 했다. 그리고 장성들은 병사들이 결혼하는 것을 못마땅해했다. 결혼을 하면 용사들이 응석받이가 되며, 군대의 전투력이 약해진다고 생각했다. 따라서 적지 않은 프러시아 병사들이 동성연애를 할 수 밖에 없었다. 그런데 프리드리히 빌헬름 1세는 동료 병사들과 동성애를 하는 불쌍한 병사들에게 사형이라는 극단적인 징계를 내리는 무자비한 국왕이었다. 한편 왕좌에 오른 프리드리히 2세는 동성연애 사실이 발각된 고위 장교들에게 계급을 강등시키는 조치만 내렸다.

　프리드리히 2세는 본인의 동성연애 사실을 숨기려 했으나 여의치 않았다. 고고학자이자 작가인 요한 요하힘 빈켈만Johann Joachim Winckelmann은 동성연애자로서 프리드리히 2세의 궁정을

---

* 'luc'를 거꾸로 읽으면 'cul', 즉 프랑스어로 '개자식' 또는 '궁둥이'란 의미.

방문하고 나서 이렇게 언급했다. "나는 성적 쾌락을 충분히 즐겼다. 다시는 이런 즐거움을 맛보지 못하리라." 프리드리히 2세의 상수시Sanssouci궁전에는 여자들이 거의 없었다. 대왕의 아내인 엘리자베트 크리스티네 폰 브라운슈바이크-볼펜뷔텔-베페른 Elisabeth Christine von Braunschweig-Wolfenbüttel-Bevern도 마음대로 궁전에 출입하지 못했다. 그래서 그녀는 베를린에 거주할 수밖에 없었다. 언젠가 프리드리히 2세는 아내인 엘리자베트 크리스티네를 무려 6년 만에 보면서 "여자들이란 점점 살만 찐다!"고 험담을 늘어놓았다.

프리드리히 2세가 가장 좋아했던 남자는 그의 최측근이자 시종이었던 프레더스도르프Fredersdorf로, 프리드리히 2세는 그에게 애정이 가득 담긴 편지를 썼다. 그리고 프레더스도르프가 어느 날몹시 심한 병으로 병상에 눕자 이런 편지를 보냈다. "의사가 너의 병을 낳게 해준다면 그 의사에게 입을 맞춰주겠다! 내가 살아 있는 한 너를 돕고 싶구나." 프리드리히 2세에겐 그만의 통치 원칙이 있었다. "내 나라에선 누구나 자기 방식대로 행복을 누릴 수 있다."

생식기로 악수하던 남성 전용 클럽 회원들

: 베거스 베니슨

영국의 어느 남성 클럽은 고유의 목판으로 만든 벽과 굴뚝이 있는 곳에서 모임을 가졌으며, 그곳에는 항상 위스키가 있었다. 세상 사람들의 부당한 요구와 기대에 대해 입을 꾹 다물고 견디어 내거나 왕실과 제국의 번영을 축하하기에 제격인 장소였다. 1732년 스코틀랜드의 도시 앤스트루더Anstruther에서 남성 클럽 '베거스 베니슨Beggar's Benison'*을 만든 남성들에겐 다른 의도가 있었다. 보다 정확히 말하면 딱 한 가지 의도가 있었다. 더 상세히 말하면 그들만의 목적이 있었다. 즉, 이 클럽은 남성 간의 섹스를 즐기고 동성애에 대한 터부를 깰 목적으로 만들어졌다.

이 클럽의 회원이 되려면 엄격한 의식을 통과해야만 했다. 지원자들은 기존 회원들이 지켜보는 가운데 옷을 전부 벗고 본인의 페니스를 손으

* '거지의 축복'이라는 의미.

로 문지르기 시작한다. 그런 다음엔 발기한 그 부분을 주석으로 만든 접시에 올려놓는다. 이 접시에는 클럽의 명칭과 페니스 모양이 새겨져 있다. 잠시 후 기존 회원들이 가까이 다가와서 역시 마스터베이션을 하며 한 사람씩 자신의 페니스를 신입 회원의 페니스에 접촉한다. 생식기로 하는 악수다.

남근으로 결속을 다지는 게 의식의 주요 사항이지만, '베거스 베니슨'의 회원들은 음침함을 즐기는 마초들은 아니었다. 남자들이 조직을 결성해 함께 남근을 문지르는 행위는 마스터베이션을 죄악시하고 몸에 해로운 짓으로 규정하던 18세기에는 가히 혁명적인 행위였다.* 이들에겐 마스터베이션의 즐거움을 맛보는 것만이 목적이 아니었다. 그들의 목표는 새로운 에로틱 문화를 만드는 데 있었다. 회원들은 서로 포르노 소설을 낭독해줬으며 남성과 여성의 인체 해부에 대한 보고회에 나가 귀를 기울였고 피임에 대한 얘기도 나누면서 여성들도 임신 두려움 없이 섹스를 즐길 수 있다고 주장했다. 이 클럽의 회원 가운데는 고위 정치인과 귀족, 변호사, 공무원은 물론 성직자도 적지 않았다.

* 「교활한 장사꾼의 마스터베이션 마케팅 : 오나니아」 편 참조.

페미니스트였던 인류 최고의 플레이보이

: 카사노바

지아코모 지롤라모 카사노바Giacomo Girolamo Casanova는 이번에도 너무 일찍 도착했다.

나는 이미 일곱 시에 이탈리아의 영웅 콜레오니Colleoni의 기마상 앞에 나와 서 있었다. 그녀가 내게 여덟 시까지 나오라고 했지만 나는 기다리는 즐거움을 맛보고 싶었다.

1753년 가을, 당시 나이 28세로 남자로서 절정기에 있던 카사노바가 여자와 잠자리를 같이 해본지 꽤 오래 된 날이었다. 카사노바는 평범한 여자를 기다리지 않았다. 자서전 『내 삶의 역사』에서 밝혔듯이 카사노바는 정말로 대단한 여성을 기다렸다. 그가 조바심이 난 건 당연했다.

나는 정확히 여덟 시에 곤돌라gondola*가 물에 닿는 모습을 봤다. 그때 나는 웬 남자가 가면을 쓴 채 곤돌라에서 내리는 모습을 보

* 베네치아의 작은 배.

고 깜짝 놀라 멈칫했으며, 권총을 가져오지 않은 게 후회되면서 화가 났다. 가면을 쓴 사내는 나를 향해 가까이 다가와서 공손한 자세로 손을 내밀었다. 나는 그제야 남자로 변장한 나의 천사를 알아봤다.

천사 같은 여자는 다름 아닌 수녀였다. 카사노바는 그녀의 이름도 정확히 알지 못했다.(그 수녀는 분명 순결을 지키겠다는 맹세를 중요시하지 않았을 것이다.) 수녀는 어느 날 성당에서 잘생긴 카사노바를 처음 봤다. 미사가 끝난 후 수녀는 카사노바에게 다시 만나자고 요청했다. 카사노바의 집에서 만나던 날, 수녀는 그를 오랫동안 기다리게 했다. 굴을 대접했지만 그를 안달 나게 만들었다. 그러다 스스로 옷을 벗고 알몸으로 침대에 누웠다. 카사노바는 수녀의 그런 의도적인 퍼포먼스에 반해버렸다.

사랑에 도취된 나는 그녀의 불같이 뜨거운 품에 와락 안겼다. 그리고 일곱 시간 동안이나 열렬히 나의 사랑을 그녀에게 증명해보였다. 그리고 중간에 여러 번 휴식을 취하면서 달콤한 대화를 속삭였다.

카사노바는 역사상 최고의 바람둥이로 알려져 있다. 그는 실제

로 적지 않은 여자들과 관계를 맺었
는데, 자서전을 통해 그 수가 132명
이었다고 밝혔다. 하지만 그는
그 많은 여자들을 정말로
사랑했노라고 강조했다. 그래
서 카사노바는 수녀와 만나는 동
안 줄곧 양심의 가책을 느꼈으며
수녀의 감정을 의심했다. 카사노
바는 수녀를 만나러 가기 전에 자
신이 선택했던 여자들에게 열정적

인 내용이 담긴 연애편지를 썼다. 카사노바는 18세기에 가장 열
정적인 여성 가운데 한 사람으로 알려진 영국인 에델커티잔 키티
Edelkurtisane Kitty와의 데이트를 거절하기도 했다. 그는 영어를 제
대로 못하기도 했고, 게다가 의미 없는 섹스는 말 그대로 의미 없
다고 생각했기 때문이었다.

　플레이보이로 알려진 카사노바는 여성을 정복하는 일 자체를
즐기지는 않았다. 그에겐 사랑하는 사람과 함께하는 아름다운 시
간이 소중했다. 카사노바는 에로틱의 공리주의자로 '최대 다수의
최대 행복'을 추구했다. 수녀는 카사노바에게 남자 친구가 하나
더 있다고 일찌감치 알려줬다. 카사노바는 수녀의 남성 편력에

간섭하지 않았으며, 두 사람의 성관계 모습을 남자 친구가 지켜보는 것도 반대하지 않았다. 카사노바는 수녀와 그녀의 남자 친구의 관계에 관심도 두지 않았으며, '두 사람의 관계는 나와는 아무 상관없다'고 생각했다.

카사노바가 수녀와 놀아나던 그 시절, 베네치아 사람들은 거의 매일같이 얼굴 전체를 다 가리는 카니발 가면을 쓰고 돌아다녔다. 익명성이란 마음속에 숨겨둔 희망 사항과 욕망을 즐길 수 있는 자유를 준다는 의미였다. 당시 베네치아 사람들은 자신이 좋아하는 가면을 쓰고 그 역할을 자유롭게 연출했다. 카사노바도 마초 맨 마스크를 자주 썼다. 그는 자서전에 어느 학자가 쓴 학술 논문을 읽고 매우 화가 난 적이 있다고 썼다. 볼로냐Bologna 대학교수인 논문 저자는 여자들의 실수를 전부 용서해줘야 한다고 주장했다. 여자들이란 히스테리적 반응을 보이게 마련이며, 이것은 본인의 의지와 상관없는 자궁의 문제라는 것이었다. 카사노바는 이에 대해 즉각 반박문을 썼다.

여자에게는 자궁이 있으며 남자에겐 정액이 있다. 이것이 남녀의 다른 점이다. 생각이 정신에서 비롯되며 육체에서 나오는 게 아닌데도 논문의 저자는 여성의 자궁에 죄를 뒤집어씌우고 남자의 정액에는 죄를 묻지 않는다.

카사노바는 바람둥이이자 페미니스트였다. 또한 강한 여성과 함께 있어야 진정으로 행복하다는 사실을 알았던 근대적 사고방식을 가진 남자였다.

애인과 함께 남편을 폐위시킨 계몽전제군주
: 예카테리나 2세

러시아의 표트르 표도로비치Peter Fyodorovich 황태자는 지능이 부족하고 판단력이 정상적이지 못했다. 러시아의 왕위 계승자인 그는 이미 열 살 때부터 술을 마시기 시작했는데, 그에겐 알코올 중독 문제만 있는 게 아니었다. 그는 강아지를 회초리로 학대하며 노는 일을 가장 좋아했다. 그는 밤마다 강아지를 데리고 놀았으며 아내 곁에는 다가가지도 않았다. 그런 남편에 대해 아내는 고개를 절레절레 흔들며 혼자 잠자리에 들었다. 부부가 일찌감치 각방을 쓰게 된 것이었다.

"열여섯 살이나 된 그 남자는 천하의 바보였다." 예카테리나 2세Ekaterina Ⅱ는 회고록에서 남편 표트르 표도로비치를 그렇게 표현했다. 1744년 14세의 나이에 고향인 프러시아의 슈체친Szczecin을 떠나 러시아로 시집온 예카테리나였다. 두 사람이 부부 관계를 가졌는지는 확실히 알려진 바 없다. 예카테리나는 1754년 스물다섯 살 때 첫 아들 파벨Paul을 낳았으며, 후일 파벨의 아버지가 잘생긴 시종 세르게이 바실리예비치 살티코프Sergei Vasilievich Saltykov임을 고백한 바 있다. 둘째인 안나Anna 역시 스타니스라우스 2세 아우구스트 포니아토프스키Stanislaus Ⅱ. August Poniatowski라는 이름의 연인과 낳은 아이였다. 그 후 예카테리나는 군 장교이던 그리고리 그리고리예비치 올로프Grigori Grigoryevich Orlov와 사귀었으며, 그와의 사이에 나탈리아Natalia, 옐리자베타Elisabeth, 그리고 1762년에 태어난 알렉세이Alexis 등 자녀 셋을 낳았다. 그리고 알렉세이가 태어나던 해에 예카테리나의 시어머니인 옐리자베타 여황제Zarin Elisabeth가 사망하자 남편인 표트르 표도로비치 황태자가 표트르 3세Peter Ⅲ 황제로 등극했다. 역사 기록에 따르면, 표도로비치 황태자는 본인의 어머니 추도 기간에도 분위기에 어울리지 않는 행동을 보였다. 예카테리나에겐 남편의 그런 행동 역시 그를 제거할 명분으로 작용했다. 예카테리나는 그리고리예비치 올로프의 도움으로 친위대와 함께 표트르 3세를 폐위시키고 스스로 황후 자리에 올랐다. 표트르 3세는 얼마 후 명확하지 않은 사유로 사망했다.

예카테리나 2세는 집권 기간에 러시아제국의 영토를 넓혔으며 제국 근대화에 크게 이바지했다. 또한 효율적인 행정 시스템을 구축하고 유럽의 문물을 적극적으로 받아들였다. 볼테르는 예카테리나 2세를 '반짝이는 북극성'이라고 치하했다. 그런데 그녀의 사생활 역시 진보적이었다. 예카테리나 2세에겐 무려 열여덟 명의 남자 친구가 있었다. 그녀는 남친이 생기면 수년 동안 즐기다가 돈과 관직, 토지 등으로 보답하고 나서 궁 밖으로 내보냈다. 이들 예카테리나 2세의 전 남친들은 대가를 충분히 받았으니 손해본 것은 없었다. 알렉산드르 마트베제비치 드미트리예프-마모노프Alexandre Matveïevitch Dmitriev-Mamonov 공작은 예순 살이 된 예카테리나 2세와 관계를 맺을 당시 열여섯 살 난 궁녀와도 즐겼다. 하지만 예카테리나 2세는 그런 마모노프 공작의 털끝 하나도 건드리지 않았다. 그녀는 마모노프 공작을 궁정에서 추방하고 이별의 대가로 10만 루블의 돈과 2,250명의 노예를 줬다.

예카테리나 2세가 진정으로 사랑한 남자는 그리고리 알렉산드로비치 포템킨Grigory Aleksandrovich Potemkin 대공이었는데, 두 사람이 비밀리에 결혼식을 올렸다는 소문도 돌았다. 두 사람의 뜨거운 관계는 포템킨이 한쪽 눈을 잃고 스스로 궁정으로 떠나면서 끝났다. 친절한 포템킨은 궁정을 떠나서도 예카테리나 2세에게 남자 친구를 고를 때의 주의 사항을 알려주면서 에티켓과 인문학적 소양 수준을 미리 테스트하라고 조언했다. 예카테리나 2세는 마음이 드는 남자가 있으면 먼저 의사로 하여금 성병 여부를 정확히 확인해보도록 했다. 60세가 넘은 예카테리나 2세가 마지막으로 가지고 놀았던 남자 인형은 플라톤 알렉산드로비치 주보프Platon Alexandrovich Zubov로 당시 그의 나이 22세였다.

조기 성교육을 통한 그들의 성교 시간은 최소 15분
: 망가이아 섬

아름다운 지상낙원 같은 풍경이다. 밀려오는 잔잔한 파도가 거대한 산호초에 부딪혀 부서지고, 터키석 색의 바다에는 52제곱킬로미터 크기의 섬 하나만 솟아 있다. 하얀 모래사장과 야자나무, 맹그로브 나무숲, 고깃배, 그리고 작은 오두막들이 있다.

1777년 3월 29일, 서태평양을 탐험하던 제임스 쿡James Cook 선장이 섬 하나를 발견했다. 쿡 선장이 자신의 이름을 따서 명명한 쿡 제도의 군도 가운데 두 번째로 큰 망가이아Mangaia 섬이다. 이 섬의 원주민들은 영국인 뱃사람 쿡 선장에게 냉담한 반응을 보였다. 그래서 쿡 선장의 배 HMS 레절루션 호는 이곳에 오래 머물지 않고 항해를 계속했다.

섬사람들은 유럽인 항해자들에게 자신들의 비밀이 알려지길 원하지 않았을 것이다. 쿡 선장보다 200여 년 늦게 이곳을 찾아 일 년 넘게 거주했던 미국인 인류학자 도널드 마셜Donald S. Marshall의 주장에 의하면, 망가이아 섬은 지구상에서 가장 자유를 존중하는 지역 가운데 하나였다. 마셜은 남태평양 원주민들의 독특한 성교육을 최초로 취재한 학자이기도 했다.

망가이아 섬 아이들은 8세 무렵부터 성교육을 받기 시작하며, 5년 후에는 특별 성교육을 받는다. 성인 여성들이 소녀들에게 성교육을 하며, 남자 어른들은 사내아이들에게 다양한 성교 체위를 가르쳐주고 성교 시간을 늘리는 방법 등의 조언을 해준다. 약 2주간에 걸친 이론 교육을 마치면 남자아이들은 본인들의 성적 능력을 처음으로 사용해볼 기회를 얻는다. 즉, 섹스 경험이 있는 성인 여성들이 사내아이들의 섹스 체험 파트너가 돼주는 것이다. 그런 다음 사내아이들과 소녀들이 서로 뒤엉켜 섹스 연습을 하게 된다. 그리고 어른들은 아이들에게 파트너를 자주 바꾸라는 지시를 내린다. 본인들에게 어울리는 최적의 섹스 파트너를 찾을 수 있도록 해주기 위한 것이다. 그리하여 이상적인 파트너를 찾으면 결혼을 하게 된다. 섹스 연습 단계에서 만난 파트너와 함께 잠을 자보는 일이 허용되기도 한다.

제이차세계대전 당시 남태평양 전투에 참여한 바 있는 마셜은 군인 정신에 입각해 망가이아 섬사람들의 성생활을 상세히 분석했다. 마셜에 의하면, 18세의 원주민 남자들은 평균적으로 매일 섹스를 했다. 28세의 남자들은 일주일에 5회 내지 6회 섹스를 했고, 38세가 되면 3회 내지 4회, 그리고 48세에 이르면 일주일에 2회 내지 3회 섹스를 했다. 원주민들의 기대치이기도 한 성교 시간은 최소 15분에서 최대 30여분에 이르렀다. 이들은 여성도 오르가슴을 느껴야 성행위를 즐겼다고 봤다. 망가이아 섬에서 여성 파트너를 만족시켜주지 못하는 남성은 약한 남자로 여겨졌다. 그곳에서 남자의 사회적 지위는 성적 능력 여부에 좌우됐다.

남태평양에 위치한 섬들의 하얀 모래사장은 문명의 이기에 지친 북반구인들의 상상력을 자극했다. 18세기 프랑스의 철학자 드니 디드로Denis Diderot는, 벌거벗었지만 숭고하기 이를 데 없는 원시 문명과 몸에 꼭 맞는 옷을 입은 채 행동 규범에 얽매여 사는 유럽인들을 비교 분석한 바 있다. 이런 분석은 서부 유럽의 민속학 연구에도 큰 영향을 미쳤다. 어쩌면 도널드 마셜이 남태평양의 에로틱 문화를 지나치게 미화했을지 모른다. 오늘날 망가이아 섬을 조사하느라 길을 잃고 헤매는 민속학자나 기자는 없다. 그리고 700여 명의 망가이아 섬 원주민들이 여전히 개방된 성 문화에서 살고 있다는 사실은 누구나 다 안다. 그러나 이곳에서 적지 않은 수의 남자들이 여성이나 소녀들을 동물로 취급하는 성적 학대 행위가 있다는 보고도 있다. 지구상에 에로틱 파라다이스는 존재하지 않는가 보다.

VII

혁명의 시대

the Revolutionary Times

역사상 최고 변태 성욕자의 베스트셀러

: 사드 후작

1801년 3월 6일, 파리 경찰이 출판업자 니콜라스 마세Nicolas Messé의 사무실에 들이닥쳤다. 경찰은 출판사 편집실에서 당시 61세인 도나시앵 알퐁스 프랑수아 드 사드Donatien Alphonse François de Sade 후작을 현장에서 체포했다. 후작은 소설 『쥐스틴Justine』의 원고를 편집 중이었다. 이 소설은 그의 다른 작품들처럼 익명으로 출간됐으며, 출간 즉시 출판 금지 명령을 받았다. 사드 후작은 줄곧 의심을 받아 온 책들이 자신이 쓴 것임을 부인할 수 없었다. 그는 재판도 받지 않고 감옥으로 직행했다.

비록 공식적으로는 금서였지만 19세기 초반에 나온 사드 후작의 책들은 베스트셀러로 나폴레옹전쟁 기간에 전 유럽에 전파됐다. 그가 쓴 소설들의 내용은 거의 유사하다. 힘없는 인간들, 특히 어린아이, 젊은 여자, 수녀 또는 미망인 등이 잔인하고 양심 없는 자유주의자들의 손아귀에 농락당한다. 대체로 그들이 암울한 성채의 감옥에서 성도착증 남성들에게 처절하게 능욕당하는 내용이다. 소설 『소돔의 120일』의 한 장면이 좋은 예다.

몹시 흥분한 공작이 소피Sophie를 앞으로 나오게 해 그녀의 배설물을 입으로 받는다. 그러고는 첼라미르Zélamir에게 그 배설물을 먹으라고 명령한다. 주교는 그의 형을 흉내내 연약한 첼미레 Zelmire에게 똥을 누게 하더니 셀라돈Celadon에게 강제로 마시게 한다. 그 모습을 보며 주교와 공작이 사정을 했으나 첼라미르와 셀라돈은 그러지 못했으며 그러고 싶지도 않았다. 그들은 그렇게 일을 마치고 저녁 식사를 하러 갔다.

이러한 변태적 파티는 악인들의 철학적 토론으로 종료됐다. 이들은 자연이 자신들로 하여금 약한 자들을 능욕하는 의무를 준 이유를 설명했다. 찰스 다윈Charles Darwin보다 수십 년 전에 살았던 이들은 이를 '적자생존' 원칙이라고 선언했다. 사드 후작의 책 말미에는 언제나 희생자들이 끔찍한 고문으로 죽는 장면들이 나왔다.

젊은 시절, 너무 아름다워서 사람들이 입을 벌리고 바라보던 후작은 변태적인 행위를 실제로 즐겼는데, 특히 채찍을 좋아했다. 그의 소설에서 드러나는 인간 경멸의 음탕 행위는 인간의 잔혹성을 보여주는 다큐멘터리라기보다는 작가 스스로의 실험적 생각들을 보여주는 픽션에 가까웠다. 사드 후작은 자신을 계몽주의자라고 생각했다. 그는 자신이 섹스와 인간의 깊은 곳을 보여줬으나 도적적인 판단은 내리지 않는 사람이라고 여겼다.

가족들의 압력에 못 이긴 사드 후작은 1803년 감옥을 떠나 파리 남쪽 샤랑통Charenton 정신병원으로 이송됐다. 사드 후작은 정신병원 원장과 가깝게 지냈고 도덕성이 있는 연극 작품을 썼으며 정신병원 직원의 딸과 연애를 했다. 1814년에 사망한 후작은 샤랑통 공동묘지에 묻혔다. 그리고 괴상한 아이디어가 넘치던 그의 두개골은 어느 의료 기관에 보존용으로 기증됐다.

런던의 사도마조히즘 서비스

: 버클리의 말

어떤 남자가 벌거벗은 채 웅크리고 앉아 있다. 그는 어두침침한 벽에 포박돼 있다. 그는 나무로 만든 어떤 도구에 묶여 있는데, 이 도구는 흡사 접이식 사다리와 단두대를 합쳐놓은 형상이다. 남자는 아무런 저항도 하지 못한다. 그는 욕정을 못 이기고 신음을 내뱉는다. 가슴을 노출한 매춘부가 남자 앞에 무릎을 꿇고 앉아 그의 페니스를 손으로 애무한다. 남자 뒤편에 선 여자가 회초리로 남자를 가격하며 남자가 앞에 앉은 여자의 가슴에 사정할 때까지 매질을 멈추지 않는다. 당근과 채찍의 책략을 이용하는 것이다. 손으로 페니스를 마사지 해주면서 동시에 태형笞刑*을 가하는, 효과적인 성공 전략이다.

이 장면은 19세기 초 런던 중서부의 한 지구인 멜리본Marylebone에서 돈벌이가 되는 사업인 테마형 사창가를 운영하던 테레사 버클리Theresa Berkley가 기록한 내용이다.

당시 런던은 사도마조히즘 문화의 본거지로 알려져 있었다. 적지 않은 영국의 상류층 인사들이 채찍을 이용한 태형 행위를 좋아한 이유에 대해서는 밝혀진 바 없다. 다만 영국의 엄격한 교육자들이 마조히스트masochist 세대를 배출했다고 생각하는 사람들이 많았다. 교사들의 잦은 매질을 견디기 위해 언제부턴가 학생들이 등나무 회초리와 긴밀한 관계를 구축했다는 것이다. 어쩌면 제국의 지배층은 배를 타고 전 세계를 항해하거나 식민지를 관리하는 일에 신물이 났을지 모른다. 늘 새로운 규칙을 정하고 통제력을 발휘하는 일에도 싫증이 났을 것이다. 어쩌면 그들도 가끔은 다른 사람에게 복종하면서 힘을 잃고 어찌할 도리가 없는 상황을 운명에 맡기고 싶었을 것이다.

테레사 버클리의 주요 고객은 귀족이나 상류층이었다. 그들은

* 볼기를 몽둥이나 회초리로 치는 형벌.

210

돈이 많은 동시에 눈에 띄는 걸 극도로 싫어했기 때문이었다. 일설에 의하면 조지 4세George Ⅳ 국왕도 사람들이 버클리라고 부르는 그 업계의 여왕을 찾아가 자신의 엉덩이를 채찍으로 때리게 했다. 물론 버클리도 때에 따라서는 채찍을 내려놓고 헌신적인 자세를 취했다. 지나치게 탐욕스럽거나 난폭하거나 또는 고약한 특별 서비스를 요구한 고객은 돈을 더 많이 지불해야 했다. 버클리는 이런 손님들에게 '외눈박이 페기' 등의 억센 여성들을 들여보냈다.

버클리의 서비스를 받은 부유한 고객들은 많은 돈을 냈고, 그 덕에 버클리는 부자가 됐다. 버클리는 점점 더 큰 자극과 고통을 요구하는 손님들의 기대에 부응하기 위해 1828년 '버클리의 말Berkley Horse'을 선보였다. 앞에서 설명한 기구로, 역사에 등장한 첫 번째 채찍질 기구다. 이 기구를 이용하면 여성 접대부들이 양쪽에서 동시에 남자에게 채찍질을 할 수 있다. 고객에게 최고의 만족감을 선사하는 효과적인 방법이었다. '버클리의 말' 서비스에 관해 소문을 듣고 찾아온 어느 사도마조히스트는 버클리에게 당혹스런 제안을 했다.

> 피가 나기 시작하면 1파운드를 주겠소. 피가 내 발등에 흘러내리
> 면 2파운드를 내겠소. 내 발꿈치가 피에 적셔지면 3파운드를 주
> 겠소. 내 피가 바닥에 뚝뚝 떨어지면 4파운드를 주리다. 내가 의
> 식을 잃게 되면 5파운드를 내겠소이다.

프랑스 철학자 샤를 푸리에가 구상한 자유연애 공동체
: 팔랑스테르

샤를 푸리에Charles Fourier는 베르사유Versailles의 레이아웃layout*
을 지향하는 거주지를 꿈꿨다. 그것은 '팔랑스테르Phalanstère'라고
하는 환상의 성으로, 남녀 각각 810명이 함께 그곳에 거주한다는
구상이었다.** 총 1,620명의 인간들이 함께 노동을 하고 같이 살
면서 서로 사랑을 나누도록 한다는 생각이었던 것이다. 푸리에는

---

* 정원 따위의 설계.
** 푸리에는 정확히 810 종류의 다양한 인간형이 세상에 존재한다는 명제를 주장했다.

'지금보다 훨씬 바람직한 세상이 가능할까?'라는 대단히 오래된 의문에 대해 답을 찾고자 했다.

1772년에 태어난 샤를 푸리에는 프랑스의 사회 철학자이자 유토피스트였다. 하지만 그는 실천가이기도 했다. 푸리에는 1832년 11월 15일, 첫 번째 팔랑스테르를 만들었지만 당초의 계획보다 다소 작았다. 파리 서쪽 약 60킬로미터에 위치한 꽁데 쉬르 베그르Condé-sur-Vesgre의 프랑스식 별장으로 3층짜리 건물에 방이 고작 스무 개였다. 베르사유 궁에 전혀 미치지 못했지만 시작하는 데 의미가 있었다. 마침내 푸리에가 10년 동안 계획했던 구상을 실제로 테스트하게 된 것이었다. 이곳에선 남녀에게 동등한 권리가 주어졌다. 푸리에는 처음으로 페미니즘의 개념을 여성 권리 운동과 연관시켰다.*

푸리에는 사회적인 억압이나 위계질서가 없는 공동체를 만들고자 했다. 구성원들이 다 함께 노동을 하며, 그러면서도 충분한 시간을 확보해 자신의 개성을 펼칠 수 있는 공동체를 구상했다. 게다가 푸리에는 파트너십과 자유연애의 새로운 모델을 제시했다. 1829년, 푸리에는 본인이 쓴 『새로운 연애 세상에서』에서 이

---

* 그 이전의 페미니즘은 의학적인 전문 개념으로, 남성의 신체가 병리학적으로 여성화되는 것을 의미했다.

렇게 설명했다.

문명 이래로 철학자들은 한 가지 사안에 대해서만 명확한 정의를
내리려고 우왕좌왕하고 있다. 즉, 철학자들은 언제나 한 쌍의 커
플에 국한한 사랑에 대해서만 고찰했다.

팔랑스테르에서는 누구나 자신의 파트너를 자유롭게 고르는
게 허용됐으며, 그로 인한 다른 사람들의 질책을 걱정할 필요가
없었다. 또한 타인의 강박적인 집착이나 이성애를 하는 남성만
인정하던 자코뱅주의에 휘둘릴 일도 없었다. 푸리에는 결혼을 하
지 않고 만나는 수많은 커플들이 있는 것으로 보아 '인간은 누구
나 여러 명의 애인을 가질 수 있는 능력이 있다'는 결론을 내렸
다. 그리고 우리가 비정상이라고 생각하는 동성연애와 사도마조
히즘, 성도착증은 정상적인 형태의 인간적 욕망이라고 언급했다.
푸리에는 인간의 욕정을 자연스런 욕구이자 해소해야 마땅할 갈
증이라고 봤다. 그래서 푸리에는 팔랑스테르에서 방탕한 파티를
열고자 했다. 그는 이렇게 썼다.

우리 인간은 분명 천부적으로 방탕한 사랑의 파티를 좋아한다.
이는 식욕과 다를 바 없다. 과도하게 방종한 사랑 파티는 비난받

을 만하지만, 균형 잡힌 것은 칭찬받아야 한다.

팔랑스테르라는 조화로운 세상에서는 방탕한 파티가 난잡한 그룹 섹스로 변질돼서는 안 됐다. 명확한 규칙이 있고 세심하게 연출된 파티여야 하며 조화가 있어야 했다. 예를 들어, 푸리에는 신입 환영 축제를 구상했다. 새로 들어온 남녀들을 기존 멤버들에게 소개하는 자리로 신입에겐 누구와 육체적으로 잘 어울릴지를 탐색하는 기회였다.

꽁데 쉬르 베그르의 코뮌Commune*인 팔랑스테르는 60여 명의 회원이 있었는데, 이들이 신입 환영 파티에서부터 서로 친해졌는지는 알려진 바 없다. 자유연애와 자유가 있는 삶에 대한 실험은 큰 성공을 거두지 못했다. 첫 번째 팔랑스테르는 1836년에 문을 내렸는데, 샤를 푸리에는 첫 번째 팔랑스테르를 시작한 지 불과 일 년 만에 그곳을 떠났다. 회원들이 자신의 구상을 실현할 능력이 부족하다고 생각했기 때문이었다. 푸리에는 1837년 세상을 떠날 때까지 '사람은 누구나 원하기만 하면 쾌락을 통해 행복한 삶을 사는 게 가능하다'는 신념을 고수했다.

* 중세 프랑스의 주민자치체.

자연이 인간에게 재능을 주는 데 인색하다는 믿음은 대단한 오류다. 자연은 오히려 우리에게 재능을 지나치게 많이 주며, 그것은 우리의 희망 사항이나 욕구를 초월한다. 따라서 여러분들이 해야 할 일은 재능의 싹을 발견해 그것을 발전시켜 나가는 것이다.

이집트로 섹스 관광을 간 대문호

: 플로베르

팽팽한 육체, 구릿빛 엉덩이, 털을 깎은 음부, 살이 찐 듯하면서 마른 여자……

1849년 12월 4일에 대작가 귀스타브 플로베르Gustave Flaubert가 일기에 쓴 글이다. 얼마 전 이집트에 도착한 플로베르는 카이로Cairo에서의 첫 밤을 오리엔트 호텔에서 보내지 않았다. 그는 터키 매춘부가 있는 인근 사창가를 찾아 매트리스 위에서 쾌락을 즐겼다.

플로베르는 프랑스 농업부와 계약을 하고 여러 달에 걸쳐 이국풍의 이집트를 여행했다. 알렉산드리아Alexandria에서 출발한 플로베르는 카이로를 거쳐 남부 지역의 알쿠세이르al-Qusair까 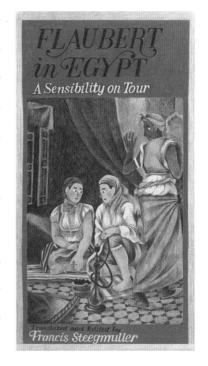 지 여행을 하고 다시 돌아왔다. 플로베르는 이집트의 수확량에 관한 통계자료를 수집하는 임무를 맡았다. 그런데 당시 스물여덟 살이던 플로베르가 프랑스의 친구에게 보낸 편지에 썼듯이, 그는 프랑스 농업부와의 계약서를 화장실 휴지 정도로 여긴 듯했다. 플로베르는 이집트의 농업 현황에는 관심이 없었다. 그가 알고 싶었던 것은 이집트인들의 침실에서 벌어지는 일들이었다. 그는 유럽인들이 섹스에 대해 지나치게 신중한 체한다는 생각을 품고 있었다. 그런 생각을 가진 플로베르는 오리엔트Orient*에서 이국풍의 관능과 에로틱을 체험하고 싶었다. 성불감증의 서구 사회를 벗어나 음란한 동양

* '해가 뜨는 곳'이라는 뜻으로, 지중해 동쪽 여러 나라를 이르는 말. 즉, 서구의 입장에서 바라본 동양.

사회를 체험할 기회였다.

그리고 오리엔트는 그를 실망시키지 않았다. 플로베르는 섹스를 즐기지 않는 시간에는 여러 도시의 길거리에서 외설적인 장면들을 관찰하고 이를 스케치했다. 카이로에서는 어느 소년이 제엄마를 플로베르에게 소개해주기도 했다. 소년은 이렇게 말했다. "5파라만 주시면 우리 엄마와 자게 해드릴게요. (…) 재미 많이 보세요. 아주 길게 발기하시길 바랍니다!" 게다가 소년은 이집트에서 회자되는 음탕한 이야기를 들려줬다. 당나귀와 섹스를 한 어느 의사에 관한 이야기였다. 벌거벗은 채 길거리를 걷던 어느 이슬람 성자에 관한 이야기도 소곤거렸다. 이 성자는 머리에 모자를 썼으며 또 다른 모자로 남근을 가렸는데, 오줌을 누기 위해 남근을 가렸던 모자를 들어 올리자 불임 증상이 있는 여자들이 몰려와 남자 앞에 쪼그리고 앉아 자기들에게 오줌을 뿌리도록 했다는 스토리였다.

플로베르를 가장 매혹시킨 것은 이집트의 사창가였다. 이집트 남쪽 마을 에스나Esna에서 플로베르는 루치오크-하넴Ruchiouk-Hanem이라는 이름의 고급 매춘부가 있는 업소를 수차례 찾았다. 여인은 플로베르만을 위해 이집트 전통 춤을 추면서 옷을 벗었다. 이는 일종의 스트립쇼로 여인은 보라색 베일까지 쓰고 춤을 췄다. 이에 플로베르는 기쁨에 겨워 정신을 못 차렸다. 그는 이렇게 회고했다.

격렬한 정사를 마치고 난 그 여인은 잠에 빠졌다. 나의 고환 위로 그녀의 배가 느껴졌다. 그녀의 음부는 배보다 더 뜨거웠으며 마치 뜨겁게 달구어진 쇠처럼 내 몸을 달구었다.

동성연애 체험도 플로베르의 여행 프로그램 가운데 하나였다.

우리가 교육상의 목적으로 여행을 하는 것이고, 정부와 계약을 했기에 이런 체험을 해보는 게 우리가 해야 할 일이라고 여겼다.

플로베르는 에로틱한 자태로 춤을 추는 어린 소년들에게 감탄했다. 플로베르는 하맘hamam* 노천탕에서 동성연애 체험도 했다. 마사지를 하는 소년이 플로베르의 '사랑의 구슬'을 살짝 치켜 올리며 깨끗하게 닦아줬다. 그러고 나서 소년은 오른손으로 플로베르의 페니스를 당겼다. 소년은 플로베르의 페니스를 아래로 위로 쓸어 어루만지며 그의 어깨에 몸을 기댄 채 이렇게 말했다. "돈 주세요." 마사지 소년은 별도의 팁을 요구했다. 그런데 플로베르

* 중동 지역의 공중목욕탕.

는 팁을 주지 않고 나와버렸다.

플로베르는 정열적이고 허물없는 이집트인들에게 큰 인상을 받았다고 일기에 적었다. 플로베르의 이집트 여행 체험은 그의 작품에도 반영됐다. 플로베르는 이집트에 다녀와서 7년 뒤에 『마담 보바리Madame Bovary』를 발표했다. 이 소설은 큰 논란을 불러일으키며 글로벌 베스트셀러가 됐다. 거기엔 자유롭게 욕정을 즐기고 싶어 하는 엠마 보바리Emma Bovary 부인에 관한 이야기가 실려 있다.

콘돔을 발명한 타이어의 아버지

: 찰스 굿이어

고무를 본 사람은 누구나 하느님을 찬양한다.

찰스 굿이어Charles Goodyear의 말이다. 필라델피아Philadelphia의 철물상 찰스 굿이어가 고무 콘돔condom을 투자 가능성 있는 상품으로만 봤다는 주장은 과소평가된 것이다. 19세기 초에 이미 남미의 고무나무 수액으로 만든 단순한 형태의 콘돔이 생산되기 시작했다. 그런데 한 가지 문제가 있었다. 당시의 콘돔은 겨울철이 되면 추위로 인해 딱딱해지고 여름철에는 끈적끈적해지면서 엉겨붙었다. 굿이어는 고무의 저항성은 향상시키면서 탄력성은 약화되지 않는 방법을 찾는 데 몰두했는데, 그러다 빚을 지는 바람에 감옥에 가기도 했다.

1830년부터 천연고무에 대해 알고 있었던 굿이어는 천연고무 연구에 집중했다. 그는 신문 기사를 탐독하면서 화학의 기초 지식을 습득했는데, 그러다보니 막상 자신의 본업에 게을리하게 됐다. 심지어 굿이어는 가족들이 이웃들에게 경제적 도움을 받는 상황도 못 본 체 했다. 그는 생필품을 살 돈조차 벌지 못했다. 게다가 고무 실험을 위해 자기 집 부엌을 이용했다. 여러 해에 걸쳐 실험을 했지만 실패만 거듭한 굿이어는 고무 연구를 포기할 생각도 해봤으나 그러지 못했다. 그러던 어느 날 그의 아내가 예상보다 일찍 집으로 돌아왔다. 그러자 당황한 굿이어는 실험을 하고 있던 유황과 고무를 버무린 반죽을 뜨거운 오븐 안에 재빨리 숨겼다. 그 결과 굿이어는 생고무의 유황 화합에 의한 경화 조직 원리를 알아냈다. 즉, 천연고무가 시간과 온도, 그리고 압력에 의해 저항력이 생기는 원리다. 굿이어는 마침내 꿈에 그리던 소재를 만들어냈다.

고무 숭배자가 된 굿이어는 고무 덧신, 고무 명함, 고무 커튼

등을 개발했다. 그리고 1855년에 세계 최초의 고무 콘돔을 선보였다. 2밀리미터 두께에 측면으로 이음매가 있던 굿이어의 콘돔은 놀라운 문명의 진보를 의미했다.

인류는 이미 옛날부터 피임 방법을 연구해왔다. 전설에 따르면 제우스와 에우로페Europe의 아들인 크레타Creta의 왕 미노스Minos는 물고기 부레로 만든 콘돔을 이용했다. 성병에 걸린 미노스가 여자 친구들에게 성병을 옮기지 않도록 하기 위한 조치였다. 그는 정액 대신 독극물을 사정했으니까. 콘돔이 처음으로 문헌상에 언급된 것은 의학 분야다.* 이탈리아의 의사 가브리엘레 팔로피오Gabriele Falloppio는 1564년에 쓴 그의 저서 『프랑스인들의 질병에 관하여』에서 매독이나 기타 성병을 예방하려면 성관계 시 방수 처리한 아마포亞麻布 주머니를 페니스에 끼우라고 권고했다. 그리고 100년 뒤인 1671년, 프랑스의 귀족 마리 마르키스 드 세비네Marie Marquise de Sevigné는 딸에게 보낸 편지에서 이렇게 당부했다. "콘돔은 욕정을 억제시키는 요새와 같은 것이지만 질병에 걸릴 위험을 예방하는 거미줄이기도

* 교회는 피임 도구의 사용을 금지했다.

하다.”

　피임 도구 시장의 규모는 서서히 커져갔다. 전설적인 연인 카사노바는 여자 둘이 운영하던 런던의 어느 전문점에서 콘돔을 얻었다. ‘콘돔’이라는 낱말의 유래는 명확하지 않다. 일설에 의하면, 영국의 국왕 찰스 2세Charles II가 본인의 주치의인 콘돔 박사Dr. Condom에게서 숫양 내장으로 만든 콘돔을 얻은 적이 있다고 한다. 물론 ‘콘돔’이라는 이름을 가진 의사의 존재는 확인된 바 없다.

　그런데 찰스 굿이어는 고무 발명으로 특허를 내긴 했으나 큰돈을 벌지는 못했다. ‘고무 명함’조차도 수요가 없었다. 다만 그의 이름을 딴 유명 타이어 회사가 1898년에 설립돼 고무 발명자의 업적을 기렸다. 콘돔은 1870년에 이르러서야 대량생산에 들어갔는데, 이는 찰스 굿이어가 세상을 떠난 10년 뒤의 일이었다. 그는 화학 실험을 너무 많이 해 건강을 잃었다. 인류에게 많은 선물을 주고 떠난 불쌍한 남자였다.

마조히즘 소설의 창시자

: 자허마조흐

> 나는 다시 그 야릇한 도취감에 사로잡혔다.
>
> "나를 채찍으로 때려주세요."
>
> 나는 애원했다.
>
> "나를 무자비하게 때려주세요."
>
> 그러자 반다가 채찍을 휘둘렀고 나는 두 번 얻어맞았다.
>
> "내게 발길질을 해주세요!"
>
> 나는 그렇게 외치면서 얼굴을 땅에 대고 그녀의 발치에 엎드렸다.

1870년, 위와 같은 내용의 레오폴트 폰 자허마조흐Leopold von Sacher-Masoch의 소설 『모피를 입은 비너스Venus im Pelz』가 출간되기 전까지는 고통을 느끼고 싶은 욕구나 타인에게 고통을 주고 싶은 욕구를 의미하는 낱말이 없었다. 또한 그에 상응하는 포르노그래피pornography* 소재도 없었다. 고통을 느끼고 싶은 욕구를 가진 자는 1594년에 안토니오 갈로니오Antonio Gallonio가 쓴 『위대한 순교자의 고통에 관하여』 같은 그림 역사책을 보는 수밖에

---

* 인간의 성적 행위를 묘사한 문학·미술·영화 따위를 통틀어 이르는 말.

없었다.(잔인하면서 육욕적인 고문 장면이 많이 나오는 책이었다.)『모피를 입은 비너스』는 에로틱하게 노는 법을 주제로 한 최초의 소설이며, 요즘 세상의 SM 하위문화의 토대를 마련했다. 한편 '질병의 상업화'의 토대를 마련하기도 했다.

『모피를 입은 비너스』는 부유한 미망인 반다 폰 두나예프Wanda von Dunajew와 그녀의 방 아래층에 사는 비굴한 임차인 제버린Severin에 관한 이야기다. 이 두 사람은 아주 복잡한 관계를 맺는다. 나이 든 미망인은 청년 제버린을 채찍으로 다룬다. 그러나 청년이 얻는 것은 거의 없다. 비록 이 소설에 나체 장면이나 두 주인공 남녀가 성관계를 맺는 장면은 나오지 않는다. 하지만 채찍질 뒤에는 분명 섹스를 했다는 사실을 충분히 유추할 수 있다. 준 SM 포르노이자 준 고급 문학인 이 소설은 출간되자마자 상류층의 베스트셀러로 등극했다.『모피를 입은 비너스』는 유용한 섹스 지침서로 수많은 독자의 열정을 실현하는 데 도움을 줬다. 이 소설이 출간된 후 여러 신문에 자허마조흐 독서 모임 회원을 모집한다는 광고가 실렸다.

하지만 안타깝게도 작가 자허마조흐의 성공 신화는 처량하게 끝났다. 작가로서 최고 전성기를 누릴 즈음 첫 번째 부인과 헤어지면서 부부간에 다툼이 일어났고 작가의 고향인 그라츠Graz에 이 불화에 대한 소문이 파다하게 퍼졌다. 본명이 뤼멜린Rümelin

인 그의 아내 안겔리카 오로라Angelika Aurora는 이혼 협상에서 우위를 차지하기 위해 자허마조흐와 살면서 체험했던 자극적인 이야기들을 자세하게 털어놓았다. 두 사람은 그간 에로틱한 냄새가 풍기는 노예 계약을 맺었는데, 이는 소설 속에서 반다와 제버린이 맺은 합의서와 유사했다. 베스트셀러 작가인 자허마조흐의 사생활과 성생활은 성 연구가 리하르트 폰 크라프트-에빙Richard von Kraft-Ebing이 1886년 자신의 논문「성적 정신병질Psychopathia Sexualis」에 공개하면서 세상에 드러난 바 있다. 크라프트-에빙은 논문에서 "어쩔 수 없이 그 고통을 참고 견디는 잔혹한 행위를 욕정이라고 생각"하는 것은 올바른 것이 아니며 심각한 정신 질환이라고 밝혔다. 사드 후작은 크라프트-에빙을 사디스트들의 수호성인으로 여겼다. 또한 고통을 받으면 욕정이 일어난다는 사람들을 자허마조흐의 이름을 따서 '마조히스트'라고 명명했다. 자허마조흐의 동료인 칼 클라우스Karl Klaus와 테오도르 레싱Theodor Lessing은 자허마조흐가 심각한 명예 훼손을 당하지 않도록 힘을 써줬다. 하지만 동료들의 노력에도 불구하고 실의에 빠진 자허마조흐는 9년 뒤 세상을 떠났다.

왕비를 만족시킨 아프리카 병사의 신기술

: 쿤야자

　다른 나라의 국왕들도 가끔씩은 전장에 직접 나섰듯이 이 나라의 국왕도 전쟁에 출정했다. 왕비가 몹시 심심할 거라고 생각한 국왕은 카마게레Kamagere라는 이름의 궁정 수비병을 불러 왕비와 밤을 함께 보내라고 명령했다. 카마게레는 명령에 복종할 수밖에 없었다. 국왕의 명령을 거스르기가 쉽지 않았으니까. 밤이 오자 카마게레는 온몸이 떨려왔다. 국왕이 복수를 할지 모른다는 생각에 두려움이 몰려왔기 때문이었다. 왕비의 사적 공간에 들어간다는 사실에 몸이 떨렸는지도 몰랐다. 왕비의 침실에 들어간 카마게레는 남자라면 누구나 다 하는 평범한 그 일을 전혀 할 수 없었다. 그의 페니스는 목적을 이루지 못했으며, 제 몸을 뜻대로 움직이지도 못했다. 또한 카마게레의 행동이 상당히 부자연스러워 보였을 테지만 이상하게도 왕비는 오르가슴에 도달했다.

　전설에 의하면, 그날 밤 아프리카의 전통 사랑의 기술 '쿤야자Kunyaza'가 개발됐다. 이 이야기는 1853년에서 1895년까지 르완다 제3왕조의 왕이었던 키게리 4세Kigeri IV 재위 기간에 나왔다. 무인 국왕으로 알려져 있는 키게리 4세는 독일 식민지 개척자들의 무기 공급 덕분에 영토를 크게 확장했다. 그러나 그로 인해 왕비는 밤마다 홀로 지내야 했다.

　궁정 수비병 카마게레는 본의 아니게 왕비의 외로움을 해결할 방책을 찾아냈던 것이다. 그 덕에 몸이 한껏 달아오른 왕비는 자신의 클리토리스를 스스로 자극했는데, 이는 남자와 성관계를 맺을 때도 느껴보지 못한 일이었다. '쿤야자'란 처음에만 남자가 여성의 몸 안에 성기를 삽입했다가 다시 빼낸 후 여성의 클리토리스와 음순, 그리고 다른 음부 주변을 페니스로 자극하는 방법이다. 이때 남자는 여성이 최고조의 흥분에 이를 때까지 행위를 멈춰서는 안 된다.

　쿤야자는 어느덧 동부 아프리카 전역에 전파됐으며, 심지어 유럽에서도 쿤야자 기술을 애호하는 사람들이 생겨났다. 그런데 유럽에선 쿤야자 기술의 본래 의미가 다소 퇴색됐다. 이들 쿤야자 추종자들은 여성들에겐 다양한 오르가슴이 있음을 받아들여야 하며 남자들의 사정이 반드시 필요하지는 않다고 생각하게 됐다. 특히나 일각에서 주장하는 엄청난 양의 정액은 필요하지도 않다고 주장했다.

산부인과 의사가 개발한 히스테리 치료기

: 바이브레이터

얼마나 많은 여성들이 조셉 모티머 그랜빌Joseph Mortimer Granville 덕에 오르가슴을 느꼈을까? 점잖고 교양 있는 그랜빌이 이에 대해 구체적으로 언급한 적이 없어 정확하게 알 수는 없지만, 아마도 수많은 여성들이 그의 덕을 봤을 것이다. 1833년에 태어난 그랜빌은 영국의 의사이자 발명가였다. 그는 런던에 위치한 자신의 개인 병원에서 임산부들을 진료하고 성병을 치료했으며, 여성들의 은밀한 부위를 마사지하는 물리치료를 했다.

그랜빌은 은밀하게 즐기고 싶어서 그런 물리치료를 한 사람이 아니었다. 이는 오랜 전통이 있는 치료법이었다. 이미 히포크라테스가 기원전 3세기에 '히스테리hysterie'라는 병명을 언급한 바 있다. 이는 여성에게만 발생하는 것으로, 우울증, 불면증, 공포증을 비롯해 신경 쇠약, 이상 성욕 항진, 성적 환상 등의 다양한 증상으로 나타난다. 이 개념은 그리스어로 자궁을 의미하는 '히스테라hystéra'에서 유래한다.*

---

* 히포크라테스는 부인병, 즉 '히스테리'는 자궁에서 비롯돼 여성의 체액이 체증되는 결과를 초래한다고 생각했다. 하지만 히포크라테스는 구체적인 원인에 대해서는 밝히지 않았다.

고대부터 르네상스 시대에 이르기까지 정신 질환에는 오르가슴 처방이 최고라는 게 학자들의 일치된 견해였다. 1653년 네덜란드의 의사 페트루스 포레스투스Petrus Forestus는 손가락에 오일을 발라 대담하게 마사지를 해주면 질환의 마지막 고비를 넘긴다고 언급했다. 병자들은 발작적인 오르가슴에 도달하고 난 뒤엔 다시 마음의 안정을 되찾았다. 하지만 의사들도 이런 환자들을 치료하기가 쉽지만은 않았다. 영국의 해부학자 나다니엘 하이모어Nathaniel Highmore는 1660년에 쓴 저작에서 이 치료법은 의사가 습득하기 매우 어려울 뿐만 아니라 환자들마다 다르게 작용한다고 지적했다. 하이모어는 "그것은 한 손으로는 배를 문지르고 다른 한 손으로는 반대 방향으로 머리를 쓰다듬으려 하는 소년들의 게임과 다르지 않다"고 했다.

17세기에 들어 영국인 의사 토마스 시드넘Thomas Sydenham은 히스테리를 '만연된 열병'이라고 표현했으며, 19세기 사람들에게는 히스테리가 유행병처럼 보였다. 그리하여 산부인과 진료실에 수많은 여성 환자들이 줄을 이었고, 그들은 여러 차례에 걸쳐 병원을 찾았다. 그리고 의학계는 단시간에 많은 여성 환자들을 치료할 기술적 해결책을 모색하기 시작했다.

의사들은 히스테리 치료를 위해 이미 18세기부터 수치료법에 쓰이는 샤워 체어 등을 개발해 임상 실험을 했다. 그런데 흐르는

물을 이용하는 이 방법에 쓰이는 장비들이
병원에만 설치돼 있었으며 고가
라는 게 문제였다. 1869년에
미국인 의사가 고안한 처치
방법은 환자들이 테이블 위에
누워 페달이나 증기기관으로
작동하는 막대기로 마사지
를 받는 방식이었다. 이 기
계는 크기가 엄청나게 컸으며 가격도 상당히 비쌌다.

　너무 많은 여성들을 상대로 마사지를 하다보니 조셉 모티머 그
랜빌 본인의 팔꿈치에 이상이 생겼다. 하지만 그랜빌은 훌륭한
의사임과 동시에 뛰어난 발명가이기도 했다. 그는 시간이 날 때
마다 끊임없이 누구나 만족할 만한 대용품을 개발하는 데 고심
했다. 그러다 1883년에 이르러 획기적인 돌파구가 마련됐다. 그
랜빌은 약 15센티미터 길이의 전동 도구를 개발해냈다. 끝부분을
둥글게 만들었는데, 버튼을 누르면 그 부분이 움직였다. 동력으
로 여러 개의 아연 목탄 배터리를 사용했다. 세계 최초로 동력을
통해 작동되는 바이브레이터vibrator였다. 그랜빌은 이 바이브레이
터를 이용한 치료 시간을 10분 정도로 제한했다. 그는 이 도구의
이름을 '부싯돌percuteur'이라고 명명했으며, 공식적으로 쓰인 명

칭은 '그랜빌 망치Granville's Hammer'였다. 이 도구는 큰 반응을 일으켰고 의사들은 앞다퉈 이것을 병원에 구비해놓고자 했다. 여성 환자들 역시 너나없이 이 도구를 갖고 싶어 했다.

그리고 이 도구의 유사품들이 줄을 이어 시장에 나왔다. 1900년 파리 만국박람회에 10여 가지 종류의 바이브레이터 제품들이 선보였다. 미국의 신문과 잡지 등에는 바이브레이터 제품 광고들이 수없이 실렸다. 1918년에 시어스 로벅 앤드 컴퍼니Sears, Roebuck and Company의 전자 제품 목록에는 여성들이라면 누구나 좋아하는 제품으로 믹서, 연마기, 그리고 환풍기 겸용 바이브레이터 모델이 실렸다. 바이브레이터는 원래 음란한 물건이 아니었다. 섹스와 관련된 제품이 아닌 정신적 안정을 되찾는 데 필요한 도구로 여겼기 때문이었다. 1920년대 말에 이르러 「어느 미망인의 환희」 등의 에로틱 영화에서 바이브레이터를 이용해 자위행위를 하는 여성이 등장하자 당시 남자들은 페니스 대용품인 바이브레이터를 의심스런 시선으로 바라보기 시작했다. 그러나 바이브레이터는 얼마 못 가 용품점에서 사라졌다.

웨일스 왕자가 고안한 사랑의 의자

: 스리섬 체어

   많은 사람들이 일명 '버티Bertie*'라고도 부르던 웨일스의 앨버트 에드워드Albert Edward 왕자는 사냥을 좋아했고, 하루에 담배 스무 개비와 시가 열두 개를 피웠다. 그리고 최신 유행 옷을 즐겨 입어 하루에 무려 여섯 차례나 옷을 갈아입기도 했다. 한편 그의 식탐은 전설적이었고, 그로 인해 허리둘레가 어마어마했다. 에드워드 왕자는 음식 먹기에 관한 한 무관의 제왕으로서 아무리 먹어도 배부른 줄 몰랐다. 덴마크 출신의 알렉산드라Alexandra 와 행복한 결혼 생활을 하던 왕자이지만 정부가 수도 없이 많았으며 매춘 업소를 즐겨 찾았다.

   왕자가 가장 좋아한 업소는 파리의 르 샤바네Le Chabanais 였다. 그곳에는 호화롭게 장식한 테마형 룸들이 있었는데, 그곳에선 힌두교 사원, 베

* 영국식 속어로, 호모 또는 동성애자라는 뜻.

르사유 궁전 또는 오아시스 등지에 온 기분을 느낄 수 있었다. 영국에서 파리를 찾아온 VIP에겐 특별 룸이 제공됐다. 왕실의 문장을 특별 룸의 벽에 장식해놓았고 대형 침대와 구리로 만든 욕조가 마련됐다. 이 욕조에는 와인을 가득 채웠다. 그리고 그 옆에는 왕자가 가장 좋아하는 '사랑의 의자'가 놓였다. 이 의자는 파리의 의자 제조업자인 루이 소브리에르Louis Soubrier에게 특별 주문해 만든 것이었다. 이것은 섹스 기구로 쓰인 의자로, 금으로 화려하게 장식한 2단 의자였다. 아래 칸은 바닥에 닿는 긴 의자였고, 약 1미터 위로 또 하나의 의자가 놓인바, 마치 실내용 변기와 산부인과 진료실의 스툴을 합쳐놓은 모습이었다. 이 의자에 르 샤바네의 매춘부가 자리를 잡고 앉아 황금 장식 레일 위에 다리를 올려놓았다. 에드워드 왕자는 의자의 양쪽에 달린 손잡이를 꽉 잡고 일을 치렀다. 아래쪽 의자에서 일을 마친 왕자는 얼른 위쪽 의자에 앉은 매춘부에게 다가갔다. 매우 효과적이며 시간 절약이 가능한 디자인이었다. 그리고 매춘부들은 왕자의 육중한 몸에 눌려 질식할 염려를 하지 않아도 됐다.

에드워드 왕자의 부모는 아들의 경박스럽고 무절제한 라이프 스타일을 몹시 경멸했다. 빅토리아 여왕Queen Victoria은 이런 말을 남겼다. "나는 내 아들을 쳐다볼 때마다 몸이 부들부들 떨린다." 빅토리아 여왕 사후 '버티' 에드워드 7세Edward Ⅶ는 59세의 나이로 영국 왕위에 올랐다. 하지만 자유롭게 즐기며 살았던 왕자는 왕의 자리에 오르기까지의 긴 기간 동안 전혀 지루함을 느끼지 못했다.

VIII

세계대전, 학살의 시대
the World War Times

호모섹슈얼 사회의 양성평등 패션 트렌드
: 마린룩

1910년 1월 12일, 프란시스 스미스Frances Smith와 메이 버크 May Burke는 샌프란시스코San Francisco의 몽고메리 거리Montgomery St.를 함께 걸었다. 이른 아침 시간으로, 두 젊은 여성은 함께 산책을 하러 나왔거나 아니면 빵을 사러 가는 길에 우연히 만났을 것이다. 두 여성이 어디에 살며 어디로 가는 길인지는 중요하지 않았다. 프란시스 스미스와 친구인 메이 버크가 멋진 남성복 차림으로 이른 아침에 길을 걸었다는 사실이 사람들에겐 더 중요했다. 그리고 두 여성의 스토리는 다음 날 신문《더 이브닝 뉴스》에 보도됐다. 두 여성은 해군 복장이었다.

《더 이브닝 뉴스》 보도에 따르면, 여성의 걸음걸이를 잘 아는 경찰관 세 명이 프란시스의 복장을 보고는 두 여성을 현장에서 체포했다. 두 여성 모두 미성년이었다. 프란시스 스미스는 남장한 혐의로, 메이 버크는 부랑한 혐의로 재판에 넘겨졌다. 두 여성이 연인 관계였는지 여부는 밝혀진 바 없다. 어쨌든 프란시스 스미스는 해군 복장 남성 패션을 입은 첫 번째 세대 여성이었다. 호모섹슈얼 사회의 남성과 여성을 동등하게 보는 패션 트렌드였다.

뱃사람들이 하는 업무는 무척 고되며 육체적 힘과 정신적 용기가 필요했다. 이들은 전통적으로 귀걸이와 문신, 그리고 기타 장신구를 좋아했다. 뱃사람들은 남성적인 특징과 여성적인 특징을 다 가지고 있었으며, 대륙과 대륙 사이의 바다를 오가면서 자유롭게 사는 것을 즐겼다. 어찌 보면 뿌리가 없다고 할 수 있었다. 교통법규나 예의범절, 그리고 기타 육지의 규범에는 개의치 않았다. 어쨌든 선원들이 배 안에서, 그리고 망망대해인 카리브해나 중국의 상하이 앞바다에서 무슨 짓을 했는지는 아무도 알 수 없었다.

프랑스의 샹송 가수이자 레즈비언임을 고백한 수지 솔리도르 Suzy Solidor는 나이트클럽 '라 비 파리지앵La Vie Parisienne'에서 푸른색 해군 복장 차림으로 뱃사람의 노래를 불렀다. 위대한 예술가 장 콕토Jean Cocteau는 연인이자 뱃사람인 장 데보르드Jean Desbordes를 모델로 그림을 그렸으며, 그의 미래 모습을 화폭에 담기도 했다. 작가 토마스 만의 소설 『베네치아에서의 죽음Der Tod in Venedig』의 주인공 구스타프 폰 아셴바흐Gustav von Aschenbach가 사랑한 타지오Tadzio라는 미소년도 뱃사람 옷을 입고 바닷가에서 놀았다. 마린룩은 20세기 초에 새로이 등장한 유니폼이자 인식표 같은 것이었다.

섹스 돌을 맞춤 제작한 오스트리아 오타쿠 화가
: 오스카 코코슈카

얼마나 아름다운 여인인가! 베일로 얼굴을 가린 그녀의 모습은 참으로 유혹적이었다! 나는 그녀에게 매료됐다!

오스트리아의 화가 오스카 코코슈카Oskar Kokoschka는 1912년 에 작곡가 구스타프 말러Gustav Mahler의 전 부인 알마 말러Alma Mahler를 본 순간 첫눈에 반하고 말았다. 알마 말러의 계부이자 오 스트리아의 화가였던 칼 몰Carl Moll은 26세 인상주의자 코코슈카 를 높이 평가해 젊은 알마 말러의 모습을 그려달라고 당부했다. 그런데 화가와 모델의 관계가 스캔들로 발전하고 말았다. 알마 말러는 그 후 3년간의 시간을 "내 사랑을 얻기 위해 벌인 당당한 전쟁의 시간"이라고 표현했다. 병적으로 질투심이 강했던 코코슈 카는 비엔나에서 가장 아름다운 여인에게 마음을 빼앗겼다. 코코슈카는 이렇게 언급했다.

> 당신은 단 한순간도 내 곁에서 벗어나면 안 되오. 당신이 내 곁에
> 있건 없건 당신의 두 눈은 언제나 나를 향해야 하오.

코코슈카는 잠을 자는 시간을 제외하곤 종일 알마를 모델로 그
림을 그렸다. 코코슈카는 알마에게 지속적으로 청혼했으며, 알마
는 그럴 때마다 거절했다. 알마 말러는 1912년에 임신을 했으나
아이를 낙태했고 한참 시간이 지나서야 그 일을 코코슈카에게 실
토했다. 그리하여 두 사람은 크게 다퉜고 이를 계기로 헤어졌다.
그 즈음에 코코슈카는 「코코슈카의 내장으로 실을 잣는 알마 말
러」라는 제목의 그림을 그렸다. 그리고 1915년 8월에 알마가 건
축가 발터 그로피우스Walter Gropius와 결혼해 아이까지 낳게 되자
코코슈카는 알마 말러와의 사랑이 완전히 끝났음을 알게 됐다.
1914년 여름에 제일차세계대전이 터지자 코코슈카는 용기병 연
대에 자원입대해 전장에 나갔으며, 우크라이나 전선에서 머리에
총상을 입고 겨우 목숨을 건졌다. 1918년 겨울, 마침내 종전이 되
자 코코슈카는 뮌헨의 인형 제조업자 헤르미네 무스Hermine Moos
에게 특별한 주문을 했다. 비엔나에서 가장 아름다운 여자인 알
마 말러의 인형을 실물 크기로 만들어달라는 주문이었다. 코코슈

카는 갈색 종이 위에 알마의 얼굴을 그린 다음 상세한 요청 사항을 적어 인형 만드는 사람에게 줬다. 그의 주문 사항은 이러했다.

손으로 그녀의 육체를 느낄 수 있도록 만들어주세요. 피부는 아주 얇은 소재로 만드세요. 비단이나 얇은 아마포가 좋겠어요. 바느질을 세심하게 해야 합니다.

좀 더 상세한 질문도 빠뜨리지 않았다.

입이 벌어진 모습이 좋을까요? 치아와 혀도 넣을 수 있나요? 그렇게 꼭 해주세요! 눈의 각막은 에나멜로 칠해주세요. 눈꺼풀도 움직이게 만들면 정말 아름다울 거예요. 머리카락은 진짜 머리카락을 이용해서 만들어주세요.

살아 있는 알마 말러의 모습 같은 인형을 원했던 오스카 코코슈카는 헤르미네 무스에게 피부는 가능한 한 이음매가 없게 해달라는 요청도 곁들였다. 게다가 해부학적으로 알마 말러와 아주 똑같이 만들어달라고 요구했다.

그리고 좀 창피해 얘기지만……. 부끄러운 그 부분도 완벽하게 만들어주세요. 아주 풍성한 음모가 있어야 합니다. 그렇지 않으면 여자가 아니라 괴물이 되잖아요.

그리하여 1919년 2월 22일, 코코슈카는 마침내 자신이 주문한 물건을 받았다. 후일 코코슈카가 회상했듯이, 박스를 열자 대팻밥을 채운 볼품없는 모양의 인형이 들어 있었다. 팔과 다리가 서로 균형이 맞지 않았던 그 인형은 마치 밀가루 부대 같았다. 피부를 만든 소재는 북극곰 모피였다. 곳곳에 이음매가 있었으며 핀이 수없이 꽂혀 있었다. 코코슈카는 실망을 금할 수 없었다. 인형은 조금도 알마를 닮지 않았다. 언제든지 사랑하는 여인을 품에

안고자 했던 그의 꿈은 물거품이 됐다. 하지만 코코슈카는 그 인형을 데리고 살면서 생명이 없는 물질에 생명을 불어넣으려고 애를 썼다. 코코슈카는 그 인형에게 좋은 옷을 입히고 여성용 속옷까지 입혔다. 외출을 할 때도 인형을 데리고 나갔으며 극장에 갈 때도 동행했다. 그의 친구이자 작가인 쿠르트 핀투스Krut Pinthus는 코코슈카의 작업실에 다녀온 어느 날을 이렇게 회상했다.

둥근 테이블 뒤의 소파 위에 실물 크기의 인형이 놓여 있었다. 밝게 빛이 나는 듯한 그 인형은 갈색 머리카락에 파란색 외투를 어깨에 걸쳤다. 코코슈카의 우상이자 그가 꿈에 그리던 사랑하는 여인이며 그가 가장 좋아했던 이상적 모델이었다.

오스카 코코슈카는 얼마 후 도깨비장난 같은 짓을 스스로 그만뒀다.

나는 그녀의 모습을 수백 번에 걸쳐 그리고 또 그렸다. 그리고 이젠 그녀를 버리기로 마음먹었다. 이 인형은 나의 열정을 불러냈다. 나는 음악이 있는 샴페인 파티를 열었다. 파티를 하는 도중에 내 집 시녀인 훌다Hulda가 예쁘게 옷을 입힌 알마 말러 인형을 마지막으로 사람들에게 보여줬다. 다음 날 아침, 나는 앞마당에서 인형의 목을 잘랐고 그 위에다 와인 한 병을 부었다. 그리고 그 다음날, 우연히 내 집 앞을 지나던 경찰관들이 웬 여인이 피투성이가 된 채 쓰러져 있다고 생각해 대문을 박차고 들어왔다. 내가 여자를 살해했다고 생각한 것이었다. 엄밀하게 말하자면 경찰관들의 생각은 틀리지 않았다. 나는 그날 마음속으로 알마를 죽였으니까.

베를린 누드 댄서의 마지막 춤
: 아니타 베르버

진정한 디바는 커피나 차 같은 싱거운 음료로 하루를 시작할 수 없었다. 그리고 당연지사 치즈를 바른 빵도 먹을 수 없었다. 베를린의 여배우이자 나이트클럽 댄서로서 늘 자기 자랑을 일삼던 아니타 베르버Anita Berber의 아침 식사는 사뭇 달랐다. 1920년대에 전성기를 구가했던 베르버는 매일같이 마취제의 일종인 에테르ether와 클로로포름chloroform을 유리잔에 담아 섞고 하얀 장미꽃을 그 유리잔에 넣어 적신 다음 꽃잎을 먹었다. 이것은 기사회생의 영약으로 그 효과가 탁월해 일체의 자기 회의감을 없애줬다. 아니타 베르버는 이런 말을 한 적이 있다.

나같이 멋진 몸을 가진 사람이라면 누구나 나체로 거리를 활보하고 싶을 것이다.

베르버는 종종 검은담비 모피로 만든 외투만 걸치고 다녔다. 그러다 환한 대낮에 술집이나 음식점에서 모피를 벗어 던졌다. 그리고 밤에는 베를린의 나이트클럽에서 현란한 춤을 췄다. 베르버는 당시 베를린에서 가장 유명한 동시에 제대로 미친 여성들 가운데 으뜸이었다. 그녀는 카바레 '흰쥐'에 고정 출연했다. 이곳에선 남성이나 여성들 모두 하얀색 마스크나 검정색 마스크로 얼굴을 가려야 했다. 이곳에 가본 적 있는 어느 남자는 이렇게 증언했다.

손님들이 험한 욕을 하면서 베르버를 불렀다. 그러면 베르버도 매우 상스러운 말로 대답을 했다. 하얀 가면 뒤로 뜨거운 열기가 올라와 얼굴이 화끈거리는 느낌이 들 정도였다. 속이 들여다보이는 망사로 몸을 살짝 가린 베르버는 아래쪽에 있는 손님들을 향해 욕설을 퍼부으며 무대 위를 누볐다. 그 시간은 길지 않았지만 여기저기서 환호성과 비명, 웃음소리가 터져 나오면서 홀 전체를 울렸다. 그러면 아니타 베르버가 쏜살같이 무대 아래로 내려와 샴페인 병을 담은 아이스 버킷에서 병 하나를 꺼내 뻔뻔스럽게 웃고 있는 남자의 머리를 내리쳤다.

베르버는 베를린의 잇걸it girl*이었다. 작가 슈테판 츠바이크는 그녀를 '바벨탑'이라고 표현하면서, 타락하고 불성실하며 무아지경에 빠져 거의 정신 착란 상태에 있는 여자라고 비난했다. 베르버의 팬들 역시 베르버 본인만큼이나 도취 상태에 빠져 있었다. 당시 코카인과 모르핀, 그리고 아편에 취하는 사람들이 많았는데, 그것들은 약국에서도 구매가 가능했다. 독일 화학약품 회사들이 전 세계 코카인 소비량의 80퍼센트를 생산했으며, 헤로인의 상당량 역시 독일 회사들이 생산했다. 당시 남자들은 발기부전 치료제로 라듐radium 좌약을 사용하거나 발기 능력을 향상시키기 위해 요힘빈yohimbin 껍질 추출액을 혀에 떨어뜨렸다.

일평생 나락에 빠진 채 춤을 추던 아니타 베르버는 1928년 폐결핵으로 29년의 생을 마감했다. 그녀가 세상을 떠나고 오래지 않아 바이마르공화국Die Republik von Weimar의 음탕한 엑스터시도 끝났다. 그리고 대오를 갖춘 군인들의 행진이 황홀한 춤을 대신했다.

* 섹시하고 매력적인 젊은 여자.

임신한 아내, 모델이 돼 밧줄에 매달리다

: 사하라 키세

일본의 어느 겨울날이었다. 벌거벗은 사하라 키세佐原キセ는 몸이 묶인 채 눈 덮인 앞마당에 있었다. 이 젊은 여인은 두 손을 뒤로 한 채 밧줄에 묶여 있었는데, 배와 다리까지 빈틈없이 밧줄에 감겨 어쩔 수 없이 몸을 앞으로 굽히고 있었다. 사하라 키세는 전혀 저항을 할 수 없어 보였다.(게다가 차가운 바람이 피부를 파고들며 마치 수없이 많은 바늘이 온몸에 꽂힌 듯한 고통을 느끼게 했다.) 그녀의 포즈는 사뭇 우아해보이기도 했다. 여인으로부터 불과 수 미터 떨어진 곳에서는 그녀의 남편이자 화가인 이토 세이우伊藤清雨가 열심히 카메라 셔터를 누르고 있었다. 이렇게 1919년의 어느 겨울 날, 사진 「눈밭에서의 고문」이 촬영됐다. 이토 예술 인생의 황금기였다.

당시 39세였던 이토는 그 후 여러 해에 걸쳐 이런 광경을 카메라에 담았다. 어린 시절, 이토의 어머니는 그에게 동화를 자주 들려줬다. 공주들이 마녀에게 납치돼 어두운 지하 감옥에 감금되는 내용이었다. 그리고 어린 공주들의 그같은 난감한 상황은 젊은 세이우의 영감을 자극했다. 세이우는 일본 전통 미술과 상아 세공술을 공부했으나, 그가 가장 좋아한 모티브는 일본 역사에 등장하는 고문 장면이었다.

하지만 그는 사하라 키세를 만나고 나서야 자신의 판타지를 처음으로 실행할 수 있었다. 세이우는 아무런 방어도 할 수 없는 상황에서의 고통과 느낌을 좋아하는 여자를 옆에 두고 자신만의 무한한 즐거움을 맛보게 된 것이었다. 두 사람은 정말 잘 어울리는 부부였다. 사하라 키세는 밧줄에 묶이는 걸 좋아했으며, 이토 세이우는 다른 사람을 묶는 걸 즐겼다. 예술가인 세이우는 아름다운 형태를 중요시했다. 따라서 자신의 모델 역할을 하다 두 번째 아내가 된 그녀가 독특한 형태로 끈에 묶이는 모습을 소중하게 여겼다. 그것은 바로 사무라이 식으로 묶는 방법이었다.

16세기의 일본 사무라이들은 매우 특이한 방법으로 적들을 묶어 무력화했다. 사무라이들은 밧줄이 포로의 피부 속을 파고들게 했는데, 심한 부상을 입힐 정도였다. 동시에 정교한 방법으로 끈 삼실* 밧줄을 몸에 감는 것은 '너는 이제 우리 편이다!'라는 메시지를 분명히 전하는 방편이었다.

* 삼 껍질에서 뽑아낸 실.

17세기에 이르러 일본 에도江戶 시대의 여러 무도관에선 사람을 묶는 방법을 더욱 정교하게 발전시켰다. 오늘날 경찰이 범인을 포박하기 위해 자주 이용하는 방법이기도 하다. 삼실로 꼰 밧줄을 이용하는 기술에는 나름의 정교한 규칙이 있었다. 그래서 밧줄의 색깔과 묶는 기술을 보면 그가 어느 계급에 속해 있으며 어떤 행위를 일삼는 사람인지 알 수 있었다. 정확한 시점을 알 수는 없지만, 대략 18세기에 들어 이런 결박 방법이 민간에까지 전파된 것으로 알려져 있다. 그리하여 결박 놀이가 일본 전역에 유행됐으나, 공공연하게 회자될 정도는 아니었다. 그런데 이토 세이우가 이를 널리 공개했다. 마당에서 밧줄에 묶여 있는 그의 아내 사진은 일본 최초로 사도마조히즘을 포착한 사진이었다. 이 사진 덕에 이토는 일약 유명 작가가 됐다. 그 후로 이토 부부의 사진은 결박술 미학을 일본 전역에 전파하는 역할을 하게 됐다. 사람들에게 가장 잘 알려진 이토의 사진은 팔이 포박된 채 높은 데 매달려 축 늘어져 있는 사하라 키세의 사진이다. 당시 그녀는 임신 8개월이었다. 1921년에 찍힌 이 사진의 타이틀은 「머리가 앞으로 늘어진 임신부」다.

프로이트 공주의 오르가슴 연구

: 마리 보나파르트

나는 섹스를 포기해야 하나? 일이나 하고 글이나 쓰며 정신분석
공부나 해야 해?

침대에서 온갖 짓을 다 해봤으나 음부의 오르가슴을 제대로 체
험해보지 못한 마리 보나파르트Marie Bonaparte가 근심스런 표정
으로 그렇게 자문했다. 마리 보나파르트는 남자 경험이 많았지
만, 항상 만족하지 못했다. 어느 미국인 여자가 보나파르트에게
자위행위 방법에 관한 좋은 팁을 몇 가지 알려줬다. 그 미국 여자
의 자위행위에 대한 자부심은 박사 학위 열 개를 받은 사람의 자
부심보다 더 강했다. 보나파르트는 그 여자가 알려준 대로 해봤
으나 아무 효과가 없었다. 그녀는 여러 해에 걸쳐 지그문트 프로
이트Sigmund Freud 박사를 찾아가 심리 분석도 받았으나 역시 별
효과를 보지 못했다. 보나파르트는 심리 분석을 통해 오르가슴에
도달하지 못하게 만드는 내적 장애 요인들을 제거해보고자 했다.
마침내 1927년, 나폴레옹 황제의 조카 손녀이자 그리스 게오르그
왕자의 아내, 그리고 재력가였던 마리 보나파르트는 결국 극단의
방법을 사용하기로 마음먹었다. 그녀는 당시 비엔나의 유명 외과

의사인 요제프 폰 할반Josef von Halban의 병원에서 세계 최초로 은밀한 수술을 받았다. 클리토리스를 질 입구 쪽으로 조금 옮기는 수술이었다.

수년 전에 프로이트는 음부 오르가슴을 여성의 가장 중요한 특성이라고 설명한 바 있었다. 그는 1905년에 쓴 저작『성욕에 관한 세 편의 에세이』에서 남성과의 성교 시가 아니라 클리토리스를 스스로 쓰다듬을 때 오르가슴에 도달하는 여성들은 성불감증이라고 지적했다. 프로이트는 그러한 증상의 원인이 어린 시절에 있다고 분석했다. 사내아이들은 페니스를 만지는 장난을 하고 여자아이들은 클리토리스를 만지는 장난을 하기 때문에 성기능 장애를 일으킨다는 주장이었다. 하지만 건강한 소녀들은 사춘기를 거치면서 이러한 손장난을 그만두게 되며 남성과의 성관계에 관심을 갖게 된다고 했다. 그래서 성인 여성은 남성과의 잠자리에서만 성욕을 느낀다는 게 프로이트의 이론이었다. 프로이트는 성관계 시 음부에 오르가슴을 느끼지 못하는 여성은 정상적인 발전을 하지 못하며, 따라서 정신분석을 통해 치료를 해야 한다고 지적했다. 마리 보나파르트는 프로이트의 조언을 따랐다. 보나파르트는 매일 두 시간에 걸쳐 혹독한 정신분석을 받았다. 그리고 프로이트가 언급했듯이 그의 '공주님'이 돼 프로이트의 저작을 프랑스어로 번역했다. 그러나 정신분석 관련 용어들을 남발한다는 비난을 받기도 했다. 그리고 '파리 정신분석협회'를 세웠으며, 마지막으로 파리에 정신과 클리닉을 개업했다. 하지만 진정한 의미의 섹스 여신은 되지 못했다.

마리 보나파르트가 내린 결론은 이렇다. "못이 잘 들어가지 않으면 큰 망치를 써라!" 보나파르트는 본인 스스로 비과학적이면서 많은 시간과 돈이 필요한 연구를 통해 오르가슴을 극대화하는 수술의 토대를 마련했다. 보나파르트는 A. E. 나르야니Narjani라는 가명으로 연구 논문을 발표했다. 이 논문에서 보나파르트는 클리토리스와 질 사이의 거리가 가까울수록 쉽게 오르가슴에 도달한다는 주장을 폈다. 보나파르트는 이를 입증하기 위해 200여 명의 여성들을 대상으로 두 기관 사이의 거리를 측정했다. 연구 결과는 이러했다. "클리토리스와 질 사이의 거리가 2.5센티미터 또는 그 이하인 여성들은 남성과의 성교 시 오르가슴에 쉽게 도달한다. 이와 반대로 그 거리가 2.5센티미터 이상인 경우 오르가슴을 느끼기 어렵다." 그러나 '할반 나르야니 수술Halban-Narjani-Eingriff'로 명명된 이 수술을 받고 나서도 만족감을 얻지 못한 보나파르트는 여러 번에 걸쳐 거듭 수술을 받았다. 그런데 1931년 세 번째 수술을 받던 날, 외과 의사 할반이 보나파르트의 클리토리스 신경을 잘못 건드리는, 돌이킬 수 없는 실수를 했다. 그 결과 오르가슴을 제대로 느끼고 싶었던 마리 보나파르트는 전혀 오르가습을 느끼지 못하게 됐다.

베를린 동성애 갱스터들을 취재한 프랑스 기자

: 다니엘 게랭

프랑스 기자 다니엘 게랭Daniel Guérin은 바이마르공화국 말엽에 독일 전역을 두루 돌아다니며 독일 민속 축제를 구경도 하고 선술집을 찾아가 술도 마셨다. 그는 독일의 각 정당 사무실들을 찾아 취재를 했으며, 공산당 돌격대를 동행 취재하기도 했다. 그리고 비엔나에서는 감상적인 민속음악에 심취해 있거나 과대망상증 환자처럼 허풍을 떠는 나치 돌격대원들의 모습을 목격하기도 했다. 다니엘 게랭은 자신이 독일과 독일 국민들을 잘 안다고 생각했다. 그런데 1932년 베를린에서 만난 이상한 옷차림의 남자들을 보고 그는 깜짝 놀랐다. 이들은 부랑자 차림의 남자들로, 짧은 바지에 긴 카디건을 걸쳤고 커다란 배낭을 멨으며 부츠를 신고 있었다. 좀 더 자세히 관찰해보니 화려한 빛깔의 손수건, 큼지막한 귀고리, 에로틱한 모양의 문신이 눈에 들어왔다. 옷차림이 매우 화려했고 이상한 모양의 숫자들과 '자유Wild-frei', '도적들Räuber'

이라는 글자가 새겨진 옷을 입고 있었다. 이들의 대장인 듯 보이는 남자가 다니엘 게랭에게 자신을 비네토우Winnetou*라고 소개했다. 매우 육감적인 입술에다가 눈가에 까맣게 화장을 한 젊은 남자였다.

1932년 독일의 베를린으로 수많은 동성연애자들이 모여들었다. 이 도시만큼 그들이 자유롭게 살 수 있는 곳이 없었기에 각국의 동성연애자들이 모여든 것이었다. 옷에 '자유'라는 글자를 새긴 그들은 동성연애자 갱스터들로 베를린에서 불법행위를 일삼았다. 이들은 스스로를 '피의 인디언', '붉은 아파치', '숲속의 약탈자', '백골의 피' 등으로 지칭했다. 이들은 스스로 독일의 유명한 작가인 칼 마이Karl May가 북미 인디언들의 세계를 담은 소설을 좋아한단 사실을 알려주는 이름이었다. 이들 갱스터들에게 광활한 서부는 황량한 도시 베를린이었다. 이들은 베를린 일대를 돌아다니며 범죄를 일삼았고, 지하실이나 버려진 창고 등지에서 사랑을 나눴다. 이들의 머문 곳에는 빛바랜 소파만 덩그러니 놓여 있었다.

이들 일당에 합류하려는 자는 혹독한 입회 절차를 거쳐야 했다. 신참들은 베를린 인근의 숲속이나 호숫가에서 칼을 들고 서

---

* 아파치 전사의 이름. 독일의 작가 칼 마이가 19세기 말엽에 쓴 소설의 제목이기도 하다.

로 싸워야 했으며, 패거리들이 지켜보는 가운데 서로 사랑을 나눠야 했다. 두목이 "그만 해!"라고 명령을 내릴 때까지 그칠 수 없었다. 또는 신입을 발가벗겨 나무에 묶어놓기 일쑤였으며, 이때 다른 멤버들은 벌거벗은 채 서서 페니스를 흔들었다. 이런 의식은 대개 술을 마시는 음탕한 파티에서 이뤄졌다. 목격자인 다니엘 게랭은 동성연애자 갱스터들의 그런 모습에서 파시즘적 요소를 발견했다고 술회했다. 이 순수한 남성들이 만든 겉으로만 진보적인 집단에서는 새로운 형태의 강자 권리만 있을 뿐이기 때문이었다.

그리고 다니엘 게랭의 그 견해는 어느 정도 옳았다. 1932년 다니엘 게랭에게 강렬한 인상을 줬던 갱스터 두목 비네토우는 불과 2년 후 나치 돌격대원이 됐다.

영화 역사상 최초로 오르가슴을 연기한 배우
: 헤디 라머

하얀색의 긴 드레스를 입은 젊은 여자가 말에 올라타더니 인근 호수로 달린다. 호숫가에 도달한 여자는 옷을 훌러덩 벗고 물속으로 첨벙 뛰어들더니 행복한 표정으로 수영을 한다. 그런데 저런, 벗은 옷을 말 등에 올려놓지 말았어야 했다. 말이 갑자기 뛰기 시작하더니 빠른 속도로 달아나버린다. 이제 어쩐다? 실오라기 하나 걸치지 않은 여자가 당황해하며 덤불에 몸을 숨긴다. 바로 그때, 어떤 젊은 남자가 그곳을 지나가다가 그 모습을 목격하고는 말을 찾아 나선다. 그리고 잠시 후 남자가 말과 여자의 옷을 찾아온다.

1933년 1월 20일, 오스트리아와 체코에서 만든 애정 영화 「엑스터시」가 체코 프라하Praha에서 개봉됐다. 이 영화는 자유분방한 장면들로 인해 개봉과 함께 전 세계에서 큰 관심을 받았다. 하지만 영화 비평가들은 "전 세계에서 가장 더러운 영화"라고 혹평했다. 교황은 직접 나서 이 영화의 베네치아 상영을 금지하겠다고 선언했다. 하지만 아무 소용없었다. 독일에서는 1935년이 돼서야 「사랑의 심포니Symphonie der Liebe」라는 제목으로 엄격하게 검열을 거친 후에 상영됐다.

이 영화에서 벌거벗은 여자로 출연한 배우는 헤디 라머Hedy Lamarr라는 이름으로 잘 알려진 오스트리아 출신 미모의 여배우 헤드비히 에바 마리아 키슬러Hedwig Eva Maria Kiesler였다. 물론 그녀가 벌거벗고 영화에 출연한 최초의 여배우는 아니었다. 교황과 영화 검열관, 그리고 사회 풍기 단속관은 이 영화의 한 장면에서 큰 충격을 받았을 것이다. 벌거벗은 여자가 자신을 구해준 남자와 섹스를 하는 장면이 그것이다. 이 장면에서 헤드비히 키슬러의 흥분된 얼굴이 클로즈업된다. 그녀는 영화 역사상 최초로 오르가슴을 연기한 배우가 됐다. 섹스를 마친 헤드비히 키슬러는 담배에 불부터 붙인다.

나체 조깅을 즐기던 독일군 장교는 특수 요원이 됐다
: 한스 주렌

1885년에 태어나 육군 소령으로 제일차세계대전에 참전했던 한스 주렌Hans Surén은 생각이 깊은 남자였다. 그는 일주일에 서너 번씩 나체로 조깅을 했다. 주로 밤 시간을 이용해서 말이다. 사람들이 자신의 벌거벗은 몸을 우연찮게라도 보게 돼서는 안 된다고 생각한 것이었다. 주렌은 자신의 저서 『인간과 태양, 아리아인의 올림픽 정신』에서 이렇게 말했다.

하지만 인적이 드문 곳에선 혼자 나체로 길을 걷는 것이 누구에게나 용인될 수 있다.

1936년에 개정판이 출간돼 25만부가 팔려 나치 독일의 베스트셀러가 된 책이었다. 이 책에는 동성연애 포즈를 취한 남녀들의 나체 사진이 여러 장 수록돼 있다. 저자인 주렌 본인의 사진도 곳곳에 실려 있는데, 추위에 아랑곳하지 않고 구릿빛 피부에 식물성 오일을 바르고 알몸으로 서 있는 모습이다. 아마도 그는 몸에서 광이 나는 듯한 효과를 좋아한 듯 보인다. 사진 속의 주렌은 흡사 고대 아테네의 권투 선수 청동상 같은 형상이다. 주렌은 나체 체조를 소개했고 나체 스키를 권장했으며, 햇볕에 그을린 팔다리와 타원형의 작은 고환 두 개가 피와 함께 고동치는 음낭을 가진 남자의 육체에 대해 찬사를 보냈다.

나치의 검열관은 이 책에 등장하는 동성연애자 나체 문화에 대해서는 전혀 문제 삼지 않았다. 오히려 그와 정반대였다. 주렌은 '제국 농민 지도국 체육 특수 요원'으로 임명됐으며, 이와 더불어 독일 농민 피트니스 책임을 맡았다. 그는 저서 서문에 이렇게 썼다.

이 책은 국가 사회주의 독일 노동자당NSDAP*의 인종 정책 사무국장이 강력 추천했다. 그리고 나치 저작권 보호 평가 위원회에 제출돼 평가를 받았으며, 승인을 얻은 후에 나치 참고문헌에 포함됐다.

나치 친위대 공식 기관지《다스 슈바르츠 코프스Das Schwarze Korps》는 주렌의 나체 문화 서적에 관해 크리스마스 이전 강림절 기간에 특집 기사로 다뤘다. "우리는 육체적 느낌에 대해 힘차고 즐겁게 확인해보고 싶다. 강한 자의식이 있는 성을 형성하는 데 필요하기 때문이다." 아돌프 히틀러Adolf Hitler도 이 책을 탐독했다.

1933년, 젊은 장교들이 권력을 강탈했다. 히틀러가 44세, 괴벨스Goebbels가 36세, 힘러Himmler는 고작 33세였다. 나치는 당연히 동성연애자들을 무자비하게 박해했다. 하지만 나치는 이성 간의

* Nationalsozialistische Deutsche Arbeiterpartei. 나치스.

섹스는 교회의 반대와 국민들의 억제 심리에서 벗어나 자유롭게 되길 원했다.* 『인간과 태양, 아리아인의 올림픽 정신』에 이런 구절이 있다.

성생활을 무조건 결혼과 연결해서 생각하는 것은 바람직하지 않다. 자유로운 성관계는 게르만족 선조들이 그랬듯이 이미 인정받은 것이다.

독신주의자 히틀러에게 연애편지를 보낸 여성들
: 프리델 S

나치는 독일 여성이면 누구나 히틀러에게 어린아이를 선물해야 한다는 슬로건을 내걸었다. 이는 아이를 많이 낳으라는 권고사항으로, 당시 네 명의 아이를 낳은 엄마들은 '3등 어머니십자훈장Mutterkreuz'을 받았다. 그런데 프리델 S.Friedel S.라는 여자는 나

---

* 1950년대에 독일인들이 섹스에 대해 수줍어하는 태도를 취한 것은 1930년대에 지나치게 자유를 추구했기 때문일 것이다.

치의 슬로건을 글자 그대로 받아들여 1939년 4월 23일 책상에 앉아 아돌프 히틀러에게 연애편지를 썼다. 그녀는 서둘러 본론으로 들어갔다.

친애하는 총통 각하. 작센란트Sachsenland에 사는 한 여자가 당신의 아이를 갖고 싶습니다. 저는 정말로 당신을 만나고 싶습니다. 당신에게 얼른 아이를 선물하지 못할까봐 걱정이 됩니다. 제 마음을 이 편지에 담아 보냅니다.

세상엔 경멸스런 남자에게 매력을 느끼는 여자들이 많은가 보다. 실제로 독일 제3제국*의 많은 여성들이 나치의 슬로건을 실행하려고 했다. 히틀러에게 보낸 수백 통, 아니 수천 통의 연애편지가 총통 집무실에 도달했다. 검정색 머리카락과 좁은 어깨, 그리고 175센티미터 키의 총통이 이상적인 아리아 전사가 아니라는 사실은 문제되지 않았다. 연애편지를 쓴 어느 여인은 총통의 온화한 시선에 찬사를 보냈다. 어떤 여인은 이렇게 썼다. "당신의 우아한 긴 바지가 내 눈을 즐겁게 해줍니다." 그 여인들은 총통에게 보낸 연애편지에서 당시 일반적으로 사용하던 군사 용어나 과장된 호칭을 쓰지 않고 '사랑하는 당신', '기품이 있는 분', '귀여운 남자' 따위로 총통을 불렀다.

막강한 권력을 손에 쥔 키 작은 오스트리아 남자는 성욕이 일어났을 것이다. 여자들은 총통이 찾아올 수 있도록 집 열쇠를 보내는가 하면, 편지에 집 주소를 정확히 적어 보내기도 했다. 어느 여인은 "저를 불쌍히 여기시고 저에게 위안을 주세요."라고 썼으며, 어느 유별난 여성 팬은 이렇게 간청했다. "사랑하는 당신이여, 나의 유일한 사랑, 나의 가장 뜨거운 연인이여, 오늘은 당신을 뭐라고 불러야 할지 모르겠어요. 오늘, 당신을 가만두지 않겠어요." 상상 속에서 스스로 옷을 벗고 총통의 옷도 벗긴 여자도

* 히틀러가 권력을 장악한 시기(1934~1945)의 독일을 일컫는 말.

있었다. "당신을 눕히고 당신에게 입을 맞춰요. 나도 옷을 벗었어요. 내가 얼마나 당신을 사랑하는지 당신이 느낄 수 있을 거예요."

물론 히틀러에게 답장을 받은 여인은 없었다. 그 여자들 가운데 총통에게 너무 자주 연애편지를 보내거나 자신의 감정을 지나칠 정도로 적나라하게 표출한 여자들은 관계 당국에 의해 정신병원으로 보내졌다. 프리델 S.는 이런 화는 면한 것으로 보인다. 1939년에 쓴 편지를 보면, 프리델 S.는 히틀러에게 거절당할지 모른다는 생각을 했던 것으로 추측된다. 그녀는 총통이 아이를 위해 할애할 시간이 없거나 아빠가 되기에는 나이가 너무 많다고 생각했다. 역사에 등장하는 다른 군주들이나 포악한 지배자들 또는 히틀러의 일부 측근들과 달리 히틀러는 무절제한 섹스를 하지 않았다. 히틀러는 5개월 후에 시작될 세계대전에서 승리할 전략을 세우는 데에만 집중했던 것으로 보인다. 또는 V2 로켓으로 인해 성욕이 감퇴됐는지도 모른다. 히틀러는 1934년에 독일 의회에서 자신의 독신주의를 정당화하기 위해 이렇게 선언했다.

나의 연인은 독일이다.

여성 액션 히어로를 창조한 심리학자

: 원더 우먼

마술을 부리는 듯한 올가미와 끈 없는 브래지어, 그리고 성조기를 본떠 만든 별 문양의 짧은 슈트. 1941년 12월에 만화책《올스타 코믹스All Star Comics》제8호에 등장한 원더 우먼Wonder Woman의 모습이다. 초반부터 돌풍을 일으킨 원더 우먼 만화는 시리즈로 계속 출간됐다. 원더 우먼보다 더 오랜 역사가 있는 만화 캐릭터는 슈퍼맨과 배트맨뿐이었다. 그런데 원더 우먼은 도대체 누구인가? 비욘세Beyonce처럼 풍만한 엉덩이와 가슴을 가졌고 신체 결박이 주특기인 여전사를 창조한 사람은 하버드 대학의 심리학자 윌리엄 몰튼 마스턴William Moulton Marston이었다. 그는 거짓말 탐지기를 발명한 사람이기도 했다.

마스턴은 성실한 인생을 살기도 했지만, 그에 못지않게 성생활도 중요시했다. 그와 더불어 보다 나은 세상을 만드는 일에도 앞장섰던 인물이다. 마스턴은 「원더 우먼」 첫 번째 판 서문에 이렇게 썼다. "원더 우먼은 세상을 이끌어 나갈 새로운 여성형의 모습이다." 심리학자 마스턴은 남자들이 여자들의 부드러운 힘 앞에 자발적으로 굴복해야 전쟁이나 불평등 같은 인류의 문제를 해결할 수 있다는 신념을 가졌다. 그의 최종 목표는 한마디로 '모권제도'였다. 그는 이렇게 지적했다.

여자들에게 복종하는 게 어울리고 여자들의 노예로 사는 것에
걸맞은 남자들에게 본인들보다 강한 여성을 보내주는 게 모권제
도다.

당시의 남성들 대부분이 아직 정신적으로 진보적이지 못하다
고 생각한 마스턴은 지배와 복종 놀이를 근간으
로 해 섹스와 사랑을 트레이닝하는 만화를 만
들었다. 마스턴은 자신의 이념을 유치
원에까지 보급해 어린아이들에게 가
능한 한 일찍 알리는데 다른 어떤 미
디어보다 만화가 실용적이라고 생각했
다. 마스턴은 소녀들에게 여성 히어로를
보여주고 싶었다. 힘이 세고 강인하며 권
력이 있는 여성, 그리고 그와 동시에 다정
하고 온화하면서 평화를 사랑하는 여성 말이다. 그
런 사상이 반영된 「원더 우먼」 만화는 제1권부터 마
스턴이 사망한 1947년 발행된 마지막 시리즈까지의 장면들 가
운데 약 27퍼센트가 여전사 원더 우먼 자신이 결박을 당하거

나 다른 사람을 묶는, 혹은 그녀가 엉덩이를 얻어맞거나 악당을 자신의 무릎 위에 올려놓는 장면들이다. 마스턴은 자신의 혁명적인 이론을 만화를 통해 실험하면서 두 여성과 BDSM*에 관해 자주 의논하곤 했다. 이들은 각각 마스턴과의 사이에 아이들을 두 명씩 낳은 여자들로, 그중 한 사람은 그의 아내인 엘리자베스 홀로웨이Elizabeth Holloway였다. 영국령 맨섬Isle of Man에서 자란 엘리자베스는 자유분방한 기질의 여성참정권 운동가로 SM 슈퍼 영웅 원더 우먼의 모델이었다. 마스턴은 아내 이외에 자신의 제자였던 미모의 여인 올리브 번Olive Byrne과도 한집에서 함께 살았다. 올리브는 부적을 붙이고 다니거나 머리띠를 즐겨 착용했는데, 이런 차림새가 원더 우먼에게도 적용됐다. 두 여성은 마스턴이 사망한 이후에도 40여 년간 함께 살았다.

이에 반해 원더 우먼의 외모는 자주 바뀌었다. 그리고 원더 우먼 시리즈에서 BDSM에 대한 언급은 두드러지게 나타나지 않았으며, 원더 우먼이 던지는 진실의 올가미는 마스턴이 발명한 거짓말탐지기의 상징으로 여겨졌다. 그러나 1950년대 초반 거짓말탐지기는 신뢰를 받지 못했다. 1954년에 출간된 『순수에의 유혹』

---

* 결박Bondage · 훈육Discipline · 지배Domination · 복종Submission · 사디즘
Sadism · 마조히즘Masochism·

이라는 책에서 심리학자 프레드릭 웨덤Fredric Wertham은 원더 우먼을 동성연애와 소아 성애 스타일의 배트맨과는 반대되는 형으로 설명했다. "원더 우먼은 레즈비언 스타일로 극단적이고 가학적인 남성 혐오형이다." 미국의 만화 산업계는 만화 검열 규칙을 만들고 자발적인 검열을 강화해 프리드릭 웨덤의 베스트셀러 저서에 반응을 보였다.

원더 우먼은 어느 날 갑자기 쇼핑에 관심을 보였으며, 그녀는 만화 속 남성 파트너인 육군 장교 스티브 트레버Steve Trevor와의 결혼을 남몰래 꿈꿨다.

미 공군 정예부대원들의 파트너 바꾸기 파티
: 스윙어 클럽

1940년대 어느 가정집에서 파티가 열린다. 술과 음식이 있고 턴테이블에서 재즈 음반이 돌고 있지만 음악에 귀 기울이는 사람은 없다. 대화를 주고받는 손님들도 드물다. 파티에 모인 손님들은 거실 테이블 위에 있는 모자에 시선을 두고 있다. 그때, 어느 여성이 테이블로 다가간다. 이 여성은 모자를 얼른 집어 들고는 열쇠를 손님들에게 보여준다. 남자 한 명이 손을 든다. 자기 방 열쇠이기 때문이다. 여성이 남자의 팔을 잡고는 둘이서 파티 장소를 떠난다. 여성들이 그런 식으로 차례차례 제비뽑기를 하는 것이다. 마치 룰렛 게임을 하듯 하룻밤을 함께 보낼 파트너를 결정하는 것이다.

위의 스토리는 1970년대 캘리포니아의 히피족이나 파리의 자유주의 지식인들에 대한 얘기가 아니다. 제이차세계대전 참전 직후인 1941년, 미국 공군 파일럿들이 사는 기지 내에서 일어난 이야기다. 이른바 '스윙어 클럽Swingerclub'이라 불리던 이 집단의 탄생은 군대로부터 기인한다. 위계질서상의 문제가 발생할 수 있기에 미군 조종사들이 함구하고 있었지만, 후일 일부 미군 장교들이 이 '열쇠 클럽 파티'에 대해 은밀하게 털어놓았다. 이 파티가 있는 날 밤엔 병영 내의 계급 질서는 뒤죽박죽이 됐다. 종전 후미 공군 파일럿 출신으로 열쇠 클럽 멤버였던 라이디Leidy는 사업가로 변신해 미국 전역을 돌았다. 여러 도시를 돌던 도중에 스윙어 클럽 멤버들을 다시 만난 라이디는 이들의 명단을 작성했다. '라이디 리스트'는 최초의 스윙어 커뮤니티로, 후일 여러 잡지를 통해 공개됐으며, 나중에는 인터넷 포럼도 열렸다. 그리고 이런 의문을 자아냈다. '나와 비슷한 느낌을 갖는 사람들이 당시에도

있었나?'

제이차세계대전 당시 미 공군은 엘리트 정예부대였다. 그리고 파일럿들은 강인하고 남성다우며 용감한 모습으로 인해 그 시대의 섹스 심벌이 됐다. 그런데 이들의 아내들이 질투는커녕 파트너 바꾸기 파티를 했다는 건 놀라운 일이었다. 이들 파일럿들은 엘리트가 아닌 오합지중이었을까? 미군 조종사들이 근무했던 지역도 이들의 사고방식에 상당한 영향을 미친 것으로 보인다. 이들은 남태평양 전투에도 투입됐으며, 따라서 자연스레 자유연애가 주류인 원주민들의 문화를 체험했을 것이다. 게다가 파일럿들은 늘 죽음에 대한 공포에 시달렸다. 제이차세계대전에 투입된 미군 파일럿 가운데 생존자는 3분의 2에 불과했다. 당시 미군의 전투 부대 가운데 최저 생존율이었다. 따라서 미군 조종사들은 살아 있는 시간만큼은 충분히 즐기고 싶었을 것이다.

아주 단순하게 생각해야 할 일인 듯하다. 전투기에 몸을 싣고 시속 700킬로미터의 속도로 고도 12,000미터에서 하늘을 날아다니는 파일럿들에게 지상에서 편하게 살고 있는 사람들의 관습이나 법률, 그리고 각종 규제를 지키라고 할 수 있을까?

독일인들의 도덕적 우월감 뒤에 감춰진 불안과 흥분
: 페팅

> 어느 미국인 대학생이 어린 여자를 집까지 데려다줬다. 둘은 여
> 자의 집 현관 앞에서 헤어졌다. 두 남녀는 처음으로 데이트를 한
> 사이였지만 당연하다는 듯이 키스를 했다.

1948년 11월, 독일 시사 주간지 《슈피겔Der Spiegel》이 미국 사
회의 풍기 문란에 대해 충격적으로 보도한 내용이다. 미국은 제
이차세계대전에서 승전한 후 독일 사회를 탈 나치화했으며, 독일
경제를 재건하는 데 총력을 기울였다. 하지만 미국에 대한 독일
의 저항이 전혀 없지는 않았다.

《슈피겔》에 기사를 쓴 기자는 미국의 키스 문화는 저질이며,
게다가 미국에선 결혼도 하지 않는 젊은 여자가 거리낌 없이 남
자를 유혹한다며 악담을 퍼부었다. "젊은 남녀는 밤에 드라이브
를 하면서 자연스레 서로 페팅petting을 한다." 종전 후 3년 내에
25,000명이 넘는 미군들이 독일이나 프랑스, 스위스 여성들과 결
혼을 했다는 사실에 대해 《슈피겔》 기자는 미군 병사들이 고향인
미국에 만연된 자유연애로부터 벗어나 가난한 타국에서 적당한
처녀를 물색했다고 설명했다.

당시 독일인 저널리스트들은 불안감이 동반된 흥분감과 도덕적인 우월감을 동시에 느끼면서 페팅 행위에 대해 보도했다. 페팅이란 개념은 독일어 번역부터 쉽지 않았다. 《프시케Psyche》는 페팅을 "성교는 하지 않고 이성의 신체를 어루만져 흥분 상태에 이르는 행위"라고 정의했다. 《프로 메디코Pro Medico》라는 의학 전문 잡지는 "마지막 절정의 순간까지는 가지 않고 성적 자극을 느끼는 유희"라고 설명했다. 섹스에 관한 연구서인 『킨제이 보고서 Kinsey-Report』를 독일어로 번역한 사람들은 더욱 복잡하게 풀이했다. 『킨제이 보고서』의 독일어 번역서 주석에는 페팅을 "처음부터 의도적으로 성적 흥분을 일으키려고 하는 행위로써, 아직 흥분되지 않은 상대방을 기술적으로 흥분 상태에 이르게 하는 행위"라고 설명돼 있다.

이들 주석자들에게 페팅이란 천박성과 개방성을 의미했으며, 정식으로 결혼한 남녀 사이에서만 가능한 '진정한 사랑'과는 아무런 관련이 없는 것이었다. 《메르쿠르Merkur》는 페팅을 "서로 상대방에게 마스터베이션을 해주는 행위"로 정의하면서 그것을 통해 깊은 만족을 느낄 수는 없다고 설명했다. 《보헨엔트Wochenend》는 그것을 "우상화된 섹스의 부가물"이라고 해설했다. 진보 성향의 《쥐트도이체 차이퉁Süddeutsche Zeitung》조차 "미국의 젊은이들을 나락으로 몰고 간 기계화된 애무 놀이"라고 페팅을 비난했으며, "이런 교양머리 없는 짓이 역사가 짧고 제대로 된 문화가 없는 미국 사회에 만연된 건 당연하다"는 말도 남겼다. 이 신문은 "독일 같은 고도 문명국가에 페팅같이 끔찍한 것이 파고드는 일은 절대 없을 것"이라고 확신했다.

IX

냉전 시대

the Cold War Times

여성 우월주의자가 개발한 경구피임약

: 에노비드

남자들의 자기현시 욕구는 사람을 지치게 만드는 경우가 많지만, 때론 그런 것들로 인해 세상이 발전하기도 한다.

나는 늘 세상 사람들의 인정을 받고 싶었다. 나는 항상 내 유리잔이 반쯤 비어 있다고 생각했고, 다른 사람들이 그런 날 어떻게 바라볼지를 염두에 두고 일했다.

'경구피임약의 아버지'라고 불리는 화학자 칼 제라시Carl Djerassi가 어느 인터뷰에서 자신의 연구 동기를 밝힌 내용 가운데 일부다. 연구실에서 많은 날을 야근하던 칼 제라시는 새로운 깨달음을 얻으려 애를 쓰면서 타인의 칭찬이나 경탄, 인정을 받고 싶어 안달했다.

1951년 10월 15일, 당시 스물일곱 살이던 칼 제라시는 그레고리 핀커스Gregory Pincus, 그리고 존 록John Rock과 공동으로 멕시코시티Mexico City의 작은 화학 실험실에서 스테로이드 호르몬 노르에티스테론norethísterone*을 합성하는 데 성공했다. 그리고 제약회사 신텍스Syntex는 이 물질을 생리통 치료제로 만들어 돈벌이를 하려고 했다. 그런데 수년이 지난 후 노르에티스테론이 피임 효과, 즉 여성의 배란을 억제하는 효과가 있다는 사실이 밝혀졌다. 그리하여 1960년, '에노비드Enovid'라는 이름의 피임약이 세상에 첫 선을 보였다.

피임약 발명에 기여한 칼 제라시는 세 가지 보상을 받았다. 우선, 그는 노벨상을 받지 못했지만, 스물일곱 개의 명예박사 학위를 받으면서 당대 최고의 화학자로 인정받았다.** 둘째, 피임약이 그를 갑부로 만들어줬다. 제라시는 적절한 타이밍에 제약 회사 신텍스의 지분에 참여했으며, 피임약 덕에 엄청난 이익을 챙겼다. 마지막으로 제라시는 '섹스의 승리'를 이룩했다.

고백할 게 한 가지 있다. 피임약이 없었으면 상상도 못할 섹스 혁명은 나 개인에게도 상당히 중요한 의미가 있다. 나는 섹스 혁명의 중심지라고 할 수 있는 미국 샌프란시스코에 살았다. (…) 나는 예나 지금이나 성욕이 왕성한 남자다. 그리고 나는 여성 우월

---

* 영어로는 노르에신드론norethindrone.

** 그런데 노벨상을 받지 못해 화가 난 제라시는 "명예박사 따윈 스물일곱 개든 서른 개든 필요 없다."고 불평하면서 "아무 상도 받지 못한 거 아닌가?"라고 의문을 제기했다.

주의자다.

제라시는 "여성의 몸에 인위적인 조작을 가하면서 제약사들만 배불린다"고 자신의 발명품을 비판한 사람들에게 격렬하게 항변했다. 그는 "피임약이 역사상 처음으로 권력관계에 큰 변화를 일으켰다. 번식 과정에서 남자의 역할은 여자에 비해 미미함에도 불구하고 옛날부터 남자가 재생산 과정에서 권력을 쥐고 있었다. 이젠 여자가 성교의 결과를 통제하는 게 가능하게 됐다."라고 주장했다.

제라시가 여성들의 권리를 위해 화학 실험실에서 투쟁한 이유가 있었다. 1923년에 제라시를 낳은 그의 유대인 부모는 곧바로 이혼했다. 어린 제라시는 여자들만 있는 집에서 자랐으며, 남학교에 자리가 없어 임시로 여학교에 다니기도 했다. 제라시는 1938년 나치의 박해를 피해 어머니와 함께 미국으로 건너갔다. 제라시는 여자들과 함께 있는 게 더 편했다고 회상한 바 있다. 제라시 스스로 자신을 '경구피임약의 아버지'가 아닌 '경구피임약의 어머니'라고 호칭했을 정도였다. 아내가 아이들을 돌보는 일에만 전념하는 게 바람직하지 못하다고 생각한 제라시는 아내의 둘째 아이 출산 직후 불임수술을 받았다.

데모 억제를 위해 만든 공산국가의 성인 잡지

: 다스 마가진

1953년 6월 17일, 구동독의 전역에서 수많은 군중이 근로 기준 강화와 강압적인 정부에 항의하는 시위를 벌였다. 그리고 2만여 명의 구소련군이 동원돼 시위를 강제 진압했다. 그 과정에서 최소 55명이 사망했다. 얼마 후, 구동독의 독일 통일 사회당 지도부는 위기 상황을 가라앉히기 위해 공산주의 인민들의 일상생활에 즐거움을 줄 조치를 취하기로 결정했다. 지도부가 중점을 둔 조치는 언론 매체의 포트폴리오를 변경해 인민들을 교화하는 일이었다. 그리하여 동독 사람들은 정부의 결정 사항을 무미건조한 언어로 전파하는《노이엔 도이칠란트Neuen Deutschland》외에도 재밌는 대담 프로그램과 유머, 에로틱 프로그램을 접하게 됐다. 그리고 출판사 편집인들의 주도하에 동독에 진주한 소련군 사령관 블라디미르 세미노비치 세미오노프Vladimir Semenovich Semyonov의 허가를 받아 문예지《다스 마가진Das Magazin》이 발간됐다. 이 잡지에는 작가 크리스타 볼프Christa Wolf와 아놀드 츠바이크Arnold Zweig의 작품뿐 아니라 에로틱한 내용이 담긴 이야기와 섹스 장면을 노골적으로 묘사한 삽화도 실렸다. 또한 「사랑, 판타지, 그리고 조리법」이라는 장밋빛 제목이 붙은 이야기에는 "바질은 처녀들을 취하게 만든다"는 내용 등의 최음제 레시피가 소개돼 있었다. 그 이외에도 이 잡지에는 여성 누드 사진이 정기적으로 실렸다.

1954년 1월 발간된 창간호에 등장한 모델은 불투명 유리 뒤편에 숨어서 몹시 수줍어하는 표정의 여성이었다. 그러나 시간이 흐르면서 모델들의 포즈는 점점 대담해졌다. 《다스 마가진》이 1959년에 그야말로 모든 것을 보여주며 매끈한 각선미를 자랑하는 나체 여성의 삽화를 싣자 어떤 사람들은 《다스 마가진》 구입이 가능한 이웃 나라로 달려갔다. 당시 오스트리아 내무부가 이 잡지를 미성년자에게 판매하지 못하도록 조치했기 때문이다. 모델의 도발적인 다리 모양이 매우 음란해보인다는 게 판매 금지 이유였다. 서유럽 국가 오스트리아에선 매우 충격적이고 부도덕한 사건으로 받아들였지만, 동유럽 사회주의 국가 동독에선 새로운 일도 아니었다. 냉전 시대에 공산국가가 판정승한 사건으로, 거대하진 않았지만 매우 뜨거웠다.

쿠르베의 그림, 라캉 정신분석의 토대가 되다

: 세상의 기원

  1955년 어느 날, 파리의 어느 경매장에서 미술품 경매가 있었다. 그리고 정신분석가인 자크 라캉Jacques Lacan과 작가이자 사회학자인 조르주 바타유Georges Bataille가 경매장 객석에 앉아 있다. 두 남자는 서로 잘 아는 사이였는데, 라캉의 아내인 실비아Sylvia는 바타유의 전처이기도 했다. 그런데 당대 두 지식인의 열정을

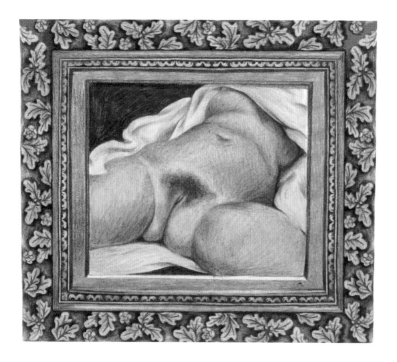

연결해주는 두 번째 고리가 있었으니, 그건 바로 섹스였다. 바타유는 일상적인 삶과 이성의 반대 개념에 대해 설명하고 이야기하길 좋아했다. 폭력과 음란, 자아 분열이 그것이었다. 바타유는 전후 프랑스에서 슈퍼스타로 인정받았던 정신분석가 자크 라캉에게 절대 놓치고 싶지 않은 그림이 하나 있다는 말을 했다. 그것은 구스타프 쿠르베Gustave Courbet의 작품「세상의 기원L'Origine du monde」이었다.

프랑스의 사실주의 화가 쿠르베는 1866년에 터키 외교관이었던 카릴 베이Khalil Bey의 주문을 받아 이 그림을 그렸다. 19세기 미술계에서 가장 큰 스캔들을 일으킨 작품이었다. 벌거벗은 여인이 다리를 약간 벌린 채 침대에 누워 있고, 풍성하고 시커먼 음모의 여성 음부가 보이는 그림이었다. 모델의 배와 가슴 부분을 제외한 나머지 신체 부위 및 얼굴은 그리지 않았다. 하얀색 수건으로 상체의 일부만 가린 모습이 흡사 해부대에 올려놓은 시신이나 성행위를 마친 후 침대에 누워 있는 여자를 연상시켰다. 당시 쿠르베의 이 작품을 본 사람들은 당혹감을 감추지 못했다. 심지어 경고성 야유를 담은 시가 널리 알려지기도 했다.

너로 하여금 시간에 굴복하게 만드네
네 머리카락이 백발이 됐네

네 치아가 전부 빠졌네

(…)

주변의 모든 것들이 경의를 표하네

모두 고개를 숙이네, 아주 깊이

우리의 깊고 은밀한 곳으로

세상의 운행을 멈추게 만드네

욕정이나 부끄러움, 두려움이라는 테마에 몰두하던 라캉은 이
그림을 150만 프랑에 구입해 프랑스 귀트랑꾸르Guitrancourt의 자
기 별장에 걸어놓았다.

라캉이 구입한 날로부터 거의 100년 전에 그려진 이 그림은 마
치 라캉의 정신분석 이론을 설명하는 삽화처럼 여겨진다. 인간이
란 본인의 성향과 희망 사항을 제대로 이해하지 못한다는 게 라
캉의 주장이다. 라캉에 의하면, 너무 적나라하고 욕정을 불러일으
키며 불쾌감을 주는 쿠르베의 그림을 보면 얼굴이 달아오르는바,
이는 자기 인식이 불가능하다는 점을 체험하는 것이다. 이 그림
속 나체 여인의 배가 약간 부른 모습에서 그녀가 예비 엄마임을
추측할 수 있다. 본인의 출생에 관한 기억을 간직하고 사는 사람
은 이 세상에 없다. 정신분석가들이 주장하는 것처럼 자신을 낳
은 어머니에 대한 성적 욕구 역시 억압되는 게 보통이다. 자신이

어디에서 왔는지에 대한 의문은 누구에게나 사각지대로 남는다.

　자크 라캉과 그의 아내 실비아는 쿠르베의 그림을 아무에게나 보여주지 않기로 결정했다. 그림의 안전을 염려한 자크 라캉은 처남이자 초현실주의 화가였던 앙드레 마송André Masson에게 「세상의 기원」을 감출 수 있게 덮개 그림을 그려달라고 부탁했다. 라캉의 요청에 마송은 숲과 언덕이 있는 풍경화를 그려줬는데, 이 풍경화를 자세히 들여다보면 벌거벗은 여인의 몸 형태가 보였다. 라캉은 별장에 찾아오는 손님들 가운데 일부만 선별해 그림을 보여줬다. 그는 그림을 보여주면서 "이제 여러분들에게 아주 특별한 그림을 보여드립니다."라고 말했다. 그는 풍경화 덮개 그림을 치우고 「세상의 기원」을 보여주면서 손님들이 당황해하는 반응을 즐겼다. 그러나 그림을 보여주는 건 잠시 동안만이었다. 라캉은 이렇게 썼다.

　덮개 그림이나 커튼은 사랑의 근본적 상황을 상상하게 해주는 가장 좋은 도구다.

외계인에게 강간당한 브라질 농부

: 빌라스 보아스

　남자들은 아내와의 잠자리 이야기를 과장해서 말하는 경향이 있으며, 자신의 정력이 좋다거나 섹스 파트너가 남다른 외모였다고 자랑하는 습성이 있다. 이와 관련해 브라질 농부 안토니오 빌라스 보아스Antônio Vilas Boas를 따라올 자는 세상에 없을 것이다. 1957년 어느 날, 당시 스물세 살이었던 보아스는 외계인에게 납치·강간당했다고 주장했다. 외계인과의 잠자리 얘기를 들려준 인간은 그가 세계 최초였다.

　브라질 미나스제라이스Minas Gerais 지역에 살던 보아스는 한낮의 열기를 피하기 위해 주로 밤에 밭에 나가 농사일을 했다. 보아스는 1957년 10월 16일에도 밤 시간에 밭으로 갔다. 보아스가 후일 밝힌 바에 의하면, 밭을 가는 도중 갑자기 하늘에서 붉은빛의 별 하나가 지상으로 하강하면서 자신에게 점점 가까이 다가왔다. 그리고 잠시 후에 UFO*가 밭에 착륙했으며, 회색 작업복 차림에 키가 1.5미터 정도인 외계인 셋이 밖으로 나와 보아스를 자기들 비행체 안으로 강제로 끌고 들어갔다. 비행체 안에서 보아스의

* Unidentified Flying Object. 미확인 비행 물체.

옷을 벗긴 외계인들은 그의 몸에 연고와 비
슷한 느낌의 물질을 발랐는데, 그로
인해 섦은 농부는 몹시 흥분했다.
그리고 잠시 후 여성 외계인과
섹스를 했다는 게 보아스의
주장이었다. 금발의 외계
인 여성은 두드러지게 뾰족
한 턱에 고양이 눈 형태의 푸
른 눈에다 진한 붉은색 음모를 가졌다고 했다. 빌라스 보아스는
후일 외계인 여자가 매우 섹시했다고 술회했다. 섹스를 마치고
난 외계인 여성은 자기 배를 손으로 가리키고 나서 하늘을 가리
켰다. 빌라스 보아스는 그것을 외계인 여성이 자신에게 무언가를
알려주려는 의도로 한 행동으로, 보아스 자신의 아이를 임신했고
그 아이를 데리고 우주로 날아간다는 뜻으로 해석했다. 곧이어
UFO가 밭에서 이륙해 까만 밤하늘을 향해 순식간에 날아갔다고
했다.

　1957년은 하늘의 별들이 손에 잡힐 듯 가까워 보인 해였다. 구
소련은 지구궤도를 도는 임무를 띤 우주선에 라이카Laika라는 이
름의 강아지를 태워 보냈다. 우주로 나간 최초의 젖먹이 동물이
었다. 미국에선 UFO를 봤다는 제보가 연이어 보도되면서 논란

을 불러일으켰다.* 사람들은 보통 미래를 낙관적으로 보며, 호기심을 가지고 그것을 바라보는 경향이 있다. 그러다보니 달과 화성에 식민지를 건설한다는 플랜을 보도한 잡지도 있었다. 할리우드에선 「지구 대 비행접시Earth vs. the Flying Saucers」(1956년), 「지구에서 2천만 마일20 Million Miles to Earth」(1957년), 「물방울The Blob」(1958년) 등 충격적인 내용이 담긴 SF 영화가 제작됐다. 한편, 빌라스 보아스 같은 선구자들은 섹스의 지평을 태양계를 넘어선 우주 전체로까지 확대했다.

Make Love, Not Star Wars.
외계인과 우주전쟁을 하지 말고, 사랑을 합시다.

외계인들의 손아귀에서 풀려난 뒤 그들에게 이용당했다고 생각한 브라질 농부 안토니오 빌라스 보아스는 어느 지역 신문 기자에게 자신이 체험을 털어놓았다. 보아스는 "저는 미쳐버릴 것 같았어요. 외계인 여자의 입에서 흘러나온 소리는 아주 괴이했어요. 나는 마치 짐승과 섹스를 하는 느낌이었습니다." 빌라스 보아

---

* 2014년에 이르러 미국 중앙정보부는 사람들이 목격했다고 주장하는 비행체는 실험용 전투기로 추측된다고 공식 발표했다.

스는 일평생 외계인과의 섹스가 사실이었다는 주장을 굽히지 않았다. 보아스는 푸른빛 고양이 눈에다 짙은 붉은빛의 음모를 가진 여자가 돌아오지 않자 지구인 여성과 결혼해 네 명의 자녀를 낳았다.

플렌스부르크의 세계 최초 섹스 숍

: 베아테 우제

1962년 12월 17일 월요일, 플렌스부르크Flensburg 58번지 안겔부르거 거리Angelburger Str.에 아주 독특한 가게 하나가 개업했다. 쇼윈도 위편으로 '부부 위생 전문점'이라고 쓴 간판이 내걸렸다. 그런데 크리스마스 선물을 양손에 들고 걸음을 바쁘게 옮기던 플렌스부르크 시민들은 이 가게의 간판에 별 관심을 보이지 않았다. 다만 호기심에 이끌려 가게 안으로 들어선 몇 손님들만 그곳이 세계 최초의 '섹스 숍'임을 알게 됐다. 이 가게는 세 개 부문으로 나눠져 있었다. 200여 권의 계몽문학 도서를 파는 서적 코너가 있었으며, '위생 관련 품목' 전문 코너가 다른 편에 있었다. 그리고 종업원을 따라 가서 은밀하게 조언을 듣는 공간이 마련돼 있었다. 그곳에 진열된 물건은 포르노 서적, 섹스 어드바이스 북, 여러 종류의 피임 도구, 전동 바이브레이터 등이었다.

이 가게의 창업자인 베아테 우제Beate Uhse는 1919년생으로 동프러시아 지주의 딸로 태어났으며, 진보적인 교육을 지향하던 오덴발트Odenwald 학교에 다녔다. 1930년대에 비행기 조종사 자격증을 획득한 우제는 UFA*에서 스턴트우먼으로 일했다. 제이차 세계대전 기간에는 폭격기나 전투기를 베를린에서 서부전선으로 이동시키는 일도 했다. 대위 계급이던 그녀는 1945년에 영국군의 포로가 되기도 했다. 그리고 종전 후 연합군과 싸울 일이 없어진 우제는 독일인들의 편협한 사고방식과 싸우기 시작했다.

1946년, 우제는 크노이스-오기노Knaus-Ogino 박사가 연구한 자연 피임법을 소개하는 책자를 만들었다. 자연 피임법이란 여성의 월경 주기를 바탕으로 임신이 가능한 날엔 부부 관계를 피하도록 하는 피임법이었다. 우제는 이 책자를 50페니히** 가격으로 3만 부 판매했다. 그리고 우제는 1951년에 에로틱 상품을 통신판매하는 사업을 시작했다. 이 사업에서 재미를 본 우제는 10년 후에 오프라인 가게를 열기로 마음먹었다. 함께 일하던 사람들은

* Universum Film Aktien Gesellschaft. 1920~1960년대 독일 최대 영화사.
** 독일의 화폐 단위. 1페니히는 1마르크의 100분의 1.

물론 남편과 사업 파트너인 에른스트-발터 로터문트Ernst-Walter Rotermund조차 그녀를 만류했다. 그런 가게를 열면 분노한 시민들이 그 가게를 가만두지 않을 거라 염려했기 때문이었다. 그러자 우제는 이렇게 대꾸했다. "사람들의 기분이 들떠 있는 크리스마스 시즌 직전에 오픈하겠다."

우제의 예상대로 우려했던 소동은 일어나지 않았다. 우제는 개업식에 도시 건설국 공무원과 상품거래소 대표들을 초대했으나 아무도 오지 않았다. 신문 기자들도 약속을 어기고 오지 않았다.

하지만 그렇게 문을 연 가게는 첫해부터 흑자를 냈다. 1970년대 말에 이르러 우제의 섹스 숍 매장은 36개로 늘어났으며, 13개 극장에 입점했고, 매출은 7천만 마르크에 달했다. 그리하여 붉은색 글자로 쓴 브랜드 '베아테 우제'는 카슈타트Karstadt 백화점이나 패스트푸드 레스토랑들과 마찬가지로 당시 서독의 도심에서 자주 보는 상표가 됐다. 우제는 1989년 서독 정부가 수여하는 십자 훈장을 받았다. 우제는 독일 국민들이 자신의 사업을 어떻게 평가하든 조금도 개의치 않았다. 우제는 플렌스부르크의 테니스 클럽 회원 가입을 거부당하자 집 앞에 전용 테니스장을 만들었다.

열등감에 찌든 독일 작가 랑한스,
자유 섹스 단체를 만들다

: 코뮌1

작가 겸 영화 제작자인 라이너 랑한스Rainer Langhans는 젊은 시절 열등감과 과대망상증에 시달렸다. 그는 자신이 숫총각이라는 사실에도 열등감을 느꼈다. 그러나 1960년대 후반, 독일의 젊은 남자들이라면 거의 다 랑한스를 질투하게 됐다. 헝클어진 곱

슬머리의 랑한스는 예쁜 여자 친구 우씨 오브마이어Uschi Obermaier와 함께 벌거벗은 채 침대에서 마리화나를 피우면서 사진을 찍곤 했다. 하지만 랑한스는 오랜 세월 '심리 쾌락 원칙'과 '사회적 충동 구조' 이론만 알고 있었다. 그는 자서전 『첫 번째 68세』에 이렇게 썼다.

섹스, 조심스럽고 진지하게

몰두해야 했다는 생각이 든다. (…) 한 여자와 오랫동안 사귀어야 했다. 남녀가 서로 상대방을 이해하고 있는지 확인하는 게 쉽지 않음을 알아야 했다.

랑한스가 그의 첫 번째 여자 친구 비르기트Birgit를 만난 건 스물다섯 살 때였다. 단발머리에 상당한 미모의 여인이었다. 비르기트는 랑한스와 많은 대화를 나누고 싶어 했다. 하지만 비르기트는 사람이 자신의 감정이나 생각을 말로 완벽하게 표현하긴 불가능하다는 사실을 알고 있었다. 랑한스는 1965년의 어느 날을 정확히 기억했다.

"너, 이리와 봐."
하고 그 여자가 내게 말했다.
"지금 당장. 너에게 보여줄 게 있어."

비르기트는 다락에 있는 자신의 비좁은 방으로 랑한스를 데리고 갔다. 지붕보 바로 밑에 작은 침대가 놓여 있었다. 랑한스는 무척 자랑스러운 듯 이렇게 썼다.

거기서 일이 벌어졌다. 그녀는 나와 함께 매우 우아하고 부드러우며 조심스럽게 그 짓을 했다. 내 첫 경험이었다.

랑한스는 자신을 개인 교습해준 그녀와 동거를 시작했으며, 얼마 후 이탈리아로 여행을 떠났다. 그러다 우연한 일을 계기로 그녀와 헤어졌다. 비르기트가 떠날 채비를 하자 랑한스는 한 번만 더 하자며 무릎을 꿇고 애원했다. 그러자 비르기트가 그의 소원을 들어줬다. 랑한스는 이날에 대해 자서전에 이렇게 썼다.

그녀가 마지못해 내 청을 들어줬다. 아니, 우린 마지막이라며 아쉬워했다. 나는 내 인생에서 처음이자 마지막으로 오르가슴을 제대로 느꼈다. 말도 제대로 할 수 없었던 나는 중얼거리듯이 외치기만 했다. "그대로 멈춰!" 나는 의식을 잃을 것 같았으며 그녀의 존재가 느껴지지도 않았다. 그렇게 마지막 사랑을 나눈 뒤 그녀는 내 곁을 떠났다.

비르기트가 떠난 후, 랑한스 인생에서 그녀가 남긴 빈자리는 채워졌을까? 랑한스는 2년 뒤 '코뮌1Kommune1'을 만들었다. 기존 사회체제를 부정하면서 누구나 자유로운 섹스를 할 수 있는 자치단체였다. 랑한스는 현재 독일 뮌헨 슈바빙Schwabing에서 네 명의 동갑내기 여성 반려자들과 함께 살고 있다.

성생활 참고서로 베스트셀러 작가가 된 동독 의사

: 지크프리트 슈나블

1969년, 구동독에서 사회주의의 성생활을 새롭게 정의한 책이 출간됐다. 『부부 성관계 : 건강한 성생활과 건강하지 못한 성생활에 대한 물음』이라는 책이었다. 단순하고 건조한 느낌의 제목은 약간의 혼란을 줬다. 사실 전혀 지루하지 않은 책이기 때문이었다. 정신과 의사이자 칼마르크스슈타트Karl-Marx-Stadt 성 상담소 소장인 지크프리트 슈나블Siegfried Schnabl은 300쪽에 달하는 자신의 이 저작에서 '코뮌1'에서나 공개적으로 얘기하던 주제를 다뤘다.

마스터베이션과 동성애, 아무 문제없다! 사랑 없는 섹스도 괜찮다!

이 책에는 바람직한 성교 체위에 대한 자세한 설명은 물론이고 삽화도 곁들였다.* 슈나블은 원고를 들고 여러 출판사에 찾아가 제안했지만 번번이 출간을 거절당했다. 그런데 책이 출간되자마자 대박을 터뜨렸다. 18쇄나 증쇄되면서 100만 권 이상이 팔렸

---

* 제1판에는 다리가 성냥개비같이 마른 남자에게 적당한 체위도 다뤘다.

다. 늘 흰색 가운만 입고 다니던 슈나블은 일약 베스트셀러 작가로 발돋움했다.

바깥세상은 체제를 둘러싼 전쟁으로 소란스러웠지만, 슈나블은 최소한 침실에서만큼은 평화를 누리고 싶었다. 그는 저작 서문에 이렇게 썼다.

우리 사회주의 국가가 완벽한 남녀평등을 이뤄 행복한 결혼 생활의 토대를 만들고 나면, 국민들 각자가 자기들의 태도를 발전시키고 심화시켜 다툼 없고 윤택한 부부 생활을 할 수 있다.

그는 서두에서 '성생활의 기본' 개념부터 설명했으며, 이어서 "친밀한 관계의 영역을 과학적인 인식의 전파에서 배제하는" 은폐 메커니즘을 설명했다. 그러고 나서 본론으로 들어갔다.

슈나블은 오랜 기간 동안 해왔던 성 상담 경험과 자신의 교수 자격 논문을 참고해 책을 썼다. 그는 논문을 쓰기 위해 무려 3,500명에 이르는 동독 국민들에게 성생활 설문지를 보낸 바 있다. 구동독 정부가 슈나블에게 무분별한 연구를 중단하라고 했지만, 그는 국민들을 대상으로 한 첫 성생활 연구를 중단하지 않았으며, 슬그머니 설문 조사 결과를 자신의 저서에 실었다. 슈나블의 설문 조사 결과를 보면 침실에서 부부의 침대가 서로 떨어져 있는 경우가 많았다. 부부가 서로 깊은 애정을 나누기 곤란한 침대 배치였다. 게다가 동독의 가정집들이 대부분 비좁고 답답한 조립식 콘크리트 건물이다보니 부부 관계를 회피하게 된다는 게 그의 주장이었다.

슈나블은 남편들뿐 아니라 아내들에게도 성생활에 대한 여러 가지 조언을 해줬다. 당시 동독 사람들로선 처음 들어보는 얘기들이었다. "어떤 외적 조건이 여성의 오르가슴 능력을 방해하거나 촉진하는가?", "아내의 섹스 불만족은 남편 탓인가?" 다소 유화적인 내용도 있었다. "아내가 남편에게 기대하는 것은 무엇인가?" 생계유지비를 직접 벌어야 했던 당시 동독 여성들은 서독의 여성들과는 다른 처지에서 살았다. 어쨌든 슈나블이 여성의 오르가슴 성교 체위에 대해 설명한 것은 당시에는 가히 혁명적이랄 수 있었다. 슈나블은 동독 남자들에겐 발기불능 남성의 정신 상태와 발기부전 및 조루증에 대해 설명했다.

섹스에 관한 표준 참고서가 된 이 책에는 구동독의 '섹스 이데올로기'도 표명돼 있다. 형제 국가인 서독과 달리 동독인들은 자연스럽고 자유로운 방식으로 사랑을 나눴다. 『부부 성관계 : 건강한 성생활과 건강하지 못한 성생활에 대한 물음』 출간 직후 동독 정부는 대대적인 섹스 관련 캠페인을 시작했다. 우선 피임약을 무료로 보급했으며 임신 3개월까지 낙태를 허용했다. 동성연애를

형벌로 다스리는 법률도 1968년에 폐지했다.* 통독統獨 이후 지크
프리트 슈나블은 어느 인터뷰에서 이렇게 말했다.

독일 통일 사회당 지도부는 동독인들이 침대에서 행복한 시간을 보
내면 정치에 대해서는 관심을 갖지 않을 거라고 생각했을 거예요.

미성년자 노출 사고로
폭탄 테러 위협받은 독일 국영방송
: ZDF

독일 국영방송 ZDF는 폭탄 테러 위협을 받았다. 각 신문사들
도 일제히 ZDF를 비난하는 기사를 냈다. 화가 난 부모들은 자녀
들의 눈을 가려야 했다고 항의하는 동시에 연방 의회 의원들에게
항의 서한을 보냈다. 이런 난리가 난 이유는 1970년 11월 7일 저
녁 골든 타임에 생방된 퀴즈 쇼 「소원을 말해봐」 때문이었다. 독
일과 오스트리아, 그리고 스위스에서 온 가족들이 출연해 가족

---

* 서독은 1994년이 돼서야 관련 법안을 없앴다.

298

간의 우애를 입증하는 프로그램이었다.

독일에선 슈퇴어Stöhr 가족이 출연했다. 아빠와 엄마, 그리고 아들과 딸, 전형적인 독일인 가족이었다. 우선, 사회를 맡은 디트마어 쉔헤어Dietmar Schönherr와 비비 바흐Vivi Bach가 열일곱 살 레오니Leonie를 무대 뒤로 보냈다. 그러고 나서 레오니의 부모와 남동생에게 다섯 벌의 의상을 보여줬다. 레오니가 어떤 옷을 고를 지 맞추는 게임이었다. 레오니의 남동생인 로베르트Robert가 이렇게 말했다. "제 생각에는 여기 이 바지를 고를 것 같아요." 방청석에 앉은 사람들이 서로 무어라 중얼거렸다. 아빠도 그 바지를 선택했으며 엄마 역시 마찬가지였다. 그러자 사회자 쉔헤어가 물었다. "왜 이 바지죠?" 엄마는 "내 딸이 바지를 즐겨 입거든요." 라고 대답했다. 방청객들의 웃음소리가 들렸다. 사회자 쉔헤어가 이렇게 말했다. "제 생각에는 이 바지가 어울려 보이지 않는데요."

레오니는 무대 뒤편에서 입을 옷을 골라야 했다. 레오니는 가족들의 예상대로 블라우스와 바지의 조합을 선택했다. 마침내 블라우스와 바지를 입은 레오니가 당당한 무대로 걸어 나왔다. 그리고 스튜디오의 조명 속에서 두 뺨이 불그레해진 레오니가 카메라 앞에 섰다. 그런데, 레오니의 앞가슴이 훤히 들여다보였다. 레오니가 그날 브래지어를 착용하지 않았던 것이다. 사회를 본 쉔헤어가 이렇게 말했다. "정말 잘 어울리는군요. 바지와 블라우스가 아주 잘 어울려요."

그 다음 날, 방송국은 폭탄을 투하하겠다는 위협을 받았으며, 항의 편지가 빗발쳤다. 하지만 레오니 슈퇴어는 자신의 선택을 후회하지 않았으며, 방송사고 이후 무려 90명의 남자들로부터 청혼을 받았다고 자랑했다.

독일의 청소년 소프트 포르노 드라마
: 스쿨 걸 리포트

미국에서 상영됐던 법정 영화 「12명의 성난 사람들12 Angry Men」(1957)이나 「알라바마 이야기To Kill a Mockingbird」(1962)의 한 장면을 보는 듯하다. 12명의 남녀가 테이블에 모여 앉아 거짓말이냐 진실이냐, 무죄인가 유죄인가를 결정하기 위해 논의를 하고 있다. 독일에서 제작한 소프트 포르노 「스쿨 걸 리포트Schoolgirl-

Report」(1970)에 판사는 등장하지 않고, 김나지움Gymnasium*의 학부모회가 열리는 장면이 나온다. 물론 살인 장면도 나오지 않는다. 열여덟 살의 레나테 W.Renate W.는 학교로부터 징계를 받을 처지에 놓였다. 학교에서 발전소 견학을 가는 도중 차 안에서 버스 기사를 유혹했기 때문이었다. 물론 비교적 가벼운 돌발적 사고였으며, 다들 즐거운 하루를 보냈고 다친 사람도 전혀 없었다. 그런데도 그 일이 문제가 됐다. 독일에서 금지된 것은 도대체 무엇인가? 또는 허용되는 것은 무엇인가?

우선 레나테 W.는 무척 불쾌한 표정이었다. 그리고 학부모회 구성원들은 화가 많이 났다. 교장 선생의 부탁으로 참석한 베르나우어Bernauer 박사가 발언을 시작했다. 베르나우어가 참석한 이유를 알게 된 학부모들이 그를 비웃었다. 베르나우어 박사는 정신과 의사였다. 하지만 베르나우어는 전혀 동요하지 않았고, 느긋하게 담배에 불을 붙이며 이렇게 말했다.

요즘 젊은이들은 섹스를 할 것인지의 여부를 독자적으로 판단해서 결정합니다. 여러분들이 생각하는 것 그 이상이지요. 우리 어른들은 여전히 오래전에 없어진 섹스 모럴에 갇혀 살고 있어요.

* 독일의 초등학교와 대학교를 연결하는 9년제 중·고등학교.

「스쿨 걸 리포트」 '부모들이 금기시 하는 것들' 편의 무대는 학부모회 회의 장면이다. 「스쿨 걸 리포트」는 독일에서 제작한 영화로, 야릇한 느낌이 들고 음란하면서 한편으론 재밌다. 이어지는 장면에서 베르나우어 박사는 학술 논문의 사례를 인용하기도 하면서 데카메론 스타일로 에로틱한 이야기를 들려준다. 베르나우어 박사의 얘기는 다른 장면으로 이동된다.

체육 선생의 배 위에 앉아 있는 열일곱 살 마를레네Marlene, 본인의 두 다리를 모으기가 힘들어 보인다. 아빠가 없는 안네Anne, 의붓오빠에 대한 사랑이 허용 기준을 크게 벗어났다. 열여섯 살 미모의 소녀 이리나Irina, 옷가게에서 옷을 훔치다 발각되자 사립 탐정에게 접근해 사귀면서 처벌을 면해보려 한다.

이 영화는 1970년에 출간된 귄터 후놀트Günther Hunold의 동명 저서를 원작으로 만들어졌다. 당시 마흔네 살로 할레음악대학 강사이던 후놀트는 열네 살에서 스무 살 사이의 소녀들을 상대로 성적 취향을 조사했다. 그리고 그 가운데 열두 명과의 인터뷰 내용을 자신의 성교육 저서에 실었다. 그리고 당시 51세로 후놀트의 저서를 재밌게 읽은 뮌헨 출신의 영화 제작자 볼프 C. 하르트비히Wolf C. Hartwig가 3만 마르크에 판권을 사들여 같은 해에 영화로 만들었다. 하르트비히는 슈퍼마켓 여성 판매원 등 일반인들을 이 영화에 출연시켰으며, 이들에게 일당 600마르크를 지불했다. 직업 영화배우들도 함께 출연했는데, 이 영화가 그들의 첫 출연작이 됐다. 콘스탄틴 베커Konstantin Wecker, 잉그리트 슈티거Ingrid Steeger, 자샤 헨Sascha Hehn, 하이너 라우터바흐Heiner Lauterbach, 그리고 유타 슈파이델Jutta Speidel 등이 총 열세 편의 「스쿨 걸 리포트」 시리즈에 출연했다. 독일에서만 약 600만 명의 관객이 본 「스쿨 걸 리포트」 1편 '부모들이 금기시 하는 것들'은 지금도 최고의 독일 영화 베스트 10에 랭크돼 있다. 또한 전 세계적으로 흥행에 성공해 1억 명 이상이 이 영화 시리즈를 본 것으로 집계됐다.

이 영화는 성행위 묘사가 특별히 노골적이진 않다. 섹스 장면이 있기는 하지만 근접 촬영하지 않았으며 남자 배우들의 성기가 노출되지도 않았다. 게다가 반창고를 이용해 음부를 가렸다. 그럼에도 불구하고 소프트 포르노인 이 영화를 보기 위해 1970년대 초 수백만 명이 극장을 찾았다는 건 주목할 만한 사항이다. 극장에서 동네 식당 조리사, 이웃집 여자, 또는 스포츠 강사 등과 마주치는 게 두려워 이 영화를 보지 않은 사람은 없었다. '섬머 오브 러브Summer of Love*'와 '억압된 섹스에 대한 자유'를 부르짖었던 '68혁명'의 여운이 아직 가시지 않은 시기였다. 그리고 독일은 경제 기적을 이룬 후였다. 「스쿨 걸 리포트」은 치졸한 호기심과 유쾌함을 주는 영화였으며, 이 영화가 성공한 이유는 새롭게 출발한 독일의 모습을 보여줬기 때문이었다.

이야기를 다 마친 베르나우어 박사는 마침내 학부모회 배심원들을 설득하게 된다. 현대 과학은 섹스에 대해 시치미를 떼는 관습을 타파했으며, 새롭게 알게 된 섹스에 대한 욕구는 낡고 경직된 사고방식을 몰아냈다. 학교에서 우등생인 레나테 W.는 학교로부터 아무런 징계를 받지 않고 무사히 졸업장을 받는다. 부모들이 학교에서 나오는 장면으로 영화는 끝난다. 뚱뚱한 체구에 백발이 성성한 어느 학부모가 이렇게 말한다. "저는 여전히 이해가 되질 않습니다." 그러자 다른 학부모가 왜 회의 시간에 그런 얘길 하지 않았냐고 따진다. 백발의 남자가 "낡은 사고방식을 가졌다는 소릴 듣기 싫어서요."라고 대꾸한다. 그러자 상대방이 "그것도 당연히 하나의 의견입니다."라고 말한다.

* 히피 운동이 시작된 1967년 여름을 가리킴.

32분간 지속되는 오르가슴

: 탄트라 마사지

오르가슴이 32분간 지속된다. 조금 답답할 정도로 열기가 찬 분위기에서 몸에 아무것도 걸치지 않은 남자 마시지사가 한 시간 내지 세 시간에 걸쳐 음부를 포함한 온몸을 마사지한다. 물과 바람, 소리, 냄새, 그리고 미각을 체험하는 현실 초월적 경험이다. 사랑이라는 보편성을 알게 되며, 여러 차례 최고조의 오르가슴을 느끼는 것도 가능하다. 자신이 받은 느낌에 대해 마사지사와의 대화도 필수다.

'원조 탄트라 마사지' 입문서에 나오는 탄트라 마사지 tantramassage 개요다. 이 같은 정신적 섹스 방법은 고대 인도가 아닌 1970년대 후반 베를린에서 개발됐다.

1941년생으로 탄트라 마사지를 개발한 안드로 로테Andro Rothe 는 독일 슈바르츠발트의 할아버지 집에서 어린 시절을 보냈다. 그는 자유로운 예술적 분위기에서 자랐다. 아버지가 포르츠하임 Pforzheim 미술학교의 강사였기에 로테는 아버지가 강의하는 미술 교실에 다녔으며, 누드모델로 아르바이트를 했다. 로테는 인생의 문제에 대한 답을 서유럽의 사상이나 정통 의학 교과서에서만 유추하지 않는 환경에서 자랐다.

1975년 인도의 푸나Poona에서 로테는 구루Guru* 중 가장 유명한 인물로 후일 오쇼Osho라는 이름으로 개명한 바그완Bhagwan의 암자를 찾았다. 당시 스와미Swami** D. 페터D. Peter라는 이름으로 푸나에서 활동하던 독일의 철학자 페터 슬로터다이크Peter Sloterdijk는 후일 이렇게 시인했다. "바그완의 암자에서 행해진 정신적 섹스라는 것은 거의 대부분 지루한 성교에 불과했다."

그런데 안드로 로테는 정신적 섹스가 지루한 것만이 아니라고 생각했다. 터키를 거쳐 쿠르디스탄과 아프가니스탄, 발루치스탄, 파키스탄, 인도, 실론, 네팔, 티벳 등을 돌아보고 독일로 돌아온 로테는 1978년 베를린에 '정신적 탄트라 센터'를 열었다. 로테는 이곳에서 세계 최초의 탄트라 마사지 서비스를 시작했으며, '탄트라 마사지'의 저작권을 등록했다. 한편 로테는 작가 하인리히 만 Heinrich Mann의 손자인 사라남 루드비크 만Saranam Ludvik Mann을 잠재적 고객이자 연인으로 생각했다. 독일 지식계급의 아들인 그도 인도의 에로틱을 전파하는 데 큰 도움을 줬다.

인도인들은 이미 오래전부터 종합적 생활예술인 탄트라가 한

---

* 힌두교·시크교의 스승이나 지도자.
** 힌두 승려.

날 섹스 테크닉으로 축소되는 것을 거부해왔다. 하지만 안드로로테는 세기말의 신지학적 철학과 인도 전통 바즈라야나Vajrayana 탄트라, 그리고 선불교의 문헌들을 당당하게 증거로 제기했다. 로테는 현대 미국의 인간 심리학, 빌헬름 라이히Wilhelm Reich의 오르곤 이론, 아메리카 인디언 샤머니즘의 뉴에이지 치료법, 프라이멀 스크림 정신요법과 가족 치료법, 미국의 정신과 의사 퀴블러로스Kübler - Ross의 죽음을 앞둔 환자 연구, 릴리Lilly와 리어리Leary 의 항정신성 의약품 실험, 양자역학 등도 중요하게 생각했다. 로테의 이론은 오르가슴을 보증하는 것으로, 글로벌 정신세계를 리믹스한 최고의 이론이었다. 하지만 의사들은 2004년에 생긴 '독일 탄트라 협회'를 아직도 인정하지 않는다.

위홀 · 베켄바워 · 트럼프, 현대판 고모라의 마지막 파티
: 스튜디오54

마지막 밤, 스티브 루벨Steve Rubell은 DJ 박스에 올라 마이크를
잡고 클럽에 모인 손님들을 내려다봤다. 그는 술에 취해 있었고
몸을 이리저리 흔들었다. 하마터면 바닥으로 쓰러질 뻔했다. 쓰러
지기 일보 직전에 누군가 그를 붙잡아줬다. 루벨은 다시 몸을 일
으켰고 프랭크 시나트라Frank Sinatra의 노래를 불렀다. '아이 디드
잇 마이 웨이─' 역시 루벨다운 노래였다.

스티브 루벨이 동업자 이안 슈레거Ian Schrager와 함께 1977년에
문을 연 뉴욕의 나이트클럽 스튜디오54Studio54가 1980년 2월 4
일 마지막 파티를 끝으로 문을 닫았다. 마지막 날 파티의 주제는
'현대판 고모라Gomorrah*의 멸망'이었다. 절대 지나친 주제가 아
니었다. 지난 3년간 사람들이 스튜디오54를 찾은 이유는 춤을 추
고 알코올에 취하며 애인을 구하기 위함만이 아니었다. 사람들은
일상을 뒤로하고 그것을 한순간이나마 잊기 위해 이곳을 찾았다.
패션 디자이너 톰 포드Tom Ford는 "코카인을 하는 사람이 한둘이
아니었다. 그래서 우울해보이는 사람이 하나도 없었다."라고 스튜

---

* 구약성서에 나오는 타락한 도시.

디오54의 분위기를 전했다. 디스코 음악과 아름다운 몸매의 젊은
남녀들, 알코올, 마약이 뒤섞여 초현실적 분위기를 자아냈다. 사
람들은 장소를 가리지 않고 즐겼다. 특히 스테이지 위편 발코니
에서 즐기는 사람들이 많았다. 소파와 스툴, 방석 등은 청소하기
편하도록 고무 소재로 만든 제품을 이용했다. 누구나 스튜디오54
에서 즐기고 싶어 했다. 동성연애자나 여자 옷차림을 한 남성 동
성애자, 슈퍼 모델, 대학생, 앤디 워홀Andy Warhol, 엘리자베스 테
일러Elizabeth Taylor, 비앙카 재거Bianca Jagger, 트루먼 카포트Truman
Capote, 도널드 트럼프Donald Trump 등이 이곳을 찾았다. 뉴욕 코
스모스 팀에서 기량을 발휘하던 독일 축구 영웅 프란츠 베켄바워
Franz Beckenbauer도 모습을 드러냈다. 베켄바워는 "나는 그곳에 가

면 홀가분한 마음으로 술을 마셨다. 뉴욕에서의 생활은 내 생애 최고의 시간이었다."라고 회상했다.

스튜디오54의 성공 비결은 다양한 손님 구성에 있었다. 스티브 루벨은 이렇게 언급한 적이 있다.

문 앞에서 입장을 기다리는 손님들을 보면 마치 여러 가지 야채를 섞은 샐러드나 연극에 등장하는 다양한 배역들처럼 보였다. 이성애자들 위주로 손님을 골라 들여보내면 홀에 에너지가 부족해보였으며, 동성애자들만 고르면 전체적인 조화가 부족해보였다. 우린 양성애적 분위기를 원했다.

뉴욕 세무서에서 1979년 12월 스튜디오54를 수색하던 날, 달러 뭉치가 가득한 가방이 곳곳에서 발견됐다. 얼마 후 루벨과 슈레거는 250만 달러를 탈세한 혐의로 징역 3년 5개월의 유죄 판결을 받았다. '현대판 고모라의 멸망'라는 주제의 파티는 자유롭게 살던 두 사람의 인생에서 마지막 파티이기도 했다. 두 사람은 이튿날 감옥에 수감됐으며 13개월 동안 옥고를 치르고 출소했다. 스튜디오54에서 마지막 잔을 들이킨 사람은 실버스타 스텔론 Sylvester Stallone이었다.

탈세 사건이 아니었어도 스튜디오54의 시계는 멈췄을 가능성이 많았다. 뉴욕은 1970년대 말에 파산했다. 물론 요즘과 달리 당시는 영업시간 규정이 느슨했으며, 지금보다 자유로운 섹스가 가능했다. 에이즈AIDS*가 사람들의 성생활을 바꿔놓기 전까지 스튜디오54에서는 무분별한 성관계가 아무 거리낌 없이 제멋대로 행해졌다. 당시 미국 대통령이던 지미 카터Jimmy Carter의 어머니 릴리안 카터Lillian Carter는 스튜디오54에 다녀온 뒤 이런 발언을 했다.

내가 천국에 다녀온 건지 지옥에 다녀온 건지 종잡을 수가 없군요. 어쨌거나 대단한 곳이었어요.

* Acquired Immune Deficiency Syndrome. 후천성면역결핍증.

X

모던 타임스
the Modern Times

미국 대통령의 섹스 스캔들, 클린턴은 처음이 아니다

: 모니카 르윈스키

클린턴 스캔들이 막바지에 다다를 무렵, 재판 관계자들 모두 뭔가 일이 대단히 잘못된 방향으로 진행됐다는 느낌을 받았다. 1998년 8월, 미국 대통령과의 관계에 대해 스물다섯 살인 모니카 르윈스키Monica Lewinsky를 하루 종일 심문했던 대배심원 가운데 한 명은 법정에서 훌쩍이고 있던 르윈스키에게 개인적인 발언을 했다. "당신이 법정에 나오는 건 오늘이 마지막입니다. 그리고……, 저도 이런 배심은 두 번 다시 하고 싶지 않아요. 우리도 당신이 자유의 몸이 되기를 바랍니다. 좋은 결과 있기를 바라요. 하느님이 축복을 내리실 겁니다." 그간 배심원들이 르윈스키를 대하는 태도는 신중함과 다소 거리가 멀었다.

부적절한 관계를 지금 돌이켜 생각해보세요. 두 사람의 관계가 사랑이었습니까, 아니면 성적인 집착이었습니까? 당신과 대통령, 성관계를 하고 나서 담배를 피웠습니까? 대통령이 당신을 사랑한다고 생각했습니까? 정말로 믿었어요?

빌 클린턴Bill Clinton은 정치적으로 큰 타격을 입었다. 클린턴은

1998년 정치생명에 위협을 받았으며, 살아남기 위해 몸부림을 쳤다. 미국 의회는 미국 역사상 두 번째 현직 대통령 탄핵안을 의결했다. 물론 클린턴은 강간이나 아동 포르노 소지 혐의가 아닌 위증과 재판 방해 혐의로 기소됐다. 52세였던 미국 대통령은 대통령 당선 이전 아칸소 주지사로 재직할 때 있었던 성희롱 사건으로 골치를 썩고 있었다. 당시 주 정부 직원이었던 폴라 존스Paula Jones는 클린턴 당시 주지사가 자신을 성추행했다며 소송을 제기했고 이 사건을 조사하는 과정에서 르윈스키와의 관계마저 드러났다. 담당 검사는 클린턴에게 이렇게 물었다. "당신은 모니카 르윈스키와 성관계를 했습니까?"

대통령에 대한 퇴임 요구와 언론의 총공세 속에 사람들은 사건의 본질은 잊고 있었다. 사람들의 관심사는 중년의 위기를 겪고 있는 기혼남이 젊은 여자와 바람피운 사실이 발각된 후 거짓말을 했다는 것에 있었다.

클린턴이 섹스 스캔들을 일으킨 첫 미국 대통령은 아니었다. 미국 독립 선언문을 쓴 토마스 제퍼슨Thomas Jefferson은 자신의 집에 노예로 일하던 샐리 헤밍스Sally Hemings와 부석설한 관계를 맺었다. 프랭클린 D. 루즈벨트 Franklin D. Roosevelt 대통령은 아내의 여비서인 루시 머서Lucy Mercer 와 스캔들을 일으켰다. 1960년대 들어 존 F. 케네디John F. Kennedy 대통령은 섹스 심벌 마릴린 먼로Marilyn Monroe와 자주 동침을 했다. 두 사람의 관계는 워싱턴 정가에서 공공연한 비밀이었으나 기자들은 물론이고 정적들도 그 일을 문제 삼지는 않았다. 현재 미국 수도 워싱턴의 내셔널 몰에는 마초 기질이 강했던 세 전직 대통령들의 기념비와 동상에 세워져 있다.

'모니카 게이트' 또는 '오럴 오피스 스캔들'로 알려진 클린턴 스캔들은 미국의 정치 문화가 바뀌었음을 보여주는 사례였다. 이러한 변화의 책임은 그 시대의 거대 사회운동인 페미니즘과 보수 기독교에 있었다. 이들은 공통점이 거의 없었으나 우연히 한 방향으로 갔다. 68세대의 반문화와 페미니스트들은 '사생활도 정치다'라는 명어을 만들어냈다. 기독교인들은 '인성이 중요하다'라는 슬로건을 내걸었다. 소문에 의하면, 바람을 피운 어느 정치인은 국가 기밀에 해당하는 정보들을 무책임하게 누설했다고 한다. 일부일처제나 이성 간의 연애, 혼인을 통한 안정적인 생활 등 틀에 박힌 방식이 아닌 성행위를 한 사람은 인격에 문제가 있는 것으로 간주됐다. 그리고 섹스가 정치적 무기가 됐다.

빌 클린턴은 정치에 입문할 때부터 이미 색마이자 플레이보이로 소문이 자자했다. 그리고 특별검사로 임명된 케네스 스타 Kenneth Starr가 르윈스키 스캔들의 진상을 파헤치면서 클린턴은 정치적 위기에 처했다. 케네스 스타 특검은 극단적으로 보수적이고 끈질긴데다 유머 감각도 없는 사람이란 평판이 돌았다. 케네스 스타는 총 7년여의 기간 동안 클린턴을 조사했다.* 특검 조사를 통해 미국인들은 르윈스키가 클린턴을 몇 차례나 오르가슴에 이르게 했으며** 클린턴의 페니스가 어떤 모양이었는지도 알게 됐다.*** 클린턴은 르윈스키와 함께 잠을 자지는 않았으며, 구강성교나 페팅을 즐기고 나면 잠자리에 들거나 화장실에서 마스터베이션을 했다고 한다. 아버지가 되는 책임을 회피하고 싶었을 것이며, DNA를 남기고 싶지 않았을 것이다. 그리고 르윈스키의 옷에 정액을 남긴 일은 프로 난봉꾼 클린턴을 무척 화나게 했을 것이다.

클린턴은 한편으로 궤변을 늘어놓음으로써 스캔들을 극복했다. 클린턴은 구강 애무 행위는 성관계가 아니라는 논리를 펴면서 이렇게 대답했다. "그 말의 정확한 의미가 무엇인지에 달려 있다."

---

* 케네스 스타 특검의 보고서는 총 425쪽에 달했고, 이 보고서엔 1,660개의 주석이 달렸으며, 관련 자료를 담은 박스는 열여덟 개에 이르렀다.
** 두 차례 이르게 했다.
*** 그의 페니스는 휘어 있으며 반점이 있다고 한다.

그런데 더욱 중요한 점은, 시간이 지나면서 미국인들이 클린턴 탄핵 소추를 우파의 정치적 공세로 인식하게 됐다는 점이다. 게 다가 미국인들 대부분이 점점 백악관의 하드코어 섹스 스토리에 싫증을 냈다.

그런 와중에 케네스 스타 특검도 혼외정사를 했다는 소문이 돌 았다. 이에 백발이 성성하고 무미건조하며 정직한 사람으로 알려 졌던 케네스 스타도 곤란한 처지에 빠졌다. 그런데 케네스 스타 특검을 화나게 만든 건, 워싱턴에서 아무도 그에게 애인이 있다 는 사실을 믿으려하지 않았다는 점이었다.

에이즈를 정복한 독일 의사
: 게로 휘터

2006년이 어느 무더운 여름날, 게로 휘터Gero Hütter가 티모시 레이 브라운Timothy Ray Brown과 처음 마주했다. 휘터와 브라운 두 사람의 운명을 바꿔놓은 날이었다. 아니, 어쩌면 인류의 운명을 바꿔놓은 날일 것이다. 당시 스물여덟 살의 휘터는 베를린 자선 병원 암센터의 레지던트였다. 번역가이자 프로젝트 매니저인 브라운은 게로 휘터에게 1995년 HIV* 양성 판정을 받았다고 자신의 병력을 설명했다. 두 달 전부터 상태가 악화돼 열이 많이 나고 깊은 무력감을 자주 느끼자 주치의가 그를 베를린 자선병원에 보냈다고 덧붙였다. 휘터는 브리운의 피를 뽑아 실험실로 보냈다. 즉시 나온 피검사 결과는 충격적이었다. 브라운은 백혈병이었다. 그리고 그때만 해도 자신에게 큰 행운이 오리란 사실을 알지 못했다.

약 30년 전인 1981년 초, 미국 질병 관리 센터는 로스앤젤레스에서 다섯 명의 건강한 남성이 치명적인 변종 폐렴에 걸렸다는 사실을 처음으로 발표했다. 이 보고서가 발표된 후 여러 나라에서 유사한 증세가 보고됐다. 원인을 알 수 없는 이 질병의 증세로 몸무게가 급격히 줄었으며 입 안이 곰팡이에 감염됐다. 환자 대부분이 남성 동성연애자들이었으며 성병에 쉽게 걸렸다. 의사들은 이를 '후천성면역결핍증' 즉, 에이즈라고 명명했다.

1983년에야 인간 면역 체계를 구성하는 세포에 영향을 미치는 HIV가 발견됐다. 인체가 극도로 약해지면 에이즈가 발병한다. 1990년대에는 에이즈 환자의 25퍼센트가 1년 내에 사망했다.

아직까지도 HIV가 생기는 원인과 시기, 장소에 대해 여러 가지

* Human Immunodeficiency Virus. 인체면역결핍바이러스.

이론만 있을 뿐이다. 분명한 것은 HIV가 빠른 속도로 전 세계에 퍼졌다는 사실이다. 에이즈는 전 시구적으로 퍼신 현대 전염병이다. 신종 전염병인 에이즈는 주로 남성 동성애자들에게 많이 발병한다. 에이즈 바이러스가 항문 섹스를 할 때 쉽게 감염되기 때문이다. 에이즈에 대한 공포와 피해망상은 에이즈 바이러스 자체보다 더 빠르게 전파됐다. 독일 시사 주간지 《슈피겔》은 '성병'이라고 표현했고, 교황 베네딕토 16세Benedictus XVI가 된 요제프 라칭거Joseph Ratzinger 추기경은 "하느님이 내린 형벌이라고 말하면 안 된다. 자연이 인간에게 저항하여 발생한 질병이다."라고 말했다. 독일 CSU* 소속 페터 가우바일러Peter Gauweiler는 HIV 양성 반응 환자들을 특별 보호소에 격리 수용하라고 촉구했다. 그러다 보니 에이즈 감염 사실을 숨기거나 에이즈 환자들에게 오명을 씌우는 바람에 에이즈 연구나 연구에 필요한 논의가 방해를 받기도 했다. 주류를 이루는 이성애자들은 에이즈의 심각성에 느리게 반응했다. 그리하여 에이즈 환자 지원 프로그램이나 예방 방법 홍보가 뒤늦게야 시작됐으며, 사람들은 그제서야 성행위 방법을 바꾸기 시작했다. 에이즈와의 기나긴 전쟁이 시작된 것이다. 지금까지 전 세계에서 약 3,600만 명이 에이즈로 사망했다.

* Christlich-Soziale Union. 기독교사회동맹.

티모시 레이 브라운도 동성연애자였다. 그는 자신이 언제 감염됐는지도 몰랐다. 자신의 고향인 미국 시애틀Seattle이나 유럽 여행에서 감염됐을 수도 있고, 아니면 1990년대 초반에 거주했던 베를린에서 감염됐을 가능성도 있다. 브라운은 HIV 양성반응 판정을 받은 후 당시 새로 개발된 강력 항레트로바이러스 치료를 받았다. 이 치료법은 인체 내에 있는 바이러스의 수를 낮추어 에이즈 발병을 최대한 지연시키는 방법이다. 브라운의 경우도 이 치료법의 효과를 봤다. 이후 그는 비교적 정상적인 생활을 유지했으나, 2006년의 백혈병 판정은 에이즈에 대한 공포보다 더 크게 다가왔다. 베를린 자선병원의 게로 휘터는 브라운에게 화학요법을 적용했으나 별 효과를 보지 못했다.

데이터 뱅크에서 브라운에게 적합한 골수 기증자를 찾아보던 게로 휘터는 깜짝 놀랐다. 적합한 기증자가 무려 232명이나 있었다. 게로 휘터는 언젠가 에이즈에 대해 공부하면서 읽었던 기사 하나를 떠올렸다. 사람들 가운데 1퍼센트의 사람들이 HIV에 면역력이 있는데, 이들에겐 CCR5 유전자가 없기 때문이라는 내용이었다. 휘터는 CCR5 유전자가 없는 골수 기증자를 찾아보기로 했다. CCR5 유전자가 없으면 HIV에 감염되지 않을 거라는 생각이었다. 그리고 그게 가능하다면 브라운의 백혈병과 HIV 감염을 동시에 치료할 수 있다고 생각한 것이었다.

그때까지 HIV 감염 환자를 진료해본 경험이 없는 휘터는 그 분야에 대한 지식도 많지 않았다. 하지만 그런 점이 오히려 장점으로 작용했을 수도 있다. 많이 아는 사람은 확신도 분명하겠지만, 그만큼 다른 가능성에 대해 마음의 문을 열어놓지 않기 때문이다. 당시 레지던트 신분으로 병원 의사들의 서열상 맨 아래에 있던 휘터는 동료 의사 두 명에게만 자신의 계획을 털어놓았다. 그리고 그의 치료는 성공을 거뒀다. 브라운은 치료 성공 후의 감회를 이렇게 전했다.

전 세계에 HIV 환자가 수백만 명입니다. 그리고 치료된 사람은 제가 처음입니다. 처음엔 저도 믿을 수가 없었습니다. 그런데 의사 선생님들 여러분이 확인을 해줬습니다. 그래서 저도 믿게 됐습니다.

이후 게로 휘터와 의사들은 다른 환자들에게서 지속적으로 치료의 성공을 거두지는 못했다. 하지만 브라운 치료의 성공은 에이즈 치료 연구의 촉진제가 됐다. 현대 과학자들은 HIV 환자들의 골수를 채취해 유전자 조작을 통한 인위적인 CCR5 결함을 만들어 줄기세포를 다시 이식하는 방법을 개발하고 있다. 10년 내에 이 방법은 임상 실험될 것이라고 한다. 또 다른 치료 방법은

'기능적 치료법'으로 환자의 몸 안에 있는 HIV를 약물로 포위해 인체에 아무런 해를 끼치기 못하도록 만드는 방법이다. 연구진들은 이 치료법에도 조만간 돌파구가 열릴 것으로 기대하고 있다.

브라운의 치료 사례는 상징적인 의미가 있었다. 브라운은 수많은 에이즈 환자들에게 용기를 줬으며, 인간의 힘으로 에이즈를 이길 수 있다는 가능성을 보여줬다. 현재 미국에 거주하고 있는 브라운은 에이즈 치료 재단을 만들었으며, 게로 휘터 박사와 함께 강연을 하고 있기도 하다. 두 사람은 정기적으로 이메일을 주고받고 있다. 휘터 박사는 현재 백혈병 치료제 전문 회사인 독일 드레스덴Dresden 소재 셀렉스Cellex 의학 연구소장으로 일하고 있다. 그는 이런 말을 했다.

우린 의학 역사를 다시 썼습니다. 절묘한 타이밍에 우연히 제 머릿속에 떠오른 아이디어 덕분이었죠. 저에게 그런 행운은 두 번 다시없을 것 같아요.

품질 테스트 전문 잡지의 바이브레이터 평가단

: 외코테스트

독일에서 가장 신뢰받는 상품 품질 테스트 전문 잡지《외코테스트Ökotest》의 표지를 보면 단풍잎 문양이 있는 붉은색 바탕의 로고가 가장 먼저 눈에 들어온다. 그리고 바로 그 아래에 '삶의 질 향상하기'라는 잡지의 슬로건이 새겨져 있다. 이 잡지가 창간된 1985년은 사람들이 공기와 북해산 원유, 그리고 산성비 속에 함유된 방사능에 대해 미증유의 두려움을 느끼기 시작하던 해였다. 언론과 연구진은 생태계를 복원할 방안을 강구하는 동시에 방사능 공포에 빠진 사람들을 안심시킬 메시지를 전했다.

제대로 된 물건을 사면 아무 문제없습니다.

지난 몇 년 동안 도덕적 쇼핑Ethical Shopping(윤리성이 결여된 기업의 제품 구매를 거부하자는 운동)에 참여하고 글루텐이나 유당을 사용하지 않음으로써 식생활을 개선하고 생활에 활력을 주려는 소비자 운동이 일어났다. 그러한 움직임의 일환으로 2009년 5월 《외코테스트》는 성인용 섹스 도구에 대한 품질 테스트를 실시하기에 이른다. 사람들은 자신의 이미지는 물론, 생태 환경 이미지를 제고하고 싶었을 것이다.

물론《외코테스트》의 전문가들이 성인용 도구 마켓에서 파는 물건들에 대해 각별한 관심을 가졌던 것은 아니었다. "오리온 사에서 만든 바이브레이터 제품인 '플로리다 돌핀Florida Dolphin'은 포장을 뜯자마자 고약한 냄새가 풍겨 오히려 성욕이 사라진다."《외코테스트》의 평가단이 내린 상품 평 가운데 하나다. 바이브레이터 다섯 개 제품이 중간 점수 또는 하위 점수를 받았다. 이 제품들에 대한 평가가 낮은 이유는 "디부틸틴dibutyltin이나 트리부틸린tributyltin 같은 다환 방향족 탄화수소polycyclic aromatic hydrocarbons 성분이 많이 함유된 소재를 사용했다"는 데 있었다.

열두 개 바이브레이터는 우수 평가를 받았다. 특히 단단한 나무로 만든 바이브레이터가 평가단으로부터 최고점을 받았는데, 이 제품은 장난감 열차나 기타 어린이용 장남감에도 사용되는 나무로 만든 것이었다. 이들 바이브레이터들은 유해 물질 함유 여부, 가공 상태, 냄새, 모터 성능 등 다양한 테스트를 거쳤다. 단 한 가지 부분만 테스트를 하지 않았다. 평가단은 어떤 바이브레이터가 여성을 최고조의 오르가슴에 이르게 하는지에 대해선 한마디도 언급하지 않았다.

풍만한 엉덩이, 아름다움의 기준이 되다

: 킴 카다시안

젊은 여배우가 탈의실로 보이는 공간에서 오염한 포즈를 취한다. 그녀의 뒤편 왼쪽에 있는 동양식 창호로 부드러운 햇살이 비껴 들어온다. 여배우는 아슬아슬하게 가릴 곳만 가린 하얀색 원피스 수영복을 입고 살짝 뒤돌아선 자세다. 상체와 머리는 관찰자 방향을 향한다. 하지만 젊은 여배우는 누군가와 시선을 교환하고 있지 않다. 왼손에 스마트폰을 든 그녀는 셀피selfie 찍기에 여념이 없어 보인다.

이 사진은 젊은 여배우가 셀피 찍는 모습을 카메라에 담은 것이다. 얼핏 보면 사진을 잘못 찍은 듯이 보인다. 긴 금발에 가려 얼굴이 반만 보이기 때문이다. 하지만 이 사진에서 포인트는 그녀의 얼굴이 아니다. 수영복에 살짝 가려진 그녀의 왼쪽 가슴을 클로즈업하지도 않았다. 무릎을 앞으로 살짝 굽히고 선 그녀의 왼쪽 다리, 그리고 둥글고 큰 엉덩이가 사진의 중심에 위치해 있다.

2013년 10월, 킴 카다시안Kim Kardashian은 자신의 최초 벨피belfie를 찍었다. 벨피란 엉덩이를 의미하는 버트butt와 스마트폰을 이용해 자기 사진을 찍는 셀피의 합성어로 새로운 개념의 사진

예술이다. 카다시안이 벨피를 처음 창안한 사람은 아니었다. 그녀는 팬과 팔로어들에게 SNS를 통해 자신의 벨피를 공개했고, 이는 마치 해일 같은 큰 충격을 세상에 안겨주며 아름다운 여성의 이상형을 바꿔놓았다. 풍만한 가슴과 긴 다리, 그리고 식스 팩이 그 가치를 잃은 것이다.《뉴욕 타임스》는 "미국에선 엉덩이가 여자를 선택할 때 가장 중요한 기준이 됐다."라고 보도했다.

1991년 미국인 래퍼 서 믹스 어 랏Sir Mix-a-Lot은 무대에서 "아이 라이크 빅 버트!"라고 외쳤다. 그리고 약 25년 후 힙합은 팝 뮤직과 언어, 그리고 패션 등에 총체적인 변화를 줬을 뿐 아니라 새로운 이상적 신체 개념을 만들어냈다. 그것은 풍선처럼 터질 듯한 엉덩이를 흔들어서 남자들을 마음대로 조정하는 여자, 즉 '버블 버트Bubble Butt'였다. 힙합 비디오들은 마치 피트니스 트레이닝과 스트립쇼를 합쳐놓은 듯했는데, 사실 래퍼 아이스 티Ice-T의 아내인 코코 오스틴Coco Austin 같은 유명 인사들은 터질 듯한 엉덩이 이외에는 내세울 만한 게 없었다.

여성의 엉덩이는 굴곡진 역사를 가지고 있어서 줄곧 관심의 대상이었던 건 아니었다. 예를 들어, 고대 이집트인들은 여성의 엉덩이에는 전혀 관심이 없었고 몸매가 날씬한 소년 같은 타입의 여자를 선호했다. 그에 반해 고대 그리스에선 엉덩이를 높이 평가했다. 기원전 340년경에 고대 그리스의 조각가 프락시텔레스Praxiteles는 그 유명한 「크니도스의 아프로디테Aphrodite of Knidos」를 만들었다. 신전 벽에 세워둔 이 여신상을 보려고 많은 사람들이 몰려들었다. 사람들이 여신상의 뒷모습도 보여달라고 요구하자 여신상의 뒤편 벽에 문을 만들었다. 그리하여 사람들은 아프로디테의 엉덩이를 마음껏 볼 수 있었으며, 그 모습은 보는 이들을 황홀경에 빠뜨렸다. 그리고 수많은 세월이 흘러 여성들이 2차원적으로 묘사되면서 화가 루벤스가 커다란 엉덩이의 아름다움을 다시 찾아냈다. 17세기 초와 19세기 말경에는 패드pad의 일종인 '퀴 드 파리Cul de Paris'*의 도움으로 엉덩이를 강조하는 여성 패션이 등장했다.

2013년에 이르러 다시 한 번 뒤태의 르네상스가 왔다. 킴 카다

---

* '파리의 엉덩이'란 뜻으로, 둔부를 돋보이게 하려고 사용했던 허리받이의 일종.

시안의 영향을 받은 리한나Rihanna와 비욘세 등의 스타들이 앞장서서 엉덩이 사진을 포스팅했으며, 수많은 여성들이 그러한 트렌드에 합류했다. 그리고 풍선처럼 터질 듯한 엉덩이는 블록버스터로 연결됐다. 디즈니 채널의 프로그램 「한나 몬타나Hannah Montana」로 이름을 알린 스타 마일리 사이러스Miley Cyrus는 방송 골든 타임에 힙합 댄스 트웍twerk*을 선보였다. 니키 미나즈Nicki Minaj는 자기 자신의 '커다란 엉덩이big fat ass'에 대해 랩으로 노래를 불러 랩 차트 정상에 올랐고,《스포츠 일러스트레이티드Sports Illustrated》수영복 특집호에 사상 처음으로 뒷모습 커버 모델로 섰다. 푸시업 기능이 있는 바지가 다시 유행했으며, '브라질리언 버트 리프트Brazilian Butt Lift'라는 성형 수술이 인기를 끌었다. 이는 말 그대로 브라질 여성처럼 탄탄하고 볼륨 있는 엉덩이를 만들어주는 수술을 말한다. 삼바 축제에서 탄력 있는 몸매로 현란한 댄스를 추는 여성들의 몸매를 모티브로 한 것으로, 복부에서 지방을 빼낸 후 엉덩이에 다시 집어넣은 수술이다.

킴 카다시안의 벨피는 캐딜락처럼 큰 엉덩이가 높은 신분을 상징한다는 의미를 내포한다. 우람한 몸집의 여성은 여성들이 적극적으로 사회생활을 하고 사회적 지위와 직장 내 승진 및 임금 인

* 몸을 낮추고 엉덩이를 심하게 흔드는 등 성적인 자극을 주는 춤.

상의 경쟁 대열에 합류한 시대에 잘 어울린다. 하지만 여성들이 원하면 무엇이든 다 가능하다는 의미는 아니다. 아름다운 엉덩이를 가지려면 많은 노력이 필요하다. 아름다운 엉덩이는 섹스의 상징일 뿐 아니라 성과 지상주의 사회의 상징이기도 하기 때문이다. 글래머 모델 킴 카다시안은 자신의 엉덩이를 좀 더 부각시키기 위해 늘 허리에 코르셋을 착용한다. 게다가 일주일에 여섯 차례 피트니스 클럽에 간다.

데이트 앱으로 애인을 구한 할리우드 스타
: 케이티 페리

2014년 초 가수 케이티 페리Katy Perry가 록 스타 남자 친구 존 메이어John Mayer와 결별했다. 그리고 당시 스물아홉 살이던 페리는 실연의 아픔을 스물아홉답게 극복했다. 페리는 스마트폰에 데이트 앱 '틴더Tinder'를 다운로드했다. 틴더는 애인을 구하는데 필요한 일종의 레이더 스크린 같은 것으로 바로 근처에 있으면서 연애를 하고 싶어 하는 사람들을 찾을 수 있다. 페리는 후일 어느 인터뷰에서 틴더가 매우 유용하다고 강조했다. 그녀는 이렇게 설명했다. "저는 시간이 많지 않아요. 그래서 틴더를 이용했죠."

틴더를 비롯해 '로부Lovoo', '바두Badoo' 등의 데이트 앱은 불과 몇 달 만에 수백만의 회원을 확보하는 동시에 남녀 간의 데이트 방식을 바꿔놓았다. 틴더는 원칙이 매우 단순해 전 세계 누구나 쉽게 사용할 수 있다. 이 앱은 사용자의 인근에 머물고 있는 싱글의 현재 위치를 알려주며, 아주 간단한 프로필을 보여준다. 이름과 개인 정보 몇 가지와 사진 여섯 장이 전부다. 맘에 드는 사람이면 엄지손가락을 쓰윽 오른쪽으로 밀어 녹색 하트가 되게 하고, 맘에 들지 않으면 왼쪽으로 밀어 붉은색 십자가가 되게 하면 된다. 쌍방이 서로 하트로 결정되면 '매치됐다!It's a Match!'라는 문자가 스마트폰 화면에 뜨며, 이때부터 두 사람 간 채팅이 가능하다. 그 후에 두 사람은 무엇이든 할 수 있다.

케이티 페리나 애쉬튼 커쳐Ashton Kutcher, 힐러리 더프Hilary Duff 등 빽빽한 일정에 따라 움직여야 하고 늘 파파라치들을 피해 다녀야 하는 슈퍼스타들도 스마트폰 데이트 앱을 이용한다는 사실은 데이트 앱의 성공을 증명했다. 틴더는 2015년 애인이 없거나 실연한 VIP 회원들의 프로필이 사실과 다르지 않음을 확인해주는 '프로필 인증 verified profiles' 기능을 추가했다. 유명 인사 회원의 프로필에는 이름 옆에 파란색으로 문양을 달아 진짜 유명 인사임을 표시하는 것이다. 케이티 페리 같은 유명 연예인과 매치된다면 그야말로 사랑의 잭팟이 터지는 것이다.

혁신적인 변화가 나타날 때 대부분 그렇듯이, 틴더 앱을 이용한 데이트를 못마땅해하는 사람들도 적지 않다. 이들은 엄지손가락으로 스마트폰 액정 화면을 밀어 애인을 찾는 방식에 회의적이다. 틴더 앱이란 게 너무 빠르며, 표면적 프로필만으로 아무 생각 없이 애인을 찾게 만든다는 것이다. 데이트 앱은 마음이 닫혀 있는 사람을 혼란에 빠뜨리기도 하지만, 그와 반대로 그들의 마음을 열게 만들기도 한다.

독일에서는 여전히 세 쌍의 부부 가운데 한 쌍 정도가 직장에서 만나 결혼한다. 그리고 독일인 부부 가운데 약 80퍼센트가 직업이나 교육 수준이 서로 비슷하다. 독일의 '파르십parship.de' 같은 온라인 데이트 서비스 업체들은 회원들을 직업과 소득 수준, 그리고 족보에 따라 분류한 뒤 만남을 주선한다. 포스트모던적 카스트제도를 오히려 강화하고 있는 것이다. 이에 반해 틴더는 학위 증명서나 계좌 잔고 따위를 내놓으라고 강요하지 않는다.

그리고 사람들의 마음속 방탄벽을 제거하게 해준다. 이와 동시에 데이트 앱의 세계에서는 최초의 매치가 두 사람의 성공적인 만남(사랑? 섹스? 안정된 만남?)을 보장하지는 않는다. 앱에서 매치됐다는 건 두 사람의 소통 채널이 열렸음을 의미할 뿐이다. 그리고 이 채널을 적극적으로 활용하는 게 중요하다. 채팅을 시작할 때 첫 문장을 잘 써야 한다. 매력적이고 재치 있는 내용이어야 하고, 최소한 무례하지 않아야 한다. 사랑의 앱 틴더는 낭만주의의 르네상스를 의미한다.

채찍 전문 온라인 쇼핑몰

: 오토 카탈로그

채찍은 60센티미터 정도의 적당한 길이에 가죽과 PVC, 나일론으로 만들었고 가격은 39.95유로입니다. 재스퍼 포드의 소설 『그레이의 그림자』의 욕망의 세계로 빠져보세요. 채찍으로 후려치면 쾌감이 더욱 깊어집니다. 탄력 좋은 고무로 만든 손잡이를 통해 파트너에게 육욕을 전달하며 욕망과 고통 사이에서 이상적인 수단을 찾을 수 있습니다.

독일 최대 온라인 쇼핑몰인 '오토 카탈로그Otto-Katalog'에 실린 공인 성인용 도구의 광고 카피다. 오토 카탈로그는 상품 사진과 주문 번호가 실린 두툼한 인쇄물에 불과하지 않다.

독일이 경제 기적을 이루기 시작한 1950년 오토는 300부의 카탈로그를 인쇄하며 출발했다. 14페이지짜리 카탈로그에 스물여덟 종류의 구두 제품이 실려 있었다. 얼마 후 바지와 티셔츠, 믹서, 텔레비전, 그리고 소파를 판매하기 시작한 오토는 독일인들의 장보기 리스트가 되다시피 했다. 오토 카탈로그에 실린 제품들은 주로 저가 상품들로, 신제품도 아니고 혁신적인 제품도 아니었다. 하지만 오토는 틈새시장의 수요를 충족하진 못하더라도 모든 독일 소비자들의 관심을 받아야 한다는 전략을 선택했다. 따라서 독일인들의 신뢰를 받는 오토에서 수갑이나 눈가리개, 채찍 등을 판다는 사실은 SM 섹스가 독일 사회의 중심부에 자리 잡았음을 의미했다.

욕정과 고통의 관계는 어느 때건 사람들을 매혹시켰다. 하지만 21세기 초만 해도 오토에서 물건을 구입하는 평범한 사람들은 SM을 좋아한단 사실을 함부로 입에 담을 수 없었다. 그런데 인간사를 주제로 한 책 한 권으로 인해 상황이 반전됐다. 영국의 소설가 E. L. 제임스E. L. James가 쓴 3부작『그레이의 50가지 그림자

Fifty Shades of Grey』가 그것이었다. 3부 가운데 1부가 2011년에 미국에서 출간됐다. 이 책은 전 세계에 걸쳐 1억 권 이상의 판매 부수를 올렸으며, 독일에서만 6백만 권이 판매됐다. 특히 여성 독자들의 마음을 사로잡았다. 이 책이 성공을 거두면서 SM 섹스를 좋아하는 사람들은 자신들의 성향을 드러내기가 훨씬 수월해졌다. 전 세계에서 1억 명이 이 책에 관심을 가졌다고 해서 그 사람들을 전부 변태라고 할 수는 없다. 기차 안에서 어느 누구의 눈치도 보지 않고 재스퍼 포드Jasper Fforde의 소설 『그레이의 그림자』를 읽던 사람들이 있었으니까. 물론 소리 내서 읽지는 않았겠지만. 2013년에서 2015년 사이에 성인 용품 전문점의 SM 도구 판매량은 100퍼센트 이상 증가했다. 오토에서 정확한 판매량을 밝히지는 않았지만 SM 도구 가운데 채찍이 판매 1위에 랭크됐다.

SM 섹스는 시대 상황에도 잘 맞았다. 68세대*는 프리섹스를 쟁취했을 뿐 아니라 섹스를 심리학적으로 설명하고 정치화했다. 그 후 부부간의 잠자리 문제에 대해 끝없는 논쟁이 이어졌다.

주간 섹스 횟수는 어느 정도가 적정한가?
나는 파트너의 감정이나 요구 사항을 존중하는가?

* 「열등감에 찌든 독일 작가 랑한스, 자유 섹스 단체를 만들다 : 코뮌1」 편 참조.

내가 파트너에게 요구해도 되는 것은 무엇인가?

내가 파트너에게 줘야 할 것은 무엇인가?

입을 사용해도 되는가?

성교할 때의 자세는 상위 체위나 하위 체위 중 어느 것이 좋은가?

나는 애인에게 어떤 모습으로 보였을까?

물론 이러한 논쟁의 중요성을 무시할 수는 없지만 불필요하고 소모적인 논쟁이 되거나 괜한 소란만 야기하는 경우도 많다. 이에 반해 SM 섹스 놀이는 하룻밤 동안, 또는 30분 정도의 제한된 시간 동안 에로틱한 관계를 성사시킨다. 또한 남녀 가운데 누가 주도권을 쥐었는지는 중요하지 않다. 역할이 명확하게 나눠지며 각자 자신이 할 일을 안다. 파트너를 결박하거나 본인이 결박되며, 스스로 채찍을 휘두르거나 상대가 휘두르는 채찍에 본인이 맞는다. 분명한 규칙이 있기에 주저해서는 안 되며, 본인은 물론 상대방을 의심해서도 안 된다. 따라서 각자 자신의 판타지에 몰두하면 된다.

2015년, 오토 카탈로그에서 온라인으로 에로틱 섹스 상품을 주문하는 게 가능하다는 것은 정말로 묘한 느낌을 준다. 그리고 한편으로 섹스란 정말로 희한한 행위라는 생각도 든다.

전 세계 남성들의 인생을 바꿔놓은
심장 질환 치료제

: 비아그라

　"그냥 재미 삼아 먹었어요." 비아그라viagra 정 서른다섯 개를 한꺼번에 먹은 이유를 묻는 의사의 질문에 대한 서른여섯 살 다니엘 메드포스Daniel Medforth의 대답이다. 2015년 말의 어느 날, 영국인 노동자 메드포스는 친구 집에 놀러 갔다. 두 친구는 술을 마시며 시시한 잡담을 나눴다. 어떻게 메드포스가 비아그라 두 통을 다 먹을 생각을 했는지는 정확하게 알 길이 없다. 다만 두 친구가 잠자리를 함께할 생각은 아니었다고 한다. 어마어마한 양의 비아그라를 먹고 난 직후 메드포스가 몸이 좋지 않음을 느꼈다. 기대하던 발기에 성공하긴 했지만 심한 두통이 밀려왔고 머리가 어질어질했다. 둘은 실험을 즉각 중단하고 구급차를 불렀다.

　병원에서 퇴원한 메드포스는 일간신문 및 잡지들과 인터뷰를 가졌다. 그는 "살아나서 정말 다행입니다. 아내에게 야단 많이 맞았어요. 무려 닷새 동안 발기가 풀리지 않았는데 정말 끔찍했어요."라고 말했다. 다니엘 메드포스의 경우는 그나마 다행이었다. 비아그라 과용으로 인해 페니스를 절단한 사례도 있었다. 페니스 근육 조직이 돌이킬 수 없을 만큼 심한 손상을 입어 결국 괴사했기 때문이었다.

미국 출신 화학자 이안 오스텔로Ian Osterloh 박사가 1991년에 이러한 작용물질作用物質*의 특허를 낼 당시만 해도 이런 괴이한 사건이 있으리라고는 아무도 생각하지 못했다. 포스포다이에스터레이스5PDE-5 억제제 실데나필sildenafil은 원래 심장병 환자 치료용으로 개발된 약이었다. 그런데 임상 실험 결과는 연구진의 기대에 미치지 못했다. 그런데 연구진은 임상 실험이 종료되고 나서도 임상 실험 대상자 가운데 일부 남자들이 남은 약을 반납하려 하지 않는다는 사실을 알게 됐다. 심지어 남자들이 야밤에 실데나필 실험실에 몰래 잠입한 사건이 두 번이나 있었다. 일부 환자들에게 '장시간 발기'라는 결코 기분 나쁘지 않은 부작용이 일어났던 것이다.

그리고 1998년 제약 회사 파이저Pfizer Inc.가 이 약을 '비아그라'라는 이름으로 출시하자 남성들의 의약품 구매 목록 상위에 올랐음은 물론, 수많은 남성들의 인생 자체를 바꿔놓았다. 그 이전에는 전립선 질환에 의한 발기 기능 장애나 발기부전 증세가 있는 남성들을 위한 마땅한 치료법이 없었다. 작은 펌프를 이용

---

* 생물체 내에서 만들어지거나 외부로부터 주어져 미량이면서도 생체에 특이적으로 작용하는 물질.

해서 음낭 속까지 들어가는 수압 해면체를 페니스에 이식하거나 페니스 펌프를 활용하는 방법이 고작이었다. 이 방식은 진공을 이용해 페니스가 플라스크 안에서 발기되도록 하는 방법이었다. 그런데 단점이 있었다. 페니스 안에 있는 고무 링 때문에 혈액순환 장애가 생겨 페니스가 검푸른색으로 변하고 차가워졌다. 이와 같은 불편한 점에 비하면, 비아그라의 부작용인 심장 발작이나 얼굴이 달아오르는 증상, 혼수상태 등은 상당히 미미한 수준에 불과했다. 가격도 상당히 저렴했는데, 초기 비아그라 가격은 한 알에 미화 20달러 정도였다. 파이저사가 비아그라 덕에 벌어들인 돈은 연간 20억 달러에 달했다.

2013년, 이 작용물질의 특허권 보호 기간이 끝났다. 그리하여 지금은 가격이 저렴한 모방 약제와 다른 작용물질들이 파이저사의 제품과 경쟁을 벌이고 있는데, 이는 섹스용 약품의 광범위한 보급에 기여하고 있다. 이러한 발기부전 치료제는 발기부전으로 고통 받는 노년층뿐 아니라 성생활을 극대화하고 싶어 하는 젊은층도 이용하고 있다.* 또는 술 파티에서 복용한 다른 약 때문에 일시적으로 발기불능 상태가 된 젊은이들도 즐겨 찾는다. 2015년에 전 세계에서 비아그라를 복용한 남자는 4천만 명에 이른다.

* 사정 후의 회복 단계가 필요하지 않기 때문이다.

푸른 빛깔의 약품 비아그라는 유행이 됐다. 이 약이 질병을 치료하지는 않지만 사람들이 원하는 특정한 라이프 스타일을 가능하게 하기 때문이었다. 그리고 문화 비평가들이 경고했던 처참한 시나리오는 나타나지 않았다. 성적 흥분 상태를 가라앉히지 못한 실업자들이 떼를 지어 도시를 쏘다니며 사회질서를 파괴하지 않았다. 남편이 비아그라 때문에 흥분했는지 자신의 매력 때문에 흥분했는지 확신할 수 없는 여성들이 이혼을 요구했다는 얘기도 들리지 않았다. 그런데 비아그라 붐은 재밌는 부작용을 낳았다. 성 능력을 증강시킨다는 이상한 약의 거래는 원래 동아시아에서 유래한 것인데, 중국에서도 이젠 실데나필을 섞은 곡주*가 나오고 있으니 가격도 비싸고 효능도 없는 코뿔소 뿔 가루나 악취가 진동하는 호랑이 고환 따위는 필요 없어졌다.

* 실데나필 성분이 함유된 중국산 '비아그라주'가 불법으로 유통되고 있다.

히잡을 쓴 포르노 여왕

: 미아 칼리파

미아 칼리파Mia Khalifa는 지극히 정상적인 미국인 여성이다. 그녀는 미국의 프로 아이스하키팀 워싱턴 캐피털스Washington Capitals를 응원하며, 애완견과의 산책을 즐긴다. 그러나 레바논 출신의 칼리파는 고향 사람들로부터 살해 위협을 받는 날도 많다. 칼리파가 이슬람 여자들이 외출 때 착용하는 전통 복장 히잡hijab 을 쓰고 포르노 영화를 찍었으니까. 그녀의 고향 사람들 가운데 몇 명이 트위터를 이용해 "너는 지옥의 뜨거운 불길 속에서 타

죽을 것이다."라고 메시지를 보내곤 했다. IS*의 참수 동영상을 캡처한 뒤 칼리파의 얼굴을 합성해 마치 그녀를 처형하는 것처럼 보이게 만들어 유포한 사람들도 있다.

* Islamic State. 이슬람 국가.

2015년, 22세의 미아 칼리파는 세계적인 포르노 스타가 됐다. 많은 사람들이 보는 포르노 사이트 '폰허브닷컴pornhub.com'에서 미아 칼리파에 대한 조회 건수는 2014년 대비 2,129퍼센트 증가했다. 그와 동시에 그녀는 섹스 여신 순위 2위에 올랐다. 1위는 무명 시절 찍었던 섹스 동영상이 유출돼 곤욕을 치렀던 킴 카다시안*이었다.

인터넷 회사들 대부분이 그렇듯이 폰허브도 무한한 양의 정보를 이용자들에게 제공한다. 초당 75기가바이트의 데이터가 폰허브 및 제휴 회사의 서버에서 이용자들에게 전송된다. 폰허브 이용자의 73퍼센트는 남자들이지만, 이 사이트를 찾는 여성들의 비율이 증가 추세에 있다. 그런데 주요 축구 경기가 있는 시간에는 포르노 사이트 이용자 수가 현격하게 떨어진다. 그리고 3주간 치러지는 국가 대항 축구 대회가 있는 경우엔 포르노 사이트 이용자들도 애국자로 변신해 자국에서 만든 포르노 영화를 보는 비율이 평소보다 세 배가량 높아진다.

폰허브에서 집계한 통계자료는 각종 여론조사나 경제지표보다 더 정확하다. 이용자들은 자신이 좋아하는 사진과 동영상을 골라서 보게 돼 있으며, 그러므로 거짓말을 할 수 없다.

* 「풍만한 엉덩이, 아름다움의 기준이 되다 : 킴 카다시안」 편 참조.

폰허브 방문자가 가장 적은 날은 크리스마스다. 크리스마스이브에는 컴퓨터 모니터를 들여다보거나 혼자 노는 것보다 더 재밌는 일이 있기 때문이다. 이탈리아와 폴란드, 그리고 루마니아의 폰허브 이용자들은 '핫 맘hot mom'으로 검색을 많이 한다. 아마도 가톨릭교회의 영향과 가족 간의 긴밀한 유대를 중시하는 전통적 가족 관계의 영향이 있는 것으로 판단된다. 폰허브 방문자들이 오르가슴에 이를 때까지 사이트를 떠나지 않는다는 사실에 비추어 이와 관련된 수치가 상당히 흥미롭다. 네팔 사람들이 평균 13분 39초로 가장 오랫동안 폰허브 사이트를 본다. 이집트 사람들의 이용 시간은 고작 6분 48초에 불과하다. 문화권에 따라 오르가슴에 도달하는 시간이 다른 것인가? 아니면, 인터넷 속도에 따라 달라지는가? 섹스를 억압하는 사회일수록 누군가 방문을 열고 불쑥 들어와 욕을 퍼붓기 전에 빨리 끝내야 하는 것인가?

통계에 의하면, 전 세계 웹사이트 가운데 12퍼센트, 그리고 전체 다운로드의 35퍼센트 가량이 포르노다. 포르노를 비판하는 사람들은 언제든 볼 수 있는 하드코어 포르노물의 범람이 아이들에게 나쁜 영향을 미친다고 경고한다. 청소년들이 섹스에 무관심하다는 증거는 전혀 없다. 게다가 포르노물은 문화적 영향력까지 가지고 있다. 이는 폰허브의 통계자료가 시사하는 바다. 이란 사람들이 가장 좋아하는 섹스 영화 카테고리는 '레즈비언'이다. 그들이 '위대한 사탄'이라 부르는 미국 사람들과 다르지 않다. 여자들 간의 뜨거운 행위를 보고자 하는 열망은 진 지구적 현상으로, 이는 종교와 지역을 초월한 전 세계인들의 공감 영역인 듯하다.

미아 칼리파는 아르헨티나와 영국, 레바논, 시리아, 요르단, 그리고 이스라엘 사람들이 각별히 좋아하는 포르노 여왕이다.

『에로틱 세계사』 한국어판 후기

이 책을 읽어주셔서 감사합니다. 이 글을 보고 계시다는 건 마지막 페이지까지 다 읽으셨다는 뜻이겠지요. 그 점에 대해 정말 기쁘게 생각합니다. 하지만 이 시점에서 독자님께 사과의 말씀을 드려야 할 것 같습니다. 아마도 독자님은 지난 10,000년에 걸친 인류의 성에 대해 알고자 이 책을 구매하셨을 것입니다. 그리고 책을 읽으면서 고대 로마 혹은 영국 왕들의 성생활에 대해 다룬 부분이 많은 반면, 한국 '삼국시대'의 성 관련 예술에 대한 언급이 전무한 것에 대해 의문이 생겼을 것입니다.

답변은 간단합니다. 이 책의 저자는 모두 독일 뮌헨 출신입니다. 사실 우리는 역사, 신화, 그리고 예술 작품에 대해 가능한 한 많은 시대와 문화에 대해 연구하고자 했습니다. 하지만 이 연구는 서양, 구체적으로는 유럽, 그리고 더 구체적으로는 독일의 그것에 초점을 맞춘 것이 사실입니다. 심지어 이 책이 언젠가 한국어로 번역되리라는 것은 생각조차 하지 못했습니다.

물론 우리는 아시아, 특히 한국의 성에 대해 알고 싶습니다. 독일의 미디어를 통해 아직도 한국의 여러 특정 지역에서는 남성의 성기를 우상시해 나무나 돌로 만든 페니스를 숭배한다고 들었습니다. 사실인가요? 아 참, 제주도에 있는 러브랜드 테마파크는 독일에서 유명합니다. 실제로 많은 한국인이 그곳을 방문하나요? 아니면 독일인 같은 관광객들을 위해 만들어진 건가요? 그리고 한국에 '비디오 방'이라고 불리는 비디오 가게가 있는데 으슥하고 폐쇄된 방에서 커플들이 비디오를 볼 수 있게 만든 공간이지만, 사실 여기서 그들이 다른 무언가도 한다고 들었습니다. 아직도 이런 비디오 가게들이 한국에 있나요?

자칫 고리타분한 얘기로 들릴지도 모르겠습니다. 하지만 우리의 연구에 따르면, 성의 영역에서 진부한 사실과 전설은 오늘날의 문화를 만들어냅니다. 유럽을 예로 들면, 자유로운 국가의 대명사로 알려진 프랑스로 여행을 가는 사람은 프랑스인들이 자유와 즐거움으로 가득한 프랑스 남자와 여자로서의 역할을 얼마나 강조하고 있는지, 또 실제 그들의 삶은 어떤지 보고 놀랄 겁니다.

한국이 독일의 성에 대해 어떻게 생각하는지도 궁금합니다. 어쩌면 테크노 신전에서 군인처럼 거친 사람들이 모여 있는, 땀으로 가득한 축축하고 어두운 방을 상상할지도 모르겠습니다. 아니면 알프스의 하이디를 배경으로 하는 야외 섹스가 떠오르시나요? 그냥 우리에게 메일을 보내시는 게 어떨까요? 한국 성의 역사에서 중대한 전환점이 됐던 사건들을 알려주시면 됩니다. 우리가 꼭 알아야 할 섹스의 영웅들은 누구인가요? 섹스란 도대체 무엇일까요? 이메일 주소는 info@nansenundpiccard.de입니다.

만약 지금 컴퓨터 앞에 앉아 있다면 출판사에 『에로틱 세계사』의 저자들이 한국으로 책 여행을 떠날 수 있게 초대하고 싶다고 전해주세요. 진심으로 한국과 한국인들을 가까운 곳에서 만나고 싶습니다. 곧 뵙겠습니다!

2019년 1월

작가 : Nansen & Piccard

I 인류의 출현과 섹스의 시작
the Stone & Bronze Ages

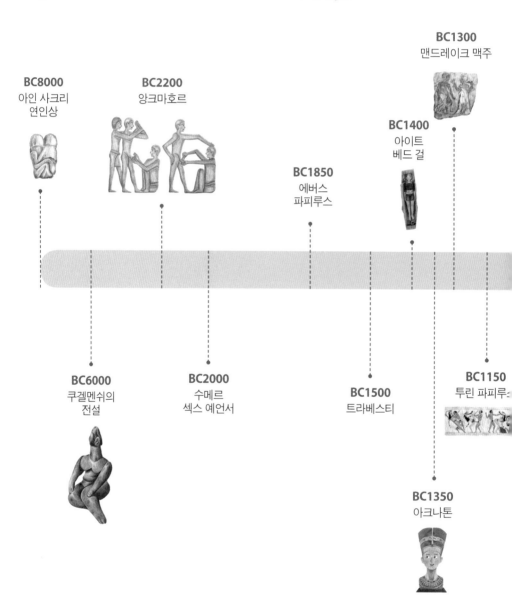

BC1300
맨드레이크 맥주

BC8000
아인 사크리
연인상

BC2200
앙크마호르

BC1400
아이트
베드 걸

BC1850
에버스
파피루스

BC6000
쿠겔멘쉬의
전설

BC2000
수메르
섹스 예언서

BC1500
트라베스티

BC1150
투린 파피루스

BC1350
아크나톤

II 철기시대
the Iron Ages

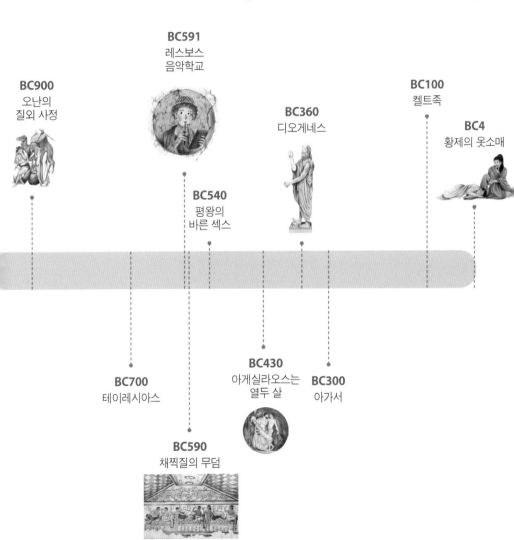

BC591
레스보스
음악학교

BC900
오난의
질외 사정

BC100
켈트족

BC360
디오게네스

BC4
황제의 옷소매

BC540
평왕의
바른 섹스

BC700
테이레시아스

BC430
아게실라오스는
열두 살

BC300
아가서

BC590
채찍질의 무덤

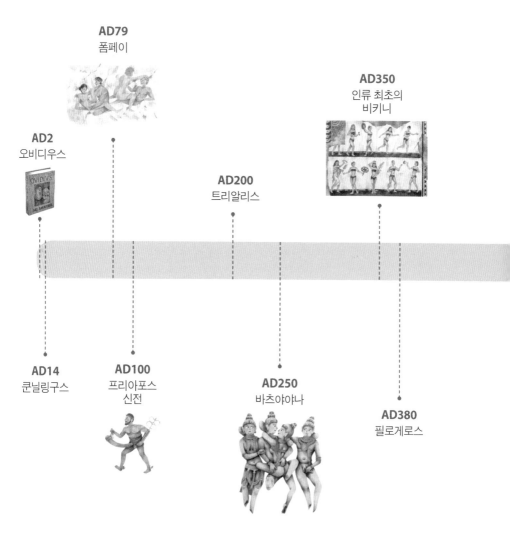

III 헬레니즘 로마 시대
the Hellenistic & Roman Ages

AD79
폼페이

AD350
인류 최초의
비키니

AD2
오비디우스

AD200
트리알리스

AD14
쿤닐링구스

AD100
프리아포스
신전

AD250
바츠야야나

AD380
필로게로스

IV 중세

the Middle Ages

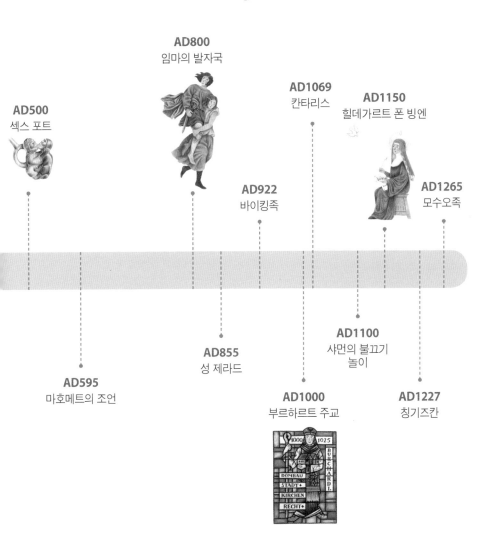

AD800
임마의 발자국

AD1069
칸타리스

AD1150
힐데가르트 폰 빙엔

AD500
섹스 포트

AD922
바이킹족

AD1265
모수오족

AD595
마호메트의 조언

AD855
성 제라드

AD1100
샤먼의 불끄기
놀이

AD1000
부르하르트 주교

AD1227
칭기즈칸

V 르네상스 시대
the Renaissance

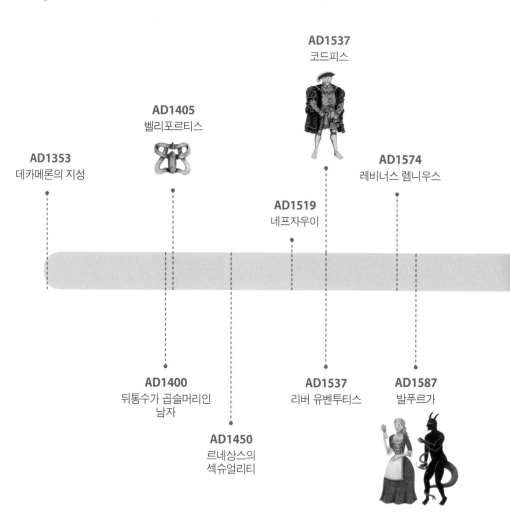

AD1537
코드피스

AD1405
벨리포르티스

AD1353
데카메론의 지성

AD1574
레비너스 렘니우스

AD1519
네프자우이

AD1400
뒤통수가 곱슬머리인
남자

AD1537
리버 유벤투티스

AD1587
발푸르가

AD1450
르네상스의
섹슈얼리티

VI 계몽주의 시대
the Enlightenment

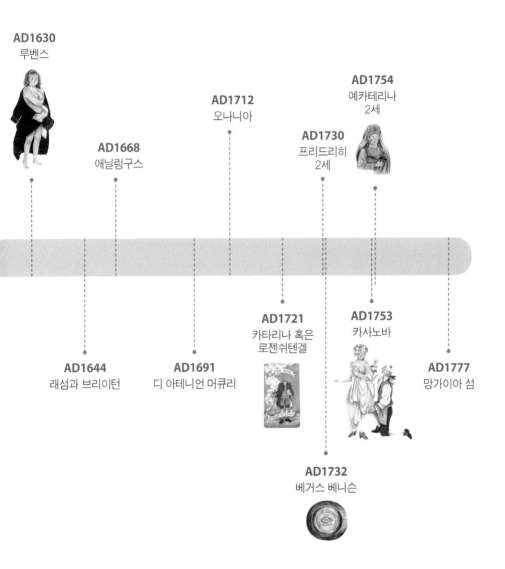

AD1630
루벤스

AD1668
애닐링구스

AD1712
오나니아

AD1730
프리드리히
2세

AD1754
예카테리나
2세

AD1644
래섬과 브리이턴

AD1691
디 아테니언 머큐리

AD1721
카타리나 혹은
로젠쉬텐겔

AD1753
카사노바

AD1777
망가이아 섬

AD1732
베거스 베니슨

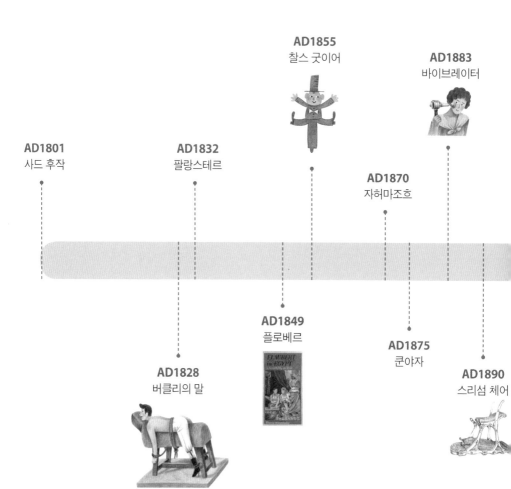

AD1855
찰스 굿이어

AD1883
바이브레이터

AD1801
사드 후작

AD1832
팔랑스테르

AD1870
자허마조흐

AD1849
플로베르

AD1828
버클리의 말

AD1875
쿤야자

AD1890
스리섬 체어

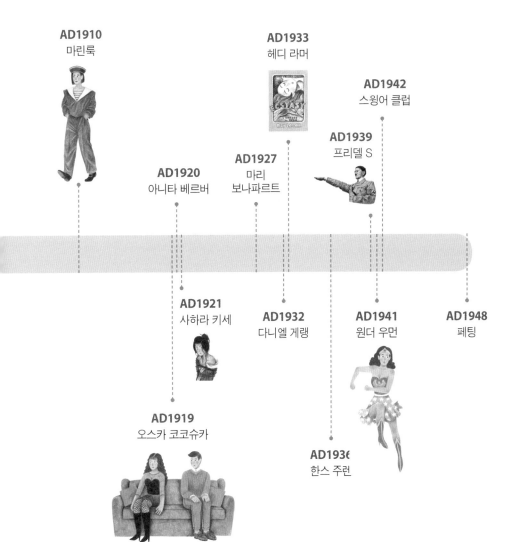

VIII 세계대전, 학살의 시대
the World War Times

AD1910
마린룩

AD1933
헤디 라머

AD1942
스윙어 클럽

AD1939
프리델 S

AD1920
아니타 베르버

AD1927
마리
보나파르트

AD1921
사하라 키세

AD1932
다니엘 게랭

AD1941
원더 우먼

AD1948
페팅

AD1919
오스카 코코슈카

AD1936
한스 주런

IX 냉전 시대

the Cold War Times

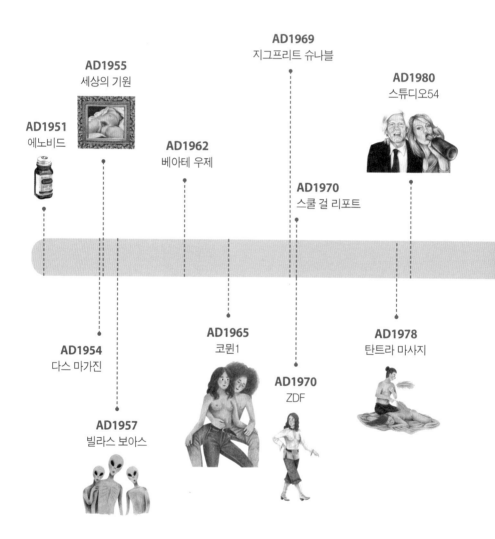

AD1969
지그프리트 슈나블

AD1955
세상의 기원

AD1980
스튜디오54

AD1951
에노비드

AD1962
베아테 우제

AD1970
스쿨 걸 리포트

AD1954
다스 마가진

AD1965
코뮌1

AD1978
탄트라 마사지

AD1970
ZDF

AD1957
빌라스 보아스

X 모던 타임스
the Modern Times

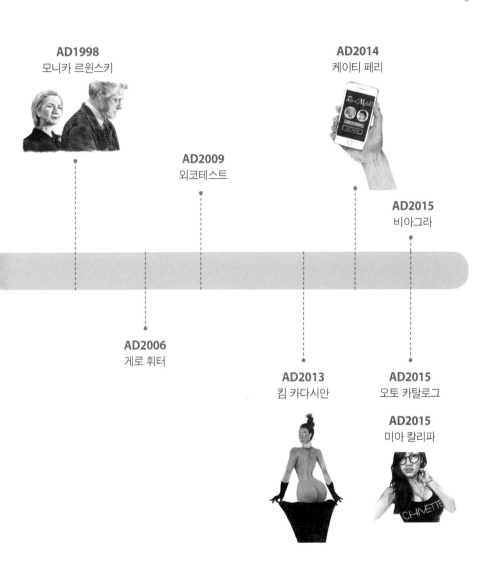

AD1998
모니카 르윈스키

AD2014
케이티 페리

AD2009
외코테스트

AD2015
비아그라

AD2006
게로 휘터

AD2013
킴 카다시안

AD2015
오토 카탈로그

AD2015
미아 칼리파

옮긴이 **남기철**

건국대학교 독문과 및 동 대학원을 졸업하고, 독일 마르부르크 대학교에서 수학했다. 지금은 외국의 좋은 책들을 소개하고 우리말로 옮기는 일을 하고 있다. 번역한 책으로는 『완벽의 배신』, 『아이를 낳아도 행복한 프랑스 육아』, 『글쓰는 여자의 공간』, 『테레제, 어느 여인의 일대기』 등이 있다.

에로틱 세계사

초판 1쇄 발행 2019년 3월 4일
초판 3쇄 발행 2019년 4월 3일

지은이 난젠 & 피카드
펴낸이 김선식

경영총괄 김은영
책임편집 임경섭 **디자인** 박수연 **책임마케터** 기명리
콘텐츠개발6팀장 백상웅 **콘텐츠개발6팀** 임경섭, 박수연, 최지인
마케팅본부 이주화, 정명찬, 최혜령, 이고은, 이유진, 허윤선, 김은지, 박태준, 배시영, 박지수, 기명리
저작권팀 최하나
경영관리본부 허대우, 박상민, 윤이경, 김민아, 권송이, 김재경, 최완규, 손영은, 이우철, 이정현
외부스태프 일러스트 리제 프린스

펴낸곳 다산북스 출판등록 2005년 12월 23일 제313-2005-00277호
주소 경기도 파주시 회동길 357 3층

전화 02-704-1724
팩스 02-703-2219 **이메일** dasanbooks@dasanbooks.com
홈페이지 www.dasanbooks.com
블로그 blog.naver.com/dasan_books
인쇄 (주)갑우문화사

ISBN 979-11-306-2048-0 (03900)